에베소서 묵상

이강택 지음

에베소서 묵상

지음   이강택
편집   김덕원, 이찬혁

발행처   감은사
발행인   이영욱
전화   070-8614-2206
팩스   050-7091-2206
주소   서울특별시 강동구 암사동 아리수로 66, 401호
이메일   editor@gameun.co.kr

종이책
초판발행   2023.6.30.
ISBN   979-11-93155-04-2
정가   22,000원

전자책
초판발행   2023.6.30.
ISBN   979-11-93155-05-9
정가   16,800원

Decoding the Letter to the Ephesians

Kangtaek Peter Lee

| 일러두기 |

1. 성경 구절 제시는 개역개정판을 사용했고, 해설 전개에 있어서 약간씩 수정하여 사용했습니다.

2. '본문 이해와 묵상을 돕는 질문들'은 교회의 소그룹에서 성경 공부와 나눔을 위해서 특별히 고안됐습니다.

3. 본서에서 음역된 외국어는 (언어가 특정되지 않은 이상) 모두, 에베소서가 기록된 언어, 곧 헬라어(= 그리스어)입니다.

4. 본서의 독자층을 고려하여 헬라어는 병기하지 않고 한국어로 음역만을 기록했습니다.

5. 본서의 장르(주석과 같이 절별 해설을 담았지만 내용은 묵상 또는 설교)를 고려하여 각주 및 참고 문헌은 담지 않았습니다.

| 목차 |

서문 / 7

에베소서 1:1-6   입양 / 13

에베소서 1:7-10   속량, 비밀 / 25

에베소서 1:11-14   보증 / 41

에베소서 1:15-19   기도 I: 소망, 영광, 능력 / 51

에베소서 1:20-23   기도 II: 능력 I / 61

에베소서 2:1-7   능력 II / 71

에베소서 2:8-10   구원 / 83

에베소서 2:11-18   기업의 영광(샬롬) / 95

에베소서 2:19-22   소망: 성전인 교회 / 105

에베소서 3:1-12   신비 / 117

에베소서 3:13-21   기도 III / 129

에베소서 4:1-6   '하나' 되게 하심(Unity) / 139

에베소서 4:7-16   게임 플랜(game plan): 선물 / 151

에베소서 4:17-24   그리스도 안의 새사람(New Human Being) / 165

에베소서 4:25-5:2   예수 공동체 I: 진리, 샬롬, 긍휼과 사랑의 공동체 / 177

에베소서 5:3-14   예수 공동체 II: 성결 공동체 / 189

에베소서 5:15-21   예수 공동체 III: 지혜의 공동체 / 203

에베소서 5:22-33   예수 공동체 IV: 대안적 가정 공동체 I / 217

에베소서 6:1-9   예수 공동체 V:
                 대안적 가정 공동체 II, 대안적 사회 공동체 / 229
에베소서 6:10-13   전쟁 / 241
에베소서 6:14-15   하나님의 전신 갑주 I: 진리, 의, 샬롬 / 251
에베소서 6:16-17   하나님의 전신 갑주 II: 믿음, 구원, 말씀 / 265
에베소서 6:18-20   기도와 간구 / 273

성구 색인 / 283

서문

　　미국 웨스트민스터 신학교에서 성경신학과 조직신학을 가르쳤던 리차드 게핀(Richard Gaffin Jr.) 교수는 "주석을 하지 않는 사람은 설교하지 말라"고 말했다. 참으로 공감되는 이야기다. 한국에서 신학교 선생을 하던 시절, 목사가 되고 나서 처음으로, 여러 교회를 자유롭게 방문할 기회를 가질 수 있었다. 한국에서 비교적 알려져 있는 교회들을 아무런 눈치 보지 않고 방문할 수 있었다. 그런데 그 방문을 통해서 발견한 것이 하나 있다. 끝까지 듣기 힘든 설교들이 적지 않다는 것이다. 본문을 읽어 놓고 설교 내내 본문과 관계없는 이야기를 늘어놓는 설교자들이 적지 않았다. 게핀 교수의 말대로라면 이들은 설교를 하지 말아야 할 사람들이다. 일단 이런 일이 발생하면 혼자 이런 생각을 되뇌게 된다. '그런 이야기를 하려면 성경 본문은 도대체 왜 읽은 것인가?' 성경해석학과 성경신학을 전공한 필자는 설교자가 본문에 대한 주해 없이 본문과 관계없는 이야기를 하면 귀가 자동적으로 닫힌다.

필자가 방문한 조국 교회 또는 미디어를 통해서 접한 설교들 중 주해가 충실한 설교라고 말할 수 있는 경우는 상대적으로 많지 않았다. 이 말은 주석이 결여된 설교가 한국 교회의 강단에 현실적으로 적지 않다는 것을 의미한다. 필자의 제한된 경험에 따르면 적어도 설교라고 명명할 수 있는 설교가 상대적으로 소수였기는 하지만 나름대로 치밀하게 주석을 참조하고 묵상한 흔적이 있는 충실한 설교들도 있었다. 일단 이러한 설교를 하고 있는 설교자들을 만나면 정말로 반갑다. 그들이 달변가가 아니더라도 별다른 문제가 되지 않는다. 세련된 커뮤니케이션의 방법까지 장착한다면 금상첨화겠지만 비록 그렇지 않다 하더라도 그 설교자의 묵상을 통해서 성령께서 분명하게 성도들에게 말씀하고 계심을 느낄 수 있기 때문이다. 필자는 이런 설교자들을 만나는 것이 정말로 감사하다. 결국 교회의 쇄신과 갱신은 인간 설교자의 능력이 아니라 궁극적으로 하나님의 능력임을 믿기 때문이다. 그리고 그 능력은 하나님의 말씀으로부터 기인한다고 믿기 때문이다.

이 책은 바로 이러한 조국 교회의 상황을 염두에 둔 하나의 작은 몸부림이다. 주석을 충실하게 담아내려고 노력하는 설교자들을 도우려는 작은 노력의 일환이다. 이 책이 목표로 하는 것은 분명하다. 본문이 말하려는 바를 주해 작업을 통해서 밝히는 것이다. 그리고 그것을 묵상을 통해 설교 강단으로 옮기는 것이다. 그런데 이 지점에서도 망각하지 말아야 할 중요한 것이 있다. 주해를 한다는 것을 단어에 대한 뜻풀이 정도로 생각하는 목회자들과 신학생들이 종종 있다. 물론 주해는 단어에 대한 설명을 포함하기는 하지만 분명히 그 이상이다. 각 단어가 속해 있는 구절들과 단락들을 살펴야 한다. 그리고 단락이 속해 있는 전체 문맥을 살펴야 한다. 비유적으로 말하자면 좋은 주해란 나무와 숲을 동시에 관찰하는 일련의 과정이라 말할 수 있을 것 같다. 일단 나뭇가지와 잎사귀를 잘 관찰해야 하고 나무에 피는 꽃도 잘 들여다보아야 한다. 나무의 몸통도 꼼꼼히 관찰해야 한다. 이런 정밀한 관찰을 통해 서로가 어떻게 연관되어 있고 서로 다르지만 어떻게 하나의 나무를 구성하고 있는지를 면밀하게 살펴야 한다. 그리고 그 개별 나무가 위치해 있는 전체 숲까지 조망해야 한다. 나무도 정밀하게 관찰해야 하지만 숲까지 조망할 수 있어야 좋은 주해라고 말할 수 있기 때문이다.

    이 책이 특별히 목표로 하는 지점은 바로 여기에 있다. 개별 단어나 단어가 위치해 있는 문맥 정도를 넘어서서 에베소서가 말하려고 하는 큰 그림을 그리는 것이다. 그것을 바울신학이라고 말해도 좋을 것 같다. 필자는 바울신학이라는 전망 속에서 에베소서 주해를 하고 싶었고 또한 에베소서 설교를 하고 싶었다. 바울이 그리려는 전체 큰 그림에서 세부 내용들이 어떤 의미를 가지고 있는지를 밝혀서 보여 주고 싶었다. 그리고 그러한 큰 그림에 따른 묵상들을 통해서 고대 문서인 에베소서가 어떻게 21세기에도 여전히 유의미한 메시지가 될 수 있는지를 보여 주고 싶었다. 말하자면 충실한 주해와 묵상을 통해서 에베소서의 지평과 오늘날 우리 삶의 지평의 융합을 시도해 보고 싶었다.

막상 글을 다 써 놓고 보니 주해와 묵상 양자에서 어정쩡하게 서 있는 필자 자신을 발견한다. 충실한 주해라는 면에서도 여전히 아쉽고 충실한 묵상이라는 점에서도 어쩔 수 없이 한계를 보여 주기 때문이다. 아마도 이 아쉬움과 한계는 필자가 주님 앞에 서는 순간까지 지속적으로 해결할 수 없을 것이다. 이렇게 애매하게라도 대강 펑계를 해 놓아야 이 책을 세상에 내놓을 수 있을 것 같다. 그렇지 않으면 이 책은 영원히 빛을 보게 될 수 없으리라 생각하기 때문이다.

책을 써놓고 감사한 사람들이 머릿속에 떠오른다. 미국 웨스트민스터신학교에서 치밀하게 '주님의 말씀'(The Word of the Lord)을 읽는 법과 '말씀의 주'(The Lord of the Word)를 사랑하는 방법을 학문뿐만 아니라 삶으로 가르쳐 주신 여러 교수님들에게 감사를 표하고 싶다. 댄 매카트니(Dan McCartney), 번 포이트레스(Vern Poythress), 스티브 테일러(Steve Taylor), 고(故) 앨런 그로브스(Alan Groves), 덕 그린(Doug Green), 핏 엔즈(Pete Enns) 등이 그들이다. 세상 그 무엇보다 신앙이라는 값진 보석과 같은 유산을 물려주신 부모님(이윤 집사님/성명재 권사님)께도 진정으로 머리 숙여 감사드린다. 노모는 지금도 노심초사 목사 아들을 위해서 간절히 기도하신다. 아버지가 살아계셨다면 아들이 신학자와 목사가 된 것을 그 무엇보다 기뻐하셨으리라 생각한다. 그 아버지를 마지막 날 부활에 다시 뵐 소망으로 충만하다. 마지막으로 이 모든 삶의 여정 속에서 늘 함께 동행해 주고 있는 사랑하는 아내(윤미라)와 세 아이들(Austin, April and Angelina) 모두에게 감사를 표한다. 그들의 무조건적 사랑과 헌신과 지지가 없었다면 지금의 나는 없었을 것이다. 사랑하는 내 가족 모두가 바울이 말하는 새 창조의 복음에 진정으로 매료되길 기도한다. 이 책을 쓰는 과정에서 필자는 세인트루이스 한인장로교회의 목사로 부르심을 받았다. 새롭게 시작하게 될 사역지에서 바울이 에베소서에서 말했던 교회의 꿈이 이루어지길 간절히 소망하며 기도한다. 성도들과 하나님 나라의 한 모퉁이를 함께 이루어갈 생각을 하니 감사하기 그지없다. 또한 이 책을 읽고 묵상하게 될 독자 모두가 바울이 만나고 깨닫게 된 주님을 진정으로 만나고 깨닫게 되길 소망한다. 한때 유대교 신학자였던 바울이 부활한 주님과의 만남을 통해서 꿈꾸게 된 새로운 세상을 독자들과 함께 꿈꿀 수만 있다면 이 책의 목적은 충분히 이루어진 셈이다. 사랑하는 주님이 정말 빨리 오셨으면 좋겠다.

작렬하는 여름을 바라보며

하트퍼드 코네티컷에서

이강택

문맥과 요약

바울은 1:3-14을 하나의 문장으로 구성하는데 이 부분을 찬송 시라고 부를 수 있다. 이곳에서 바울은 성도들이 누리는 영적인 복이 어떤 것인지를 설명한다. 그 복이란 하나님의 선택과 예정을 통해서 주어진 것인데 하나님의 자녀로 입양되어 거룩하고 흠 없이 하나님의 영광을 찬송하며 사는 것이다.

해설

1절 《하나님의 뜻으로 말미암아 그리스도 예수의 사도 된 바울은 에베소에 있는 성도들과 그리스도 예수 안에 있는 신실한 자들에게 편지하노니》

　　바울은 주후 52년경 3차 선교여행에서 에베소교회를 세우고 2년이 넘는 시간 동안 그곳에서 목회했다. 에베소교회에 편지를 쓸 때가 대략 주후 63년 정도 된 것으로 보이니 거칠게 말해서 10년 만에 바울은 자신이 목회했던 교회의 성도들을 편지라는 수단을 통해서 다시 만나고 있는 셈이다. 정확하게 무슨 이유 때문에 바울이 편지를 쓰게 되었는지 아주 선명하지는 않다. 왜냐하면 그가 쓴 편지 중 수신자들의 특별한 정황이 가장 적게 노출되어 있는 편지 중 하나가 바로 에베소서이기 때문이다. 사실 이 편지가 에베소만을 염두에 두고 쓰였는지도 확실하지 않다. 왜냐하면 초기의 권위 있는 몇몇 사본들에는 개역개정 성경 1절에 기록되어 있는 "에베소에"(in Ephesus)라는 어구가 등장하지 않기 때문이다. 또한 바울이 로마에 있는 교회를 위해서도 편지를 기록했다는 점 역시 흥미로운 사실이다. 독자들도 알다시피 로마교회는 바울이 복음을 전해서 세운 교회가 아니다. 그런데 로마서 16장을 보면 적지 않은 성도들에게 안부를 묻는 내용이 나온다. 하지만 정작 자신이 세운 교회 중 가장 오랜 시간을 사역한 교회가 바로 에베소교회인데 대략 10년 만에 편지를 보내면서 그들의 사적인 안부를 하나도 묻지 않았다는 것이 상당히 의외다. 필자가 만일 지역 교회에서 목회하다 혹 선교사로 나가게 되었다고 가정해 보자. 필자는 함께 그리스도 안에서 목회하고 사역했던 성도 한 사람 한 사람의 안부가 많이 궁금할 것 같다. 그런데 바울은 무슨 일인지 그런 개인적인 안부를 전혀 묻지 않는다. 바로 이런 이유 때문에 신약학자들은 이 편지가 에베소뿐만 아니라 소아시아 지역에 바울이 세운 교회들 가운데 회람되도록 의도된 것으로 보인다고 이야기한다. 필자도 그 말이 상당 부분 일리가 있다고 생각한다.

3절 《찬송하리로다 하나님 곧 우리 주 예수 그리스도의 아버지께서 그리스
도 안에서 하늘에 속한 모든 신령한 복을 우리에게 주시되》

　　바울은 매우 간단한 인사를 마친 후에 에베소서의 본론 부분
으로 넘어간다. 3-14절은 바울이 자신이 이해한 복음에 대해서 서
술하는데 이 모두는 202개 단어로 구성된 하나의 문장이다. 그 시
작인 3절은 "찬송하리로다"('율로게토스')라는 말로 시작한다. 이 시
점에서 편지를 쓰고 있는 바울의 모습을 상상해 보는 것이 매우
흥미로울 것 같다. 만약 이 편지를 글로 쓰지 않고 말로 하고 있다
면 필자는 이 대목에서 바울의 얼굴은 상당히 상기되어 있고 목소
리는 떨리고 있었을 것이라 생각한다. 얼마나 가슴이 벅차올랐으
면 편지의 시작을 "찬송하리로다"라고 했을까? 그런데 여기서 중
요한 질문이 하나 생긴다. 과연 지금이 찬송할 상황일까? 바울과
에베소교회를 생각해 보면 별로 그럴 상황처럼 보이지 않는다. 일
단 이 편지를 쓰고 있을 당시 바울은 로마 감옥에 투옥되어 있었
다(신약학자들 가운데 적지 않은 사람들이 에베소서가 바울의 편지가 아니라 후
대에 다른 사람들에 의해서 기록됐다고 주장하지만 필자는 바울/바울그룹[대서인
포함]의 편지라 상정하고 논의를 전개해갈 것이다). 보다 정확하게 이야기하
면 바울은 로마 당국의 재판을 기다리며 가택연금 되어 있는 것으
로 보인다. 에베소교회는 어떤가? 물론 에베소교회의 정확한 상황
을 말하는 것은 매우 어려운 일이겠지만 6:22을 보면 에베소교회

상황을 대충은 짐작할 수 있을 것 같다. 당시 에베소교회의 성도들에게는 적지 않은 위로가 필요했던 것으로 보인다. 사실 60년대 중반쯤이면 로마제국의 적지 않은 곳에서 기독교인들에 대한 박해가 본격화되기 시작하는 즈음이니 아마도 이러한 상황을 바울이 염두에 두고 있는 것이 아닌가 생각해 볼 수 있을 것 같다.

그렇다면 바울은 왜 이런 상황에서 찬송하라고 하는 것일까? 비록 자신은 가택연금 되어 있는 상황이고 교인들도 역시 핍박을 포함한 쉽지 않은 상황을 지나가고 있지만 그들의 상황과 관계없이 그리스도 예수 안에서 바울 자신을 포함한 성도들이 누리고 있는 진정한 참된 복이 생각났기 때문이다. 보다 정확하게 말해 그러한 상황에서 성도들이 마땅히 묵상하고 떠올려야 하는 것이 바로 이 참된 복이기 때문이다. 바울이 이야기하고 있는 복이 무엇인가? 3절에 따르면 바울은 그것을 "그리스도 안에서 하늘에 속한 모든 신령한 복"이라고 이야기한다. "그리스도 안에" 있는 것이고 동시에 "하늘에 속한 신령한 복"이라는 말이다. 그런데 이 말만 들어서는 바울이 말하는 그리스도 안에서 하늘에 속한 신령한 복이 무엇인지 명확하게 들어오지 않는다.

4-5절 《곧 창세전에 그리스도 안에서 우리를 택하사 우리로 사랑 안에서 그 앞에 거룩하고 흠이 없게 하시려고 그 기쁘신 뜻대로 우리를 예정하사 예수 그리스도로 말미암아 자기의 아들들이 되게 하셨으니》

그래서 바울은 이 복이 어떤 복인지 4절 이하에서 구체적으로 설명한다. "그리스도 안에서 하늘에 속한 신령한 복"이란 "하나님이 우리를 선택하셔서 거룩하고 흠이 없는 자가 되게 하는 것"이다. 그런데 흥미로운 것은 하나님이 계획하신 이러한 선택의 행위가 창세전에 되었다고 하는 점이다. 5절의 표현을 빌리자면 이것이 미리 예정된 것이라고 이야기한다. 적지 않은 사람들이 "창세전에 계획되었다" 혹은 "미리 예정된 것이다"라고 이야기하면 대뜸 예정론을 떠올린다. 그리고 하나님이 미리 예정하셨다면 우리가 전도할 필요가 없겠다고 이야기한다. 그러나 필자는 이러한 논의의 전개가 바울의 의도와는 아무런 관계가 없을 뿐만 아니라 본문에 대한 심각한 오해라는 생각을 떨칠 수가 없다. 왜 그런가? 바울이 지금 예정론을 통해 전도의 불필요성을 말하려 한다는 것은 본문의 맥락과 아무런 연관이 없기 때문이다.

그렇다면 바울이 "창세전에 계획하셨다" 혹은 "우리를 예정하셨다"라는 것을 통해 말하려는 바가 무엇인가? 예를 하나 들어보면 좋을 것 같다. 어떤 남자가 비행기를 타고 여행을 하고 있다. 공항에서는 여자 친구가 이 남자가 오기를 기다리고 있다. 이 남자는 비행기에서 내리면 자신을 기다리고 있는 여자 친구에게 잊을 수 없을 만한 프러포즈를 하고자 계획하고 있다. 그래서 이 남자는 승무원의 도움을 얻어 같은 비행기에 타고 있는 승객들에게 자초지종을 설명하고는 자신이 프러포즈하는 것을 좀 도와 달라고 부탁한다. 승객들은 박수를 치며 남자의 계획에 흔쾌히 동의한다. 그 부탁의 내용이란 이런 것이다. 남자가 먼저 나가서 자신의 여자 친구가 누구인지 알려 주면 첫 번째 승객이 장미꽃 한 송이를 가지고 가서 아무 말 없이 그 여자 친구에게 건네준다. 차례대로 두 번째 세 번째, 그렇게 해서 아흔아홉 번째 승객이 자신의 여자 친구에게 장미꽃을 전해 주면 마침내 아흔아홉 개의 장미 꽃다발을 들고 있는 여자 친구에게 다가가서 "나와 결혼해 줄래요?"라고 프러포즈하는 계획이다. 남자는 이러한 프러포즈 계획을 치밀하게 세웠던 것이다. 아무렇게나 되는 대로 대충 하지 않고 왜 이런 치밀한 프러포즈 계획을 세웠을까? 그 여자를 정말로 사랑하고 있기 때문이다. 이런 관점에서 하나님이 창세전에 그리스도 안에서 우리를 택하셔서 우리로 그 앞에서 거룩하고 흠이 없게 하시려 하셨다고 말했을 때 바울은 무엇을 말하고 싶었던 것일까? 미리 예정하고 선택하셨으니 전도할 필요가 없다는 것을 말하려는 것이 아니다. 하나님이 대충대충 하신 것이 아니라 미리 치밀하게 계획하시고 그것을 수행하실 만큼 우리를 사랑하셨다는 것을 말하고 싶은 것이다. 만일 그 꽃다발을 받아 든 여인이 이 꽃을 다 합치면 돈이 얼마나 될까를 생각한다면 그 여자는 안타까운 여자다. 이 치밀한 계획을 깨닫고 나서 어떤 감정을 가지는 게 정상일까? 감동하는 것이다. 그 치밀한 계획과 준비는 곧 사랑을 의미하는 것이기 때문이다. 그러므로 이것을 풀어쓰면 이런 의미가 된다. 하나님이 창세전에 선택하셨다는 것은 그만큼 우리를 사랑하셨다는 말이다.

　그렇다면 4절이 이야기한 창세전에 우리를 선택하셔서 우리로 그 앞에서 거룩하고 흠이 없게 한다는 것은 도대체 무엇을 의미하는 것일까? 바로 그것을 5절이 설명하고 있다. 4절의 "창세전에 그리스도 안에서 우리를 택하셨다"라는 표현이 5절에서는 "우리를 예정하셨다"라고 표현되어 있다. 그러면 "그 앞에서 거룩하고 흠이 없게 하신다"라는 4절의 표현은 5절에 어떻게 표현되어 있는가? 바울은 그것을 "자기의 아들들이 되게 하셨다"라고 표현한다. 그러니까 4절의 "창세전에 우리를 선택하셔서 그 앞에서 거룩하고 흠이 없게 한다는 것"은 바로 "하나님이 예정하셔서 예수님으로 말미암아(예수님 안에서) 우리를 아들들이 되게 하셨다"라는 말이다. 바로 이것이 3절이 이야기하는 하늘에 속한 신령한 복이다. 여기서 우리는 "아들들이 되게 하셨다"는 말의 의미를 새겨보아야 한다. "아들들이 되게 하셨다"는 어구는 바울이 사용한 한 단어 '휘오떼시아'의 번역이다. 이 단어는 오늘날 우리들이 이해하는 '입양'이라는 단어로 이해하면 좋다. 그러니까 하나님이 그리스도 안에서 하늘에 속한 신령한 복을 주셨다는 말의 뜻은 한마디로 하면 하나님께서 예정하셔서 우리를 그리스도 안에서 입양해 주셨다는 말이다. 바울은 하나님께서 우리에게 베푸신 구원이라는 개념을 당시 그레코로만(그리스-로마) 사회의 '입양'이라는 개념으로 설명하고 있다. 원래 친자식이 아닌데 양부모의 사랑을 통해서 자식으로 '입양'되었다는 것이다. 이것이 바울이 말하는 복음/구원의 개념이다. 우리가 고아로 이 세상을 살아가야 하는데 너무나 좋은 부모를 만나게 되었다는 말이다. 그래서 더 이상 불쌍한 고아로 살지 않고 무척이나 선하고 좋은 부모의 사랑과 보호 아래 살게 되었음을 전한다. 바로 이것이 기독교의 구원을 설명하는 바울의 그림언어다. 또한 이것이 우리가 받은 신령한(영적인) 축복이다. 그래서 그리스도 안에서 입양하여 주시고 그 하나님의 보호와 사랑을 받으며 살게 되는 축복을 누리게 되었다. 그것을 성도들이 기억해야 한다고 바울은 말하고 있다.

6절《이는 그가 사랑하시는 자 안에서 우리에게 거저 주시는 바 그의 은혜의 영광을 찬송하게 하려는 것이라》

바울은 우리가 하나님께 받은 구원의 축복과 그에 따른 보호와 인도와 사랑의 경험을 그레코로만 사회의 '입양'이라는 개념으로 설명한다. 그리고 하나님이 우리를 그리스도 예수 안에서 입양하신 이유를 6절에서 설명한다. 바울은 하나님이 왜 우리를 입양하셨다고 이야기하는가? 마땅히 받아야 할 이유가 없지만 "그의 사랑하시는 자", 즉 예수 그리스도 안에서 거저 주시는 은혜의 영광을 찬송하기 위함이라고 말한다. 무슨 말인가? 마땅히 가족이 될 이유가 없는 자격 없는 사람들을 마침내 그리스도 안에서 믿음으로 한 가족으로 묶어주셨다는 말이다. 그리스도 안에서 한 하늘 아버지 밑에 입양된 가족이 되었다는 말이다. 하나님 아버지의 이 모든 행위는 영광스러운 창조주의 자녀가 되어 서로서로를 바라보며 우리를 입양해 주신 아버지의 은혜를 찬송하게 하려는 목적을 가지고 있다. 바울은 감옥에 갇혀 있으면서도 여전히 핍박 가운데 있는 에베소교회 성도들에게 그들이 누리고 있는 진정한 축복이 무엇인지를 다시 생각나게 하고 있다.

묵상

본문의 관점에서 필자는 교회의 예배에 대해서 묵상해 본다. 우리를 은혜로 입양하신 하나님의 은혜를 깨닫고 그 실제적인 축복들을 이 땅에서 맛보며 사는 일련의 모든 기억의 행위들이 예배이다. 교회의 예배는 바로 그런 아버지의 입양하신 은혜를 기억하는 행위이다. 바울은 하나님이 우리를 입양하신 일차적인 주된 목적이 우리를 입양해서 전도하고 선교하기 위함이라고 이야기하지 않는다. 우리를 입양하신 것은 그 측량할 수 없는 아버지의 은혜의 영광을 찬송하기 위함이라고 이야기한다. 아버지의 가족이 되어 아버지의 사랑 안에 거하며 그 사랑을 날마다 맛보고 아버지와 교제하는 것의 특권을 언제나 누리며 살아 그 아버지의 은혜를 찬송하지 않을 수 없는 것이다. 이것이 우리를 입양하신 가장 큰 목적이다. 필자는 가끔 이런 상상을 해 본다. '만일 주님을 만나지 않았다면 나는 과연 지금 어떤 인생을 살고 있을까?' 정직히 말해서 상상하기 어렵다. 얼마나 세상적으로 잘되었는지와 관계없이 하나님 아버지 없이 매우 핍절한 인생을 살고 있을 것 같다. 아마도 인생의 성공을 위해 나 자신을 끊임없이 혹사시키고 성공과 탐욕과 정욕을 위해서 인생을 불태우며 그렇게 고아처럼 불행하고 끔찍하게 살고 있을 것 같다. 그런데 하나님의 예정의 은혜 가운데 주님을 만나 그 은혜를 깨닫게 되고 주님의 우주적 가족에 입양되어 삼위일체 하나님과 한 가족으로서 날마다 교제하며 인생을 사는 복을 누리게 된 것이다. 바로 이것이 우리가 매일같이 삼위 하나님께 예배하는 이유다. 그러니 사랑하는 성도들이여, 우리가 지금 어떠한 상황에 놓여있는지 관계없이 바울이 이야기하는 참된 복의 의미를 깊이 묵상하고 우리를 입양하여 주신 하나님과 날마다의 삶 속에서 참된 교제를 누리며 그 은혜를 영원토록 찬송하는 우리가 될 수 있기를 소망한다.

본문 이해와 묵상을 돕는 질문들

(1) 초기의 권위 있는 몇몇 사본들에는 1절에 기록되어 있는 "에베소에"(in Ephesus)라는 어구가 등장하지 않는다. 자신이 세운 교회 중 가장 오랜 시간을 사역한 교회가 에베소교회인데 대략 10년 만에 편지를 보내면서 그들의 안부를 묻지 않았다는 것은 어떻게 이해할 수 있을까?

(2) 3-14절은 202개 단어로 구성된 한 문장이다. 이곳에는 바울이 이해한 복음에 대한 서술이 등장하는데, "찬송하리로다"라는 말로 시작한다. 에베소교회 성도들과 바울 자신의 상황을 고려해 보았을 때, 지금이 찬송할 상황인가? 에베소 교인들과 바울의 상황을 각각 말하여 보라.

(3) 바울이 찬송으로 자신의 편지를 시작하는 이유는 무엇인가?
(참조, 3절)

(4) 바울이 3절에서 말하는 "그리스도 안에서 하늘에 속한 신령한
복"이란 무엇을 말하는 것인가? (참조, 4절)

(5) 하나님이 창세전 그리스도 안에서 우리를 택하셨다는 바울의
말로부터 당신은 무엇을 느끼는가?

(6) 하나님의 선택의 목적은 무엇인가? (참조, 4-5절)

(7) "아들들이 되게 하셨다"는 헬라어 '휘오떼시아'의 번역이다.
오늘날 우리의 언어로 바꾼다면 뭐라고 할 수 있을까?

(8) 바울이 에베소서에서 말하는 구원이란 '하나님의 자녀로 입
양'되는 것이다. 바울의 구원 개념에 대해서 당신이 느끼는 바
를 묵상하고 소그룹원들과 나누어 보라.

(9) 바울은 하나님이 우리를 입양하시는 것의 목적을 무엇이라 하
는가? (참조, 6절) 이 목적에 따라 당신을 입양하신 하나님 앞에
서 드릴 감사와 찬양의 기도를 적고 나누어 보라.

기도

하나님, 고아와 같이 버려져 있던 우리를 예수 그리스도의 보혈의 은혜로 찾아와 주시고 건져주시고 하나님의 새로운 가족이 되어서 하나님의 인도와 보호 속에서 살아갈 수 있는 은혜를 주심을 감사합니다. 그 참된 교제 안에 있음을 즐거워하며 하나님의 은혜를 찬송하며 살아가게 하소서. 그리고 여전히 고아처럼 살아가면서도 자신이 고아처럼 살고 있다는 사실조차 모르는 자들에게 하늘 아버지의 참 사랑을 전하는 우리가 되게 하소서.

문맥과 요약

앞 단락에서 바울은 그리스도인들이 받은 복을 그리스도 안에서 하늘에 속한 영적인 것이라 설명했다. 그리고 그 영적인 복을 당시 유대 사회와 그레코로만 사회의 '입양'이라는 개념으로 설명했다. 고아로 아무런 바람막이 없이 힘들고 고달프게 이 세상을 살아가야 했는데 너무나 좋은 부모를 만나 교제하며 가족을 이루게 되었다는 것이다. 그래서 더 이상 불쌍한 고아로 살지 않고 선하고 좋으신 부모의 사랑과 보호 아래 교제하며 살게 되었다는 것이 우리의 구원을 설명하는 바울의 그림언어다.

이 본문에는 바울이 하나님의 구원을 설명하는 또 다른 그림언어가 등장한다. 그것은 "속량"이다. 속량은 구약성경에서 자주 발견되는 개념인데, 특별히 출애굽의 언어이기도 하다. 신약성경이 신자의 구원을 출애굽의 언어로 설명하는 것이 우연이 아님을 이를 통해 알 수 있다. 바울은 신자가 경험하는 구원을 "속량"이라는 개념으로 설명하는데, 이는 바울이 다른 신약성경 저자들과 마찬가지로 성도의 구원을 새로운 출애굽이라는 그림언어로 이해하고 있음을 시사한다.

해설

7절《우리는 그리스도 안에서 그의 은혜의 풍성함을 따라 그의 피로 말미암아 속량 곧 죄 사함을 받았느니라》

7절부터 이어지는 단락을 보면 바울이 하나님이 베푸시는 구원 개념을 또 다른 그림언어로 설명하고 있음을 발견한다. 바울은 본문에서 그것을 "속량"('아폴류트로시스')이라는 말로 설명한다(참조, 롬 3:21-26). 사실 속량 개념은 구약성경에서 매우 다양한 문맥에서 빈번히 발견된다. 그럼 어떤 경우에 구약성경에서 속량이라는 말이 사용됐을까? 먼저 사람과 사람 사이에서 이 단어가 적용되는 가장 대표적인 것은 노예나 포로를 석방시키기 위해 몸값을 지불하는 경우이다. 율법에 따라 하나님께 속하는 사람이나 동물을 그것의 값을 치르고 되산다거나 혹은 형제가 죽었을 때 그 형제의 아내를 데리고 살면서 형제의 대를 이어줄 때도 이 단어가 쓰였다. 또 노예로 팔려간 가난한 일가친지나 남에게 팔린 친척의 땅을 가장 가까운 친척이나 구원자가 다시 사줄 때도 사용됐다. 구약성경에서 기업을 무른다는 것이 바로 이 개념이다.

특별히 이 속량이라는 단어가 하나님의 행위와 연결되는 가장 대표적인 예는 바로 출애굽이다. 즉, 이집트에서 종 되었던 당신의 백성을 종살이에서 해방시키시는 그 하나님의 구원 행위를 묘사할 때 구약성경은 바로 이 속량이라는 단어를 사용한다. 출애굽기 6:6-8은 다음과 같이 기록한다. "그러므로 이스라엘 자손에게 말하기를 나는 여호와라 내가 애굽 사람의 무거운 짐 밑에서 너희를 빼내며 그들의 노역에서 너희를 건지며 편 팔과 여러 큰 심판들로써 너희를 **속량하여** 너희를 내 백성으로 삼고 나는 너희의 하나님이 되리니 나는 애굽 사람의 무거운 짐 밑에서 너희를 빼낸 너희의 하나님 여호와인 줄 너희가 알지라 내가 아브라함과 이삭과 야곱에게 주기로 맹세한 땅으로 너희를 인도하고 그 땅을 너희에게 주어 기업을 삼게 하리라 나는 여호와라 하셨다 하라." **6절에 사용된 칠십인경**(히브리어 구약성경을 헬라어로 번역한 구약성경) **"속량하다"**('류트로오마이')**라는 동사가 에베소서 1:7에 사용된 단어**('아폴류트로시스')**와 똑같은 어원을 가지고 있다.** 출애굽기는 종살이 하던 이스라엘을 애굽의 노예 생활로부터 건져내신 하나님의 행위를 묘사하면서 "속량"이라는 단어를 사용하고 있다. 필자는 출애굽기 본문이 바울이 사용한 "속량"이라는 단어를 이해하는 데 있어서 결정적으로 중요하다고 생각한다. 왜냐하면 구약성경에서 하나님의 가장 대표적인 속량 사역이 바로 출애굽이기 때문이다.

바울의 언어를 더 잘 이해하기 위해서 우리는 출애굽기 6장에서 사용되고 있는 이 속량이라는 개념을 조금 더 자세히 고찰해 볼 필요가 있다. 하나님이 이스라엘을 애굽의 종살이로부터 구원해 내시겠다고 말씀하시지 않는가? 그런데 출애굽기 6:8을 보면 그 하나님의 속량의 행위는 과거 아브라함을 비롯한 족장들과 맺으셨던 언약에 근거해 있음을 알 수 있다. 즉, 하나님께서 족장들과 맺으신 약속을 기억하시고 지키시기 위해 이스라엘을 애굽의 노예 생활로부터 가나안으로 인도해 내시겠다는 것이다. 그 구원 행위를 총칭해서 묘사할 때 출애굽기는 "속량"이라는 단어를 사용하고 있다. 필자는 바울이 "속량"이라는 단어를 사용할 때 바로 이 개념을 머릿속에 떠올렸을 것이라고 생각한다. 신약성경, 그중에서도 특별히 바울이 자신의 편지 여러 곳에서 그리스도 안에 있는 하나님의 구원 행위를 묘사할 때 가장 두드러진 그림언어가 바로 출애굽이다. 이는 절대로 우연이 아니다. 그래서 출애굽의 언어로 하나님의 구원 행위를 이해하는 바울이 그리스도 예수 안에 있는 구원을 이야기하며 출애굽의 문맥에서 사용된 속량이라는 단어를 사용하는 것은 매우 자연스럽다. 출애굽에서 하나님이 족장들과 맺은 당신의 약속을 기억하셨던 것처럼 이제 그리스도 안에 있는 새로운 출애굽에서 하나님이 아브라함과 맺은 언약을 기억하셨던 것이다. 옛 출애굽에서 하나님이 자신의 약속을 기억하셔서 애굽에서 종 되었던 이스라엘을 구원, 즉 속량하셨던 것처럼 이제 그리스도 예수 안에 있는 새로운 출애굽을 통해 종 되었던 자신의 백성을 구원, 곧 속량하셨다는 것이다. **곧, 우리의 구원이라는 개념이 종 되었던 것으로부터의 구원, 즉 구출함을 받았다고**

설명되고 있다는 점을 주목할 필요가 있다. 옛 출애굽은 무엇으로부터의 구출인가? 애굽의 종 되었던 것으로부터의 구출이다. 그렇다면 그리스도 안에 있는 새로운 출애굽은 무엇으로부터의 구출일까? **죄로부터의 구출이다. 그래서 바울은 "그리스도의 피"**('투 하이마토스 아우투')**로 말미암은 속량을 곧 죄 사함이라고 설명하고 있는 것이다.** 즉, 속량은 죄로부터의 구출이다.

　　여기서 매우 중요한 한 가지를 이야기해야 할 것 같다. 기독교인들이 죄 사함을 이야기할 때 주로 죄의 용서, 즉 우리의 죄에 대한 책임(죄책)에서 용서받았다고 이야기한다. 분명히 기독교의 구원에는 그런 측면이 있다. 그러나 그게 전부는 아니다. 이미 설명한 대로 속량을 죄로부터의 구출이라고 표현하지 않았는가? 그것이 바울이 속량이라는 단어를 사용할 때 생각했던 개념이다. 그리스도의 피는 분명히 우리를 죄의 책임으로부터 무죄 방면해준다. 그러나 그게 다가 아니다. 그리스도의 피는 우리를 죄의 노예 생활, 즉 죄의 오염과 죄의 파괴적인 세력으로부터도 구출해 주는 것이다. 바울이 그리스도의 피로 말미암는 속량을 말할 때 그것은 죄책으로부터의 용서뿐만 아니라 죄의 오염과 세력으로부터의 구출도 이야기하고 있다는 점을 기억할 필요가 있다. "죄 사함"이라는 어구를 우리는 죄책의 사함이라고만 읽는 경향이 많기 때문이다. 그러나 바울이 사용한 이 어구('텐 아페신 톤 파랖토마톤')의 문자적 의미는 '죄를 보내 버리기' 혹은 '죄를 없애 버리기'라고 이해해야 한다. 사실 이러한 이야기는 앞 단락에서 언급했던 입양이라는 구원에 대한 바울의 또 다른 그림언어와 비교해 볼 때 더욱 분명해진다. 우리가 죄의 영향 아래서 그대로 살아가는 채로 거룩한 하나님과 함께 한 가족이 되어 교제한다는 것은 불가능한 일이다. 하나님은 그러한 죄의 오염 아래 있는 우리를 속량하셔서 아버지와 교제하게 하셨는데 그러한 죄의 오염 아래 다시 머물면서 하나님과 교제한다는 것이 어떻게 가능하겠는가? 그러므로 속량이라는 것은 이렇게 정리할 수 있다. 곧, 바울이 생각했던 속량 언어는 출애굽의 언어다. 하나님이 우리를 구원하신 것은 그리스도의 피를 통해서 그 죄를 씻어 우리의 죄에 대한 책임만 용서해 주신 것이 아니다. 우리를 죄의 오염으로부터도 건져주신 것이다.

8-10절 《이는 그가 모든 지혜와 총명을 우리에게 넘치게 하사 그 뜻의 비밀을 우리에게 알리신 것이요 그의 기뻐하심을 따라 그리스도 안에서 때가 찬 경륜을 위하여 예정하신 것이니 하늘에 있는 것이나 땅에 있는 것이 다 그리스도 안에서 통일되게 하려 하심이라》 필자의 사역을 참조하라. 《이 은혜를 하나님은 우리에게 넘치도록 부어주셨다. 그리고 하나님은 모든 지혜와 총명으로 자신이 품으셨던 비밀을 우리에게 알려 주셨다. 그것은 그의 기뻐하심을 따라 그리스도 안에서 때가 찬 경륜 속에서 예정하신 것인데 곧 하늘에 있는 것이나 땅에 있는 것이 다 그리스도 안에서 통일되게 하려는 것이다.》

　　바울은 하나님이 이 속량, 즉 '죄 없애 버리기'의 은혜를 넘치도록 부어주셨다고 말하고 있다. 8절 하반절부터 12절까지 바울은 어떻게 이러한 일이 일어나게 되었는지를 설명한다. 먼저 바울은 하나님께서 모든 지혜와 총명으로 자신이 가지고 계셨던 비밀을 우리에게 알려 주셨다고 이야기한다. 여기서 "비밀"로 번역된 단어는 '무스테리온'이다. 유대인들의 언어에서 '무스테리온'이란 역사의 마지막에 하나님이 보여 주실 신비스러운 비밀을 언급하는 단어다. 예수님 당시의 쿰란 문서를 보면 이러한 신비한 '무스테리온'을 하나님께서 자신들의 공동체에 알려 주셨다는 언급이 등장한다. 예수님도 복음서에서 비유로 하나님 나라를 설명하시면서 '무스테리온'이라는 단어를 사용하셨다(참조, 막 4:11). 바로 그 하나님 나라의 신비스러운 비밀을 바울이 이제 알게 되었다는 말이다. 그렇다면 그 신비스러운 비밀의 내용이 무엇인가? 바울이 그것을 10절에서 설명한다. 그것은 "하늘에 있는 것이나 땅에 있는 것이 다 그리스도 안에서 통일되게 하려는 것이다."

바울의 의도를 보다 더 잘 이해하려면 유대인들의 우주관을 이해할 필요가 있다. 유대인들은 하나님이 세상을 창조하실 때 하늘과 땅을 나누셨다고 생각했다. 그래서 하늘 위에는 천사와 악한 영들, 즉 신적인 존재들이 살아가고 땅 위에는 인간과 동물, 식물 등이 살아가고 있다고 생각했다. 그런데 하나님이 만드신 조화로운 세상이 인간의 죄로 오염되고 타락하게 되었을 때 이 조화로운 피조물의 세계가 망가지게 되었다고 생각했다. 인간들만 죄로 오염되고 망가진 것이 아니라 하나님이 창조하신 피조세계가 인간들과 함께 다 망가졌다는 말이다. 창세기 3:17-18을 보면 땅이 아담으로 인해서 저주를 받았다고 기록하고 있다. 그래서 저주받은 결과로 땅이 가시덤불과 엉경퀴를 내게 된 것이다. 즉, 피조세계가 인간의 죄로 말미암아 함께 망가졌다고 창세기는 기록한다. 그런 데 바울이 깨닫게 된 복음의 핵심은 그 망가진 세계가 그리스도 안에서 통일되는 새로운 세상이 열리게 되었다는 것이다. **그래서 바울은 그리스도를 통해서 통일되어 새롭게 열리는 세상을 '새로 운 창조'라는 개념으로 이해하고 있다**(참조, 고후 5:17; 갈 6:15 등). 바 울의 편지 여러 곳에서 이 같은 생각이 감지된다.

바울이 가르친 복음이라고 하면 사람들은 종종 '이신칭의'만 주로 생각하는 경향이 있다. 물론 '이신칭의'도 바울이 가르치는 중요한 개념이기는 하지만 실제로 바울이 우리의 구원을 설명할 때 사용하는 훨씬 큰 개념이 바로 '새로운 창조'라는 개념임을 이 해할 필요가 있다. 이 새 창조의 개념 속에서 비로소 '이신칭의'도 제자리를 찾게 되는 것이다. "할례나 무할례가 아무것도 아니로되 오직 새로 지으심을 받는 것만이 중요하니라"(갈 6:15). 여기서 "새 로 지으심을 받는 것"이란 번역은 의역된 것인데 직역하면 "새로 운 창조"('카이네 크티시스')라고 번역할 수 있다. 갈라디아교회는 그 리스도인들이 할례를 받아야 하는지 말아야 하는지에 관한 논쟁 속에 있었다. 이러한 논쟁 속에서 바울은 다음과 같이 이야기한다. '당신들이 이야기하고 있는 할례나 무할례, 그거 별로 중요한 거 아닙니다. 왜냐하면 하나님이 그리스도 안에서 인간을 비롯한 세 상을 완전히 새롭게 창조하셨기 때문입니다.' 요약하면 바울은 지금 복음을 새 창조의 언어로 이야기하고 있다.

　　우리가 복음을 예수님 때문에 구원받았다는 말로만 이해하지 않고 그리스도 안에서 새로운 창조, 즉 하늘과 땅에 있는 모든 것들이 그리스도를 통해서 통일되는 것으로 이해하는 것이 왜 중요할까? 앞서 언급한 대로 창세기에서 인간의 죄로 피조세계가 함께 망가졌다고 말하지 않았는가? 그러니 논리적으로 한번 생각해 보라. 인간의 죄로 인해 피조세계가 함께 저주를 받았다면 그러한 죄의 저주로부터의 구원이란 단순히 인간만 구원받는 것이 아니라 우리가 함께 살아가야 할 피조세계가 그 구원의 영향 아래 있어야 한다.

　　사실 구약성경은 이미 우리의 구원을 이야기할 때 이러한 내용을 분명히 언급하고 있다. 대표적인 것이 이사야 11:6-9이다. 이사야가 바라보았던 구원의 세상은 어떤 세상인가? 이리와 어린양이 함께 사는 세상, 표범이 어린 염소와 함께 눕는 세상, 송아지와 어린 사자가 함께 어린아이에게 이끌리는 세상, 젖먹이가 독사의 구멍에서 장난하는 세상, 하나님의 거룩한 산 모든 곳에서 해됨도 없고 상함도 없는 세상, 바로 이것이 이사야 선지자가 하나님의 계시로 보았던 회복된 새로운 세상의 모습이다. 즉, 이사야가 바라보았던 구원의 세상은 마치 에덴과 같은 새로운 창조의 세상이라고도 말할 수 있다. 바울은 이사야가 바라보았던 바로 그 새로운 창조의 세계가 지금 예수님을 통해서 이 땅 가운데 임하게 되었다는 것을 깨달았다. 바로 그것이 바울이 이해한 복음의 핵심이다.

이 새로운 창조 안에 우리 신자들의 구원도 위치해 있는 것이다. 예수님을 통해 하늘 위의 것과 땅 위의 모든 것이 통일되는 새로운 창조의 세상, 그 안에서 우리는 그리스도의 피를 통해 죄책뿐만 아니라 죄의 오염으로부터 자유롭게 되고 하나님의 자녀로 입양되어 아버지와 함께 영원토록 부족함이 없는 아름다운 교제를 누리게 되는 것이다. 이것이 바울이 이야기하는 복음이다.

그런데 질문이 하나 생긴다. 예수님을 통해 하늘 위의 것과 땅 위의 모든 것들이 통일되는 새로운 세상에서 죄책과 죄의 오염으로부터 자유롭게 되어 하나님의 자녀로 사는 것이 기독교의 복음이고 구원이라면 그것은 성도들이 누리는 현실적 삶의 모습과 분명한 괴리가 있는 것이 아닐까? 바울이 말하고 있는 기독교의 구원은 하나님이 이미 이루신 것과 미래에 영광스럽게 이루실 것 사이에 어느 정도의 긴장을 가지고 있는 것이 사실이다.

베드로전서 2:10-11에서 베드로는 하나님의 백성이 된 성도들을 거류민과 나그네라 칭한다. 무슨 말일까? 여기서 나그네라는 개념은 복음에 관한 하나님의 약속이 성취되어 가는 과정에서 우리가 꼭 기억해야 할 중요한 개념이다. 나그네란 하나님의 약속이 이루어질 것을 이미 약속받았으나 그 약속의 성취를 아직 완전히 풍성한 모습으로 경험하지 못하는 사람들을 의미한다. 그러나 하나님이 말씀하시고 약속하셨으니 그것들이 우리의 삶 가운데 한 치의 오차도 없이 이루어질 것을 믿고 확신하는 사람들이다. 그래서 우리가 사는 삶의 현장에서 하나님의 다스리심을 굳게 붙들고 그 신앙을 고백하며 살아가는 삶의 형태가 바로 나그네와 같은 삶인 것이다.

묵상

(1) 바울의 말로부터 우리가 생각해 보아야 할 것이 있다. 예수 안에서 얻은 속량은 죄책뿐만 아니라 죄의 오염으로부터의 구출이라 했다. 즉, 죄의 노예 생활로부터의 구출을 말한다. 달리 설명하면 이 말은 우리가 행하는 온갖 종류의 모든 죄들이 우리를 노예와 같이 중독시켜 우리를 옭아매는 성향이 있다는 말이다. 현대인들이 범하는 죄악들을 조금만 생각해 보면 금방 이해가 간다. 미국에서 신학교에 다니던 시절 상담학 수업을 들으면서 알게 된 것은 포르노에 중독되어 있는 사람들이 미국에 생각보다 많다는 것이다. 교회 밖에만 그런 것이 아니라 심지어 교회 안에도 사정은 많이 다르지 않다는 것을 알게 되었다. 사실 이러한 경향은 미디어의 발달과 밀접하게 연관되어 있다. 중요한 것은 그러한 영상매체에 오염되어 있으면 우리를 입양해 주신 아버지 하나님과의 풍성한 교제를 절대로 누릴 수 없다는 것이다. 하나님은 그리스도의 피를 통해서 우리를 죄책뿐만 아니라 죄의 오염으로부터 구출하시고 입양된 자녀로서 아버지와 교제하기를 원하셔서 부르셨는데 정작 입양된 자녀는 아버지와 제대로 교제하지 않고 살아간다면 그것은 바울이 말하는 기독교인의 삶일 수 없다. 왜 현대 교회가 이렇게 사회 속에서 힘이 없는지 아는가? 주님과 함께하는 자

녀로서의 교제가 너무나 미약하기 때문이다. 그러니 능력이 나타나지 않는 것이다. 그런 의미에서 우리 모두 회개해야 한다. 묵상 가운데 찔림이 있는가? 주님의 은혜다. 정신을 바짝 차려야 한다. 우리의 죄성을 절대로 가볍게 보지 말라. 스마트폰이나 컴퓨터 게임은 하루에 2시간도 넘게 하면서 하나님과는 말씀과 기도를 통해 하루 단 30분도 제대로 교제하지 않는 채 세상을 이기며 살 수 있다고 생각하지 말라. 이러한 문명의 이기들이 하나님의 말씀을 깊이 묵상할 수 없게 만들고 주님과 교제할 수 없게 만든다면 그것이 바로 또 다른 의미의 중독이며 노예 생활이다. 그것들을 아예 쓰지 않을 수는 없겠지만 그렇더라도 그리스도인답게 사용할 줄 아는 지혜가 필요할 것이다. 나름대로 룰을 정하는 것도 좋은 방법일 수 있다.

필자는 스포츠도 마찬가지라고 생각한다. 필자 역시 스포츠를 좋아한다. 스포츠를 즐기는 것 자체가 죄악은 아니다. 그러나 스포츠도 또한 우리를 얼마든지 효과적으로 중독시켜 그 세계에서 나오지 못하게 함으로써 하나님과의 친밀한 교제를 매우 효과적으로 방해할 수 있다. 성공에 대한 집착도 마찬가지다. 이 중독에 걸리면 삶의 모든 우선순위가 성공 지향적이 된다. 성도들 가운데서도 자신의 삶에 성실한 것과 성공 지향적 노예 생활을 잘 구분하지 못하는 모습을 본다. 하나님이 주신 자신의 삶에 성실한 것과 성공 지향적 노예 생활을 어떻게 구분할 수 있을까? 필자는 이렇게 분별한다. 자신에게 주어진 삶을 최선을 다해 살면서 주님과 교제하며 산다면 이것은 자신의 삶에 성실한 것이다. 그런데 자신의 삶에 노예와 같이 매몰되어서 그것만 하다가 주님과의 영적인 교제를 제대로 못하고 있다면 이것은 성공 지향적 노예 생활이다. 하나님은 그리스도의 보혈로 우리를 속량하여 주셨다. 그 속량은 세상의 노예 생활로부터 하나님의 자녀로의 입양을 의미한다. 하나님은 우리와 영적인 교제를 하기 위해서 예수님의 피로 우리를 속량하여 주셨다. 그 아름다운 교제를 가능하게 하기 위해서 말이다.

(2) 우리는 하나님이 새롭게 창조하신 세계를 아직 완벽한 모습으로 경험하고 있지는 못하다. 하지만 그리스도 안에서 이미 새롭게 시작된 새 창조의 세상을 살고 있는 왕의 백성들이다. 이것이 바울이 말하는 복음의 의미이고 이것이 우리의 정체성이다. 당신은 이미 그리스도 안에 있는 새 창조의 백성이다. 그리스도 안에서 새롭게 창조된 새 창조의 백성은 아직 완벽한 모습은 아닐지라도 이미 온 세계의 진정한 왕이신 예수님의 통치를 받는 사람들이다. 예배는 그러한 자격 없는 우리를 불러서 그의 백성 삼으신 영광스러운 왕을 함께 찬양하는 자리여야 한다. 영광스러운 왕의 백성이 왕의 백성 됨을 즐거워하는 자리라는 말이다. 그리고 예배는 그 왕의 영광스러운 통치를 세상에 다양한 방법으로 전하겠다는 것을 또한 다짐하는 자리이기도 하다. 그러나 우리는 근본적으로 왕의 백성이 될 수 있는 자격이 없는 자들이었다. 그렇기 때문에 우리의 예배는 자격 없는 우리를 불러주신 주님의 은혜를 함께

즐거워하고 찬양하며 그 왕의 통치를 세상 가운데 힘 있게 전하겠
다고 다짐하는 복된 자리여야만 한다.

본문 이해와 묵상을 돕는 질문들

(1) 바울은 하나님이 베푸시는 구원의 개념을 본문에서 또 다른
그림언어로 설명한다. 그것은 "속량"('아폴류트로시스')이라는 개
념이다. 이것이 구약에서 어떤 의미로 쓰였는지 말해 보라.

(2) 이 그림언어에 대한 가장 좋은 예 중에 하나는 출애굽기 6:6-8
이다. 출애굽기는 "속량"을 어떤 의미로 사용하고 있는가?

(3) 출애굽기의 용례로부터 바울은 우리의 구원 개념을 어떻게 이
해하고 있다고 말할 수 있을까?
- 출애굽의 속량: 이집트의 노예 생활로부터의 구원
- 바울의 속량: (   )로부터의 구원

(4) 바울은 우리의 "속량"의 방법이 무엇이라고 설명하고 있는가?
(참조, 7절)

(5) 현대 기독교인들은 "그리스도의 피"를 주로 우리의 죄에 대한
책임(죄책)으로부터의 무죄 방면으로만 이해하는 경향이 있다.
바울이 "속량"이라는 단어를 이해한 것에 비추어 볼 때 이러한

이해에 어떤 문제가 있다고 말할 수 있을까? 앞서 바울이 하나님의 구원을 '입양'이라는 그림언어로 설명했다는 점도 함께 묵상하여 보라.

(6) 바울은 하나님께서 모든 지혜와 총명으로 자신이 가지고 계셨던 "비밀"('무스테리온')을 우리에게 알려 주셨다고 이야기한다. 유대인들에게 '무스테리온'이란 역사의 마지막에 하나님이 보여 주실 신비스러운 "비밀"을 언급하는 단어다. 그 비밀이란 "하늘에 있는 것이나 땅에 있는 것이 다 그리스도 안에서 통일되게 하려는 것이다." 유대인들의 관점/세계관(창세기 1-3장)에서 이것이 무엇을 뜻하는지 말해 보라.

(7) 바울은 복음을 예수님 때문에 구원받았다는 말로만 이해하지 않고 그리스도 안에서 새로운 창조, 즉 하늘과 땅에 있는 모든 것들이 그리스도를 통해서 통일되는 것으로 이해한다. 이것이 바울을 포함한 유대인들이 이해한 구원의 개념이다. 교회 안에 전통적 개념과는 차이가 있다. 복음을 이렇게 이해하는 것의 중요성을 이야기해 보라. 이 논의에 이사야 11:6-9도 포함하여 이야기해 보라.

(8) 바울이 말하는 구원이란 하나님이 그리스도의 피를 통해 우리를 죄책뿐만 아니라 죄의 오염으로부터도 구출하셔서 우리로

하여금 하나님의 입양된 자녀로서 아버지와 교제하는 만드는 것이다. 이 관점에서 당신의 삶을 돌아보라. 왜 현대 교회가 세상 속에서 힘이 없을까? 바울이 말하는 관점에서 정직하게 소그룹원들과 그 이유를 나누어 보라.

(9) 바울의 구원 개념으로부터 깨달은 것이 있다면 당신의 언어로 적어보고 결단해야 할 것이 있다면 기도문으로 적은 뒤 소그룹원들과 함께 나누어 보라.

기도

하나님, 우리가 다시 기본으로 돌아가게 하소서. 다시 말씀의 자리로 돌아가게 하소서. 다시 기도의 자리로 돌아가게 하소서. 그 자리에서 아버지 하나님과 풍성한 교제를 누리게 하소서. 그 자리에서 죄악을 이기며 승리하는 삶을 배우고 누리게 하소서. 우리 주님이 세상을 이기신 것처럼 우리도 예수의 제자로 세상을 이기는 삶을 살게 하소서. 그 가슴 떨리는 부흥의 일들이 이 세대 가운데 풍성하게 일어나게 하소서.

문맥과 요약

유대교 (언약) 종말론이 그리고 있는 큰 그림 속에서 바울이 그려 주고 있는 복음에 대한 확대된 그림을 이해해야 한다. 바울은 자신이 그리스도를 통해서 이해한 복음의 핵심적 내용을 3-14절을 통해서 서술하고 있다. 그것은 그리스도의 피를 통해 우리를 죄악의 노예로부터 **속량**해 주시는 것이다. 그래서 우리로 하여금 더 이상 죄의 노예로 살지 않고 그러한 상태로부터 구출되어 하나님의 자녀로 **입양**된 채 하나님과 아름다운 교제를 나누며 살도록 부르셨다는 이야기다. 바울은 이러한 아름다운 일이 **새로운 창조(하늘과 땅에 있는 것이 통합되는 일)**를 통해서 이루어졌다고 이야기한다. 즉, 이사야 11장에서 이사야가 주의 계시 가운데 바라보았던 새 창조의 역사가 이제 예수님을 통해서 이루어졌다는 것을 깨달은 것이다. 그것이 바울이 이해한 복음이다. 신자들의 구원도 바로 이 새로운 창조 안에 위치해 있는 것이다. 예수님을 통해 하늘 위의 것과 땅 위의 모든 것이 통일되는 새로운 창조의 세상 안에서 성도들은 죄책뿐만 아니라 죄의 오염으로부터 자유롭게 되고 하나님의 자녀로 입양되어 아버지와 함께 영원토록 부족함이 없는 아름다운 교제를 누리게 되는 것이다. 이것이 기독교가 이야기하는 복음이다. 그런데 여기서 질문이 하나 생긴다. 예수님을 통해 새 창조의 세상이 열리고(비밀) 죄악의 노예 생활로부터 구출함을 받아 죄책과 죄의 오염으로부터 자유롭게 되어(속량) 하나님의 자녀로 사는 것(입양)이 기독교의 복음이고 구원이라면 그것은 성도가 누리는 현실적 삶의 모습과 분명한 괴리가 있는 것이 아니냐는 질문이다. 본문은 바로 이와 같은 이미 이루어진 구원과 미래에 이루어질 구원 사이의 긴장을 염두에 두고 기록되었다. 바울은 이 맥락에서 성령의 사역을 설명한다. 이 사이에 존재하는 긴장 속에서 성령은 성도들이 얻게 될 기업의 보증이 되신다고 역설한다.

해설

11-13절 《모든 일을 그의 뜻의 결정대로 일하시는 이의 계획을 따라 우리가 예정을 입어 그 안에서 기업이 되었으니 … 그 안에서 너희도 진리의 말씀 곧 너희의 구원의 복음을 듣고 그 안에서 또한 믿어 약속의 성령으로 인치심을 받았으니》

　본문에서 바울은 성도 개개인이 하나님의 예정을 통해 하나님의 새로운 창조의 세상에서 기업이 되었음을 밝힌다. 그리고 성도가 하나님의 새 창조의 세상에서 확실한 기업이 되었다는 것을 성령의 사역이라는 관점에서 서술한다. 본문은 바울의 사고 속에서 앞서 언급한 긴장을 염두에 두고 기록된 것으로 보인다. 이미 이루어진 하나님의 약속과 아직 완성되지 않은 하나님의 약속 사이의 긴장을 염두에 두고 있다는 말이다. 특별히 필연적으로 이러한 긴장 관계 안에서 살아가게 되는 성도들에게 성령의 역할을 설명해 주고 있다.

지난 세기 한국 교회에서 가장 많이 오해되었던 주제가 바로 성령에 대한 이해가 아니었을까 생각한다. 한국 교회에서 '성령', 그러면 무엇인가 신비한 능력에 초점을 맞추는 경향이 짙었다. 그런데 이번 본문을 보면 바울은 성령의 역할을 그리스도 안에서 하나님이 하신 일을 설명하는 문맥 속에 위치시키고 있다. 바울의 논리를 살펴보자. 13절을 보면 시작하는 첫 어구가 "그 안에서"이다. 여기서 "그"는 분명 그리스도를 말하는 것이니 이 말은 '그리스도 안에서'라는 말이 된다. 이는 바울의 편지에서 대략 200회(그리스도를 나타내는 대명사까지 포함)가 넘게 등장하는 어구다. 즉, 그리스도 안에서 너희도 진리의 말씀, 곧 구원의 복음을 들었다고 이야기한다. 진리의 말씀, 즉 구원의 복음이란 문맥 속에서 무엇을 이야기하는 것일까? 당연히 바울이 지금까지 이야기한 입양, 속량, 새 창조의 복음을 말하는 것이다. 13절에 다시 한번 "그 안에서"라는 어구가 등장한다. "그"가 그리스도를 받는 대명사이니 이 또한 역시 '그리스도 안에서'라고 이해할 수 있다. 즉, 바울은 그리스도 안에서 또한 믿어 약속의 성령으로 인치심을 받았다고 이야기한다. 여기서 두 가지 표현에 주목하려고 한다. 먼저는 "약속의 성령"이라는 표현이다. 이 말은 약속하신 성령이라고 이해해도 좋을 것 같다. 구약성경 특별히 요엘서 2장은 하나님께서 역사의 마지막에 당신의 백성에게 성령을 부어주실 것이라고 이야기한다. 그래서 바울은 아마도 구약에서 약속된 성령이라는 의미에서 약속의 성령이라는 표현을 사용하는 것 같다. 둘째로 "인치심을 받았다"는 표현이다. 여기서 바울이 사용한 헬라어 단어는 '스프라기조'인데, 이 단어는 헬라 사회에서 상업적으로 사용되던 단어였다. 즉, 문서 등이 진본임을 나타내기 위해서 계약서 등에 도장을 찍었던 것을 나타내는 말이다. 그뿐만 아니라 물건이나 동물, 심지어는 노예들이 누구의 소유인지를 밝히기 위해서도 인장을 찍곤 했다. 바로 그 단어가 '스프라기조'이다. 바울은 무슨 의도로 이와 같은 말을 하는 것일까? 이미 시작된 하나님의 새 창조의 세계와 아직 완성되지 않은 새 창조의 세계 사이에서 성령의 사역과 역할을 설명하고 있다는 사실에 주목해 보라. 성령은 새 창조의 피조물인 하나님의 백성에게 인장을 찍어서 우리가 하나님의 소유(기업)임을 분명히 하신다고 이야기한다. 이것이 이미 시작된 하나님의 새 창조의 세계와 아직 완성되지 않은 새 창조의 세계에서 성령이 하시는 일이다.

14절 《이는 우리 기업의 보증이 되사 그 얻으신 것을 속량하시고 그의 영광

을 찬송하게 하려 하심이라》

바울은 여기서 그치지 않고 성령이 하시는 사역을 14절에서 또 다른 상업용어를 빌려서 설명한다. "이는 우리 기업의 보증이 되사." 여기서 "이는"이라는 단어는 성령을 받는 관계대명사다. 즉, 이 성령이 우리의 기업의 보증이 되신다는 말이다. 여기서 "보증"이라는 단어는 헬라어 '아라본'의 번역인데, 이 또한 헬라 세계에서 빈번히 사용되던 상업용 단어였다. 현대 미국에서 집을 살 때 사람들은 '착수금'(deposit)을 낸다. '내가 이 집을 꼭 살 것이다'라는 의미다. 그리고 계약을 체결할 때 잔금을 모두 지불한다. 오늘날 우리가 사용하는 '착수금'이 '아라본'이라는 단어의 의미다. 성령이 바로 보증의 증표로 성도들에게 주어졌다는 것이다. 바울의 이해에 따르면 이미 시작된 새 창조의 세계 그러나 아직 최종적으로 완성되지 않은 새 창조의 세계에서 성령은 우리가 하나님의 소유가 되었다는 것을 우리 안에 인치실('스프라기조') 뿐만 아니라 마지막 날에 우리가 하나님의 새 창조의 세계에서 기업을 반드시 소유하게 될 것이라는 것을 확증하기 위해서 보증이 되셨다는 말이다. 이것이 바울이 에베소서에서 말하는 성령의 사역이다. 우리가 하나님의 소유라는 것을 나타내시며 동시에 우리가 새 창조의 세계에서 기업을 반드시 상속하게 될 것이라는 것을 보증해 주신다. 이미 시작된 새 창조의 세계 그러나 아직 완벽하게 완성되지 않은 새 창조의 세계에서 우리가 반드시 하나님의 기업이 될 것이라는 것에 대한 확실한 보증으로 성령이 주어졌고 성령은 오늘도 바로 그 사역을 하시고 계신다. '우리가 반드시 새 창조의 세계를 누리게 될 것이라는 사실을 어떻게 알 수 있는가?' 하나님이 약속하셨고 성령이 이에 대한 보증으로 우리에게 주어졌기 때문이라고 바울은 말하고 있다.

묵상

우리는 하나님이 새롭게 창조하신 세계를 아직 완벽한 모습으로 경험하고 있지는 못하다. 하지만 그리스도 안에서 이미 새롭게 시작된 새 창조의 세상을 이미 살고 있다. 그리고 그것을 완벽한 모습으로 누리게 될 것에 대한 약속과 보증으로 하나님은 우리에게 성령을 허락하셨다. 그래서 이미 주어졌으나 아직은 완벽하게 누릴 수 없는 새 창조의 시기가 보여 주고 있는 긴장 속에서 성령께서는 성도들 가운데 일하신다. 때로는 우리가 새 창조의 백성으로서 어울리지 않는 일을 하면 탄식하시고 여러 가지 방법으로 꾸짖으시며 깨닫게 하신다. 때로는 우리가 어려움과 고난 가운데 낙담하고 있을 때 우리가 그 최종적인 승리를 누리기까지 우리를 위해 중보하시며 여러 가지 방법으로 위로하시고 격려하실 뿐만 아니라 믿음의 길을 걸어갈 수 있도록 우리 안에서 역사하신다.

　예전에 신학교 다니면서 목회하던 시절 이야기다. 참 여러 가지로 어렵고 힘든 시절이었다. 학교에 가면 정말로 똑똑한 친구들이 적잖이 있었다. 영어는 말할 것도 없고 독일어, 불어를 자유자재로 구사하는 미국 친구를 보면서 내가 참 아무것도 아니구나 하

면서 주눅이 들었다. 목사로서 교회에서 하는 사역도 참 고만고만
한 것 같았다. 한국에 홀로 계신 어머니가 경제적으로 참 힘드시
다는 이야기를 듣는데 한국 한번 방문하는 것도 쉬운 일이 아니었
다. 무엇보다 간다고 한들 아무것도 할 수 없는 필자의 현실이 너
무 견디기 힘들었다. 어느 날은 가슴이 터질 것 같았다. 그래서 가
족에게 학교에 간다고 말하고 혼자 조용히 차를 몰고 미국 동부
애틀랜틱시티(Atlantic City)로 달려갔다. 이유가 정확하게 기억나지
는 않지만 아마도 바다를 보고 싶었던 것 같다. 바다를 보며 한참
을 울면서 기도했다. 필자가 가지고 있지 못한 것들을 떠올리며
넋두리 비슷한 기도를 하고 있는데 마음속에 이런 생각이 떠올랐
다. '내가 너와 함께한다는 수많은 흔적들이 네 삶에 그렇게 현저
하게 많은데 너는 왜 그런 것들은 바라보지 못하냐?' 그러면서 하
나님이 내 삶에 함께하고 계심을 보여 주는 내용들이 하나씩 하나
씩 생각나기 시작했다. 무엇보다 좋은 신앙 공동체를 계속해서 만
나게 하신 것이 생각났다. 친구 목사들 이야기를 들어보면 참 이
상한 성도들이 이민 교회에도 있는 것 같은데, 목사를 귀하게 여
겨 주고 사랑해 주는 성도들과 함께 신앙생활하는 것이 얼마나 감
사한 일인지가 생각났다. 또 부족한 사람을 늘 따뜻한 마음으로
바라봐 주는 선배 목사님을 통해서 적지 않은 사랑을 받고 있는
것도 생각났다. 게다가 비록 필자가 학문적으로도 부족한 것이 많
은 사람인데도 불구하고 한국에 있었다면 접하기 쉽지 않았을 예
리하고 탁월한 선생님들을 만나서 하나님 나라와 복음에 대한 새

로운 통찰들을 배우게 되었다는 것도 참 감사했다. 주변에 신앙적
으로 함께 고민하며 교제할 수 있는 귀한 믿음의 동역자 선후배들
을 주신 은혜도 생각났다. 그들과 함께 울고 웃으며 이 땅에서 하
나님 나라를 꿈꾸고 기도하게 하신 귀한 은혜도 생각났다. 무엇보
다 날 고아와 같이 버려두지 않으시고 이런 모든 것들을 통해서
늘 귀한 은혜를 베풀어 주시는 하나님 아버지가 성령을 통해 늘
함께 계시다는 사실로 인해서 참 감사했다. 애틀랜틱시티로 가는
길은 마음이 무척 힘들고 어려웠는데 다시 필라델피아로 돌아오
는 길은 하나님이 성령과 더불어 나와 함께하고 계시다는 사실로
인해 감격함으로 채워졌다.

어떠한 상황이든 관계없이 하나님은 오늘도 성령을 통해 우리
와 함께하시며 최종적인 승리의 날까지 신실하게 인도하실 것이
다. 그리고 완성된 새 창조의 날에 우리가 완벽한 승리를 누리게
하실 것이다. 성령이 우리의 최종적 승리의 보증이 되시기 때문이
다. 그러니 그때까지 잘 참고 인내하라.

본문 이해와 묵상을 돕는 질문들

⑴ 바울은 13절에서 "약속의 성령"이라는 표현을 사용한다. 무엇
을 염두에 둔 표현일까?

⑵ 바울이 13절에서 사용하는 "인치심을 받았다"('스프라기조')라는
단어는 헬라 사회에서 어떤 의미로 사용되고 있는가? 그렇다

면 바울은 어떤 의미로 이 단어를 사용하고 있는 것일까?

(3) 14절에서 바울은 성령이 우리 기업의 "보증"('아라본')이 되신다고 이야기한다. 에베소 문맥 속에서 바울은 무엇을 말하려는 것인가?

(4) 예수님의 십자가의 죽음으로 이미 시작된 새 창조의 세계, 그러나 아직 완성되지 않은 새 창조의 세계에서 우리가 하나님의 기업이 되며 동시에 하나님의 기업을 누리게 될 것이라는 사실을 확증하는 것은 무엇인가?

(5) 바울이 말하고 있는 성령의 기능이라는 관점에서 당신과 주변 성도들이 느끼고 있는 연약함과 고난을 묵상해 보라. 그리고 묵상한 내용을 기도문으로 기록하여 보라.

기도

하나님, 그 최종 승리의 날까지 우리의 최종적 승리의 보증이 되셔서 우리와 함께하시며 우리를 인도하실 성령을 의지함으로 담대하게 걸어갈 수 있는 우리가 되게 하소서. 많은 유혹과 도전 속에서도 예수 그리스도의 것으로 승리하게 하시고 인내로 우리 앞에 있는 걸음을 걸어가게 하소서.

문맥과 요약

바울이 이해한 복음의 핵심은 새로운 창조('카이네 크티시스')다. 하나님께서 구약에서 선지자들을 통해 약속하신 대로 그리스도 예수 안에서 새로운 세상을 창조하셨다. 그래서 누구든지 예수 그리스도 안에 있기만 하면 그는 새로운 창조의 피조물이 되는 영광을 누린다. 바울이 고린도후서 5장과 갈라디아서 6장에서 사용한 용어를 빌리자면 그것은 이미 우리 안에 발생한 사건이다. 새로운 피조물이 된 우리는 그리스도의 보배로운 피를 통해서 더 이상 죄악의 노예 생활을 하지 않고 그 노예 생활로부터 구출, 즉 **속량**을 받았다. 그래서 우리는 죄의 노예로부터 구출되고 하나님의 자녀로 **입양**되어 하나님과 아름다운 교제를 나누며 살도록 부름을 받았다. 그러나 이 모든 것들이 아직 완벽한 모습으로 우리에게 주어진 것은 아니다. 그래서 우리가 하나님의 소유(기업)가 되었다는 것을 인증하기 위해 성령이 주어졌다. 성령은 우리가 이 모든 구원을 완벽한 모습으로 누리게 될 것이며 동시에 우리가 새 창조의 세상에서 기업을 얻게 될 것을 보증하기 위해서 성도들에게 주어졌다. 바울은 이와 같은 내용을 3-14절의 하나의 문장으로 구성했다. 1장의 나머지 부분인 15-23절도 바울은 하나의 문장으로 구성한다. 바울이 1장을 매우 긴 두 개의 문장으로 구성한 것이다. 한 문장으로 구성된 본문 15-23절은 바울이 드린 기도의 한 부분이다. 바울은 하나님께 감사를 드린 후, 세 가지를 간구한다. 첫째는 "부르심의 소망"에 대한 것이고 둘째는 "기업의 영광"이며 마지막은 "능력"에 대한 것이다. 바울은 성도들이 '소망과 영광과 능력'에 대해 알게 하시기를 하나님께 간구한다.

해설

15-16절《이로 말미암아 주 예수 안에서 너희 믿음과 모든 성도를 향한 사랑을 나도 듣고 내가 기도할 때에 기억하며 너희로 말미암아 감사하기를 그치지 아니하고》

바울이 기도하고 있다. 우리의 추정이 맞다면 지금 바울은 로마에서 가택연금 상태였을 것이다. 자신이 목회했던 에베소교회 성도들과는 적어도 5년 이상 대면하지 못했을 것이다. 오가는 인편을 통해 성도들의 소식은 간간이 전해 들었을 것으로 추측할 수 있다. 요한계시록을 비롯한 신약성경을 참조해 보면 에베소를 포함한 이 시기 상당수의 로마제국 도시들 가운데에서 기독교인들은 적잖은 박해를 경험하고 있었던 것으로 보인다. 교인들 자신들의 처지도 처지이지만 사도 바울이 당한 고난, 무엇보다 감옥에 갇힌 것이 에베소 성도들에게 낙담의 근원이 된 것 같다. 우리는 그와 같은 내용을 에베소서 3:13을 통해서 엿볼 수 있다. 바울은 감옥에 갇혀 있는 상황이고 교회에는 핍박과 어려움이 있다. 충분히 낙심할 수 있는 상황이다. 이 상황에서 바울이 기도하기 시작했다. 사실 이러한 일이 바울이 처음 당하는 일은 아니다. 사도행전 16장이 보여 주고 고린도후서 6장이 보여 주는 것처럼 바울은 자신이 복음을 전하는 상황에서 이와 같은 일을 이미 여러 차례 경험했다. 즉, 이렇게 낙심될 수 있는 상황에서 바울이 기도하기 시작한 것이다.

그런데 우리는 15-16절의 바울이 기도한다는 이야기를 앞 문맥과의 연관 속에서 생각해 볼 필요가 있다. 15절을 시작하는 어구는 "이로 말미암아"('디아 투토')다. 문자적으로 "이러한 이유 때문에"라고 번역할 수 있다. 그러니까 바울은 자신이 지금 기도할 때에 에베소 교인들을 생각하며 감사하기를 그치지 아니하고 기도하고 있는 이유를 바로 앞에서 언급했다고 이야기한다. 바울이 바로 앞 문맥에서 무엇이라고 이야기했는가? 바울은 바로 직전에 성령께서 우리 기업, 즉 구원의 보증이 되신다고 이야기했다. 성령께서 성도들이 구원의 종착역에 도달할 때까지 그들을 인도하시는 것을 의미한다. 그러므로 13-16절을 연결해서 읽으면 바울은 지금 이렇게 이야기하고 있는 것이다. 성령께서 우리의 보증이 되시기에 우리가 비록 어떠한 상황을 지나간다 하더라도 우리를 끝까지 그 종착역으로 인도하심을 안다는 것이다. 바로 그렇기 때문에 기도한다는 말이다. 바울 자신과 에베소교회 성도들은 지금 충분히 낙담할 수 있는 상황에 처했다. 그런데 이 낙담할 수 있는 상황에서 바울은 기도할 수 있었다. 흔히 오해되듯이 감옥에서 그것밖에 할 것이 없었기 때문에 기도한 것이 아니다. 비록 어려운 상황이기는 하지만 성령이 우리 구원의 보증이 되셔서 이 어려운 상황 속에서도 성도들을 틀림없이 인도해 가실 것을 확실히 알고 믿고 있기 때문에 기도한다고 말하고 있는 것이다. 바울은 하나님의 변함없는 약속을 알고 확실히 믿기 때문에 기도하고 있다.

17-19절 《우리 주 예수 그리스도의 하나님, 영광의 아버지께서 지혜와 계시의 영을 너희에게 주사 하나님을 알게 하시고 너희 마음의 눈을 밝히사 그의 부르심의 소망이 무엇이며 성도 안에서 그 기업의 영광의 풍성함이 무엇이며 그의 힘의 위력으로 역사하심을 따라 믿는 우리에게 베푸신 능력의 지극히 크심이 어떠한 것을 너희로 알게 하시기를 구하노라》

　그렇다면 바울의 기도의 구체적인 내용은 무엇인가? 17절 이하가 그것을 설명하고 있다. "지혜와 계시의 영"을 허락해 달라는 것이다. 그러면 어떤 일이 벌어지는지를 18-19절이 설명한다. 18-19절은 바울이 하고 있는 기도의 구체적 내용이다. 지혜와 계시의 영이 주어지면 "성도들의 마음의 눈이 밝아"진다. 즉, 지혜와

계시의 영, 곧 성령을 허락해 주셔서 그들의 마음의 눈이 밝아지
게 해 달라고 기도하고 있다. 그래서 어떤 일이 일어나게 해 달라
고 기도하는가? 세 가지 일이 일어나게 해 달라고 기도한다. 첫째
로 바울은 성도의 "부르심의 소망"이 무엇인지 알게 해 달라고 기
도한다. 둘째는 "기업의 영광의 풍성함"이 무엇인지 알게 해 달라
고 기도한다. 셋째로 우리에게 베푸신 "하나님의 능력"이 얼마나
큰 것인지 알게 해 달라고 기도한다. 즉, 바울은 지혜와 계시의 영
을 통해서 영적인 눈이 밝아져서 "소망"과 "영광"과 "능력"이 무
엇인지 알게 해 달라고 기도하고 있는 것이다. 바울은 다음 단락
에서 이 "소망"과 "영광"과 "능력"이 각각 무엇을 의미하는지를
역순으로 설명해 나간다.

묵상

필자는 이렇게 이야기하는 성도들을 종종 만난다. "목사님 제가
할 수 있는 거 다 해봤습니다. 근데 이제 더는 할 수 있는 것이 남
아 있지 않습니다. 그러니 기도해야 할 것 같습니다. 목사님도 기
도해 주세요." 물론 필자는 이러한 이야기를 듣게 되면 기도한다.
그 딱한 처지와 상황에서 하나님이 은혜를 베풀어 주시기를 기도
한다. 그러나 바울이 본문에서 보여 주고 있는 모습에 근거할 때
이러한 태도가 기도에 대한 성숙한 이해를 반영한다고 생각지는
않는다. 기도는 내가 할 수 있는 것을 다 해 보고 난 후에 마치 어
쩔 수 없어 마지막으로 선택하는 카드가 아니다. 적어도 이번 본

문에서 바울이 하는 언어를 귀담아 들으면 기도가 그런 것이 아님을 분명히 알 수 있다.

그럼 기도는 무엇인가? 비록 어려운 상황이기는 하지만 성령이 우리 구원의 보증이 되셔서 어떤 어려운 상황 속에서도 우리를 틀림없이 인도해 가실 것을 확실히 알고 믿고 있기 때문에 할 수 있는 것이 기도다. 그러므로 기도는 절대로 차선책이 아니다. 도리어 기도는 성령의 인도하심을 믿는 사람에게 있어서 가장 강력한 도구다. 이것을 너무나 잘 알고 있기에 에베소서 6장에서 바울은 영적인 전투를 위하여 성도들에게 전신 갑주를 취하라 말한 뒤 기도의 중요성을 힘주어 강조하고 있다.

본문을 묵상하는데 예전 대학생 시절에 읽었던 조지 뮬러의 일기가 생각났다. 그는 20세에 회심을 해서 93세에 주님의 부르심을 받을 때까지 영국 브리스톨에서 선교사로서 고아원을 세워 사역했다. 그의 기도 노트는 삼천 페이지가 넘는데 거기에는 그가 평생에 받았던 오만 번이 넘는 기도의 응답들이 빼곡히 적혀 있다. 그중 기억나는 하나는 다음과 같은 내용이다. 그는 늘 하나님의 말씀을 붙들고 그것에 의지해서 기도했다. 1857년 12월 마지막 날 고아원의 증기 보일러가 터져서 아이들이 추위에 떨고 있었다. 새것을 사려면 몇 주가 걸리고 수리를 해도 족히 일주일이 걸릴 형편이었다. 함께 일하는 사람들은 특별히 고아원 시설에서 양육하고 있는 어린 영아들을 걱정했다. 극심한 추위에 보일러가 없다면 어린 영아들의 경우 잘못하면 감기에 걸릴 수 있고 그것이 쉽게 폐렴으로 발전할 수 있었기 때문이다. 뮬러는 이 이야기를 듣고는 조용히 예배당에 기도하러 올라갔다. 그리고 그는 주님의 말씀을 붙들고 밤이 새도록 주님 앞에 기도했다. 시편 68:5에서 하나님은 고아의 아버지라고 하셨으니 이 고아들의 딱한 상황을 보시고 은혜를 베풀어 달라고 꼬박 이틀을 기도했다. 그런데 뮬러가 기도하는 동안 신기한 일이 일어났다. 북쪽에서 불어오던 찬바람 대신에 남동쪽의 따뜻한 바람이 불어오기 시작했다. 그래서 일주일 정도 되는 기간 동안 마치 봄 날씨와 같은 날들이 지속됐다. 쉽사리 이해하기 어려운 이상 기후였다. 그래서 이 기간 동안 증기 보일러를 고칠 수 있었고 보일러가 수리된 이후에 다시 강추위가 돌아왔다는 기록이 불현듯 생각났다.

아직 완벽한 모습으로 새 창조의 세계가 완성되지는 않았기에 기도는 더더욱 의미가 있다. 완성된 새 창조의 세계에서 더 이상 기도는 필요하지 않을 것이기 때문이다. 주님과 얼굴과 얼굴을 맞대고 이야기할 터이니 지금과 같은 기도는 필요 없을 것이다. 그래서 그때까지만 하나님은 당신이 그리스도 안에서 새롭게 창조하신 당신의 백성들과 기도를 통해 교제하신다. 그 사실을 알고 믿었기에 바울은 모든 상황 속에서 기도할 수 있었다. 기도에 대한 설교를 수백 번 수천 번 듣는 것보다 중요한 것이 있다. 그것은 하나님의 약속을 믿으며 실제로 기도하는 것이다. 우리 가운데 기도할 것이 하나도 없는 사람은 아무도 없다. 성령을 통해 우리와 함께하시며 우리를 인도하시는 하나님을 믿고 그분께 우리의 기도 제목을 가지고 나아가 기도하라.

본문 이해와 묵상을 돕는 질문들

(1) 15-23절은 바울의 기도다. 이 시기에 에베소를 비롯한 로마제
국 내의 많은 도시에서 기독교인들은 박해를 경험하고 있었
다. 바울 자신도 로마 감옥에 있었다. 이 상황에서 바울이 기도
하고 있다. 당신은 무엇을 느끼는가?

(2) 사실 감옥에서 기도하는 일은 바울의 인생에서 여러 번 있었
다. 사도행전 16장, 고린도후서 6장에서 볼 수 있듯이, 즉 바울
은 낙심될 수 있는 상황에서 기도했다는 말이다. 흥미로운 것
은 15절의 시작하는 어구 "이로 말미암아"다. "이로 말미암아
(이러한 이유 때문에)" 기도한다는 말인데, 이것이 무슨 말인지 앞
단락의 맥락에서 설명하여 보라.

(3) 17-19절은 바울이 감옥에서 기도한 내용이다. 먼저 17절에서
바울이 기도하고 있는 구체적인 내용이 무엇인지 말해 보라.

(4) 바울의 기도의 결과로 성도들에게 어떤 일이 일어나는지 구체
적으로 세 가지를 이야기해 보라.

(5) 바울의 기도의 결과로 성도들에게 세 가지가 새로워지면 성도

들은 고난의 시간을 잘 견딜 수 있게 된다고 바울은 생각했다.
게다가 바울은 성도들의 영적인 싸움에서 기도의 중요성을 6
장에서도 강조하고 있다. 당신은 성도로 살아가면서 느끼는
여러 영적인 싸움에서 기도의 중요성을 인정하고 있는가? 당
신의 기도 생활이 어떤 모습인지를 구체적으로 나누어 보라.

기도

하나님, 기도를 통해 당신의 새 창조의 백성과 교제하며 그들의
기도를 들어주시기를 즐거워하시는 하나님을 인격적으로 만나는
아름답고 귀한 일이 이 땅의 성도들 가운데서 많이 일어나게 하소
서. 기도를 통해서 우리의 기도를 응답하시는 하나님을 경험할 뿐
만 아니라 하나님 그분을 기뻐하고 즐거워하는 진정한 주의 백성
들이 일어나게 하소서.

문맥과 요약

바울은 낙담한 에베소 성도들을 위해서 에베소서를 썼다. 바울이 편지를 쓸 당시 에베소를 포함한 상당수의 로마제국 안의 도시에서 기독교인들은 적잖은 박해를 경험하고 있었다. 에베소교회 성도들과 사도 바울이 당하고 있는 고난이 에베소 성도들에게 참으로 낙담의 근원이 된 것으로 보인다. 바울은 비록 그들이 어떠한 상황을 지나간다 하더라도 성령이 구원의 보증이 되셔서 어려운 상황 속에서도 자신들을 틀림없이 인도해 가실 것이라고 권고하고 있다. 그리고 그런 하나님의 변함없는 약속을 알고 확실히 믿었기 때문에 바울은 기도할 수 있었다. 바울은 에베소교회 성도들을 위해서 구체적으로 기도한다. 하나님에 대한 지식 가운데 지혜와 계시의 영을 허락해 달라고 간구한다. 그렇게 해서 성도들의 마음의 눈이 밝아지면 세 가지 일이 일어난다. 첫째, 우리의 "부르심의 소망"이 무엇인지 알게 되고, 둘째, "기업의 영광의 풍성함"이 무엇인지 알게 되며, 마지막으로 우리에게 베푸신 "하나님의 능력"이 얼마나 큰 것인지 알게 된다. 성도들에게 주어진 소망과 영광과 능력이 무엇인지 잘 알기만 하면 그 어떤 상황을 지나간다 하더라도, 특별히 어려운 상황을 지나간다 하더라도 좌절하거나 낙망하지 않고 이 세상에서 승리할 수 있다고 생각했기 때문이다.

해설

20-22절 상반절《그의 능력이 그리스도 안에서 역사하사 죽은 자들 가운데서 다시 살리시고 하늘에서 자기의 오른편에 앉히사 모든 통치와 권세와 능력과 주권과 이 세상뿐 아니라 오는 세상에 일컫는 모든 이름 위에 뛰어나게 하시고 또 만물을 그의 발아래에 복종하게 하시고》

바울은 성도들에게 주어진 "소망"과 "영광"과 "능력"이 무엇을 의미하는지 설명하기 시작한다. 바울은 가장 먼저 "하나님의 능력"이 어떤 것인지에 주목한다. 이 세 가지는 필연적으로 서로서로 연결되어 있는데, 하나님이 행하신 "능력"이 모든 것들에 기초가 되고 있다. 바울은 먼저 하나님의 능력이 예수님의 부활을 통해서 나타났다고 말한다. 바울에게 있어서 예수님의 부활 사건은 예수께서 세상의 통치자들에게 승리를 거두시고 하늘 위에 오르셔서 우주의 주님으로 인정되셨음을 의미한다. 조금 더 구체적으로 내용들을 고찰해 볼 필요가 있다. 바울은 하나님의 능력이 그리스도 안에서 '역사했다', 즉 '나타났다'고 말하고 있다. 어떻게 나타났다고 말하고 있는가? "죽은 자들 가운데서 예수님을 다시 살리심으로 나타났다"고 말한다. 연이은 20절 하반절에서 22절 상반절까지 요약하면 이런 말이 된다. "예수님을 하늘에서 하나님의 오른편에 앉히시고 모든 이름 위에 뛰어난 이름을 주시며 만물을 그 발아래 복종하게 하심"을 통해서 하나님의 능력이 나타났다고 말하는 것이다. 그런데 여기서 매우 흥미로운 것은 "하나님의 능력"이 나타난 것을 서술하는 바울의 방식이다. 지금 바울이 서술하는 바를 따라가면 하나님의 능력이 두 가지로 표현되어 있음을 발견할 수 있다. 먼저 예수님을 죽은 자 가운데서 살리심으로 하나님의 능력이 나타나고 있다. 또 하나님의 오른편에 앉히시고 뛰어난 이름을 주시며 만물을 그 발아래 복종하게 하심을 통해 하나님의 능력이 나타난다. 이 구절이 흥미로운 이유는 이러한 서술 방식이 바울의 창작이 아니라 시편 110편을 자신의 말로 풀어서 쓴 것이기 때문이다. 즉, 시편 110편에 대한 바울의 다소 자유로운 인용이라는 말이다. 시편 110:1은 다음과 같이 기록되어 있다.

> "여호와께서 내 주에게 말씀하시기를 내가 네 원수들로 네 발판
> 이 되게 하기까지 너는 내 오른쪽에 앉아 있으라 하셨도다."

시편 110편은 유대인들에게 유명한 시편이다. 본문을 보면 바울도 이 시편을 알고 있음을 쉽게 알아차릴 수 있다. 바울만이 아니다.

누가복음 20장, 사도행전 2장, 히브리서 1장, 10장에서 각각 이 시편이 인용되고 있음을 볼 수 있다. 신약성경이 여러 곳에서 자유롭게 인용하고 있는 시편 110편의 핵심은 '하나님께서 주의 날에 그가 선택한 왕을 임명하시고 그 선택된 왕이 하나님의 대적들을 쳐서 승리하시는 과정을 설명하는 것'이다. 즉, 하나님의 종말론적 승리를 예언하고 있는 시편이라는 말이다. **이 승리에 대한 예언은 원수들을 발 앞에 복종하게 하고 메시아적 인물을 하나님의 오른편에 앉히심으로 나타난다.** 본문을 보면 시편 110편을 바울이 지금 예수님에게 적용하고 있음을 깨닫게 된다. 바울이 이 시편을 예수님께 적용하고 있다는 사실은 시편 110편이 예언했던 하나님의 최종적인/종말론적인 승리가 지금 예수님에게서 성취되었다고 깨닫게 되었음을 의미한다.

그렇다면 1:20-22로 다시 돌아가 보자. 바울은 본문에서 하나님의 종말론적인 승리/하나님의 능력을 두 가지로 표현하고 있다. 하나는 시편 110편의 언어를 자신의 말로 풀어서 설명했다. 또 다른 하나는 무엇인가? 죽은 자 가운데서 예수님을 다시 살리심으로 하나님의 능력이 나타났다고 설명하지 않았는가? 시편 110편은 메시아적 인물의 승리를 예언하고 있는데 바울은 그것을 예수님에게 적용하고 있다. 시편 110편을 자유롭게 인용하여 그 시편이 예언한 메시아적 인물의 승리를 예수님에게 적용하며 이야기하는 바울의 서술 방식에서 가장 인상적인 부분은 시편 110편에서 말하지 않은 부분을 언급한 점이다. 바울은 시편 110편이 이야기하지 않는 예수님의 죽음과 부활도 이 승리의 이야기에 살짝 끼워 넣고 있다. 이와 같은 서술 방식이 의미하는 바는 무엇일까? 바울은 예수님의 죽음과 부활 사건을 경험하면서(바울은 실제로 예수님과 동시대 인물로서 부활하신 예수님을 자신의 눈으로 목격했다) 이것이 시편 110편에서 언급된 하나님의 종말론적 승리의 구체적인 방식이라는 사실을 깨달은 것이다. 즉, 바울은 예수님의 십자가 죽음과 부활이 이 세상에 대해서 승리를 예언하셨던 하나님의 승리라는 역설을 깨닫게 된 것이다. 바울은 하나님이 예수 그리스도를 통해서 시편 110편에서 약속하신 대로 세상에 대해서 승리를 거두셨는데 그것은 놀랍게도 십자가의 죽음과 부활이라는 방식을 통해서였다고 강조하며 이야기하고 있는 것이다.

22절 하반절-23절 《그를 만물 위에 교회의 머리로 삼으셨느니라 교회는 그의 몸이니 만물 안에서 만물을 충만하게 하시는 이의 충만함이니라》 필자의 사역을 참조하라. 《(하나님께서) 만물 위에 머리가 되시는 그(예수님)를 교회에 주셨느니라/허락해 주셨느니라 교회는 그의 몸이니 곧 모든 것 안에서 모든 것을 채우시는 분의 충만함이니라》

　　바울은 이 대목에서 예수님의 십자가와 부활을 통해서 밝히 드러난 하나님의 승리의 방식과 예수님을 머리로 가지고 있는 교회의 상관관계에 주목한다. 이 말을 풀어서 설명하자면 자신들이 주님이라고 부르는 예수님이 낮아지시고 섬기시고 죽으시는 독특한 방식으로 세상에 대해서 승리하셨다면, 그래서 이러한 방식으로 하나님의 능력이 세상 가운데 나타났다면, 그와 연합한 교회도 마땅히 그리해야 하지 않겠느냐는 암시를 던지려는 것으로 보인다. 필자는 그와 같은 암시가 22절 하반절에 표현되어 있다고 생각한다. 그러나 안타깝게도 바울의 이 같은 의도가 개역개정의 다소 애매한 번역으로 인해서 뭉뚱그려져 있다. 개역개정 22절은 "그를 만물 위에 교회의 머리로 삼으셨다"라고 번역했지만 사실 바울이 말하려는 바는 다음과 같다. '(하나님께서) 만물 위에 머리가 되시는 그(예수님)를 교회에 주셨다/허락해 주셨다.' 이렇게 원문 안에 드러난 바울의 의도를 잘 살려서 번역하면 어떤 뉘앙스를 가지게 될까? 문맥 속에서 하나님은 죽으심과 부활하심이라는 독특한 방법을 통해서 승리하시고 만물의 머리가 되신 예수님을 교회에 주신 것이다. 그런 주님을 머리로 삼아서 몸을 구성한 교회는 자신의 정체성을 세상 가운데 새롭게 규정해야 할 뿐만 아니라 마땅히 세상에 대해서 승리하신 주님의 방식을 따라 세상 속에서 승리해야 한다는 것을 말하고 싶은 것이다. 그것이 교회가 머리이신 예수님의 몸임을 강조하는 바울의 생각일 것이다.

사실 바울의 이 같은 생각은 복음서에 등장하는 예수님의 가르침과 정확하게 궤를 같이 한다. "예수께서 제자들에게 이르시되 누구든지 나를 따라오려거든 자기를 부인하고 자기 십자가를 지고 나를 따를 것이니라"(마 16:24). 예수님의 십자가의 죽음과 부활을 통해 세상에 대해서 승리하신 하나님의 승리와 그분의 능력을 깨닫게 된 바울은 에베소교회의 성도들이 십자가가 역설적인 승리라는 사실을 깨닫기를 간절히 원했다. 필자는 이것이 고난 가운데 있는 에베소교회에게 바울이 주는 권면이라고 생각한다. 그렇게 낮아지고 섬기고 고난받는 모습이야말로 전혀 이상한 것이 아니라 도리어 주님을 섬기고 따르는 성도와 교회가 마땅히 보여 주어야 할 모습이라는 말이다. 왜냐하면 그것이 승리의 방식이고 십자가가 있는 곳에는 필연적으로 부활이 있기 때문이다.

묵상

하나님의 능력 가운데 예수님이 세상에 대해서 승리한 역설적 방식을 이야기하면서 바울은 에베소교회가 고난 가운데서 하나님의 능력과 승리의 방식을 깨닫게 되기를 기도하고 있다. 필자는 에베소교회에 주는 바울의 권면을 묵상하다가 이런 생각을 하게 되었다. 어쩌면 이것이 오늘날의 기독교가 세상 속에서 승리하지 못하는 가장 중요한 이유 중에 하나이지 않을까? 주님은 낮아지시고 섬기시고 마침내 죽으시고 부활하시는 방법을 통해서 역설적으로 세상에 대해 승리하셨다. 그리고 하나님은 바로 그런 방식으로 승리하신 주님을 교회에 주셨다. 그런데 오늘날 주님의 교회는 높아지고 섬김을 받으며 전혀 죽지 않고 도리어 세상이 살아가는 방식과 하나도 다르지 않은 방식으로 살아가고 있으니 어떻게 복음이 이야기하는 진정한 승리를 누릴 수 있겠는가? 교회가 세상과 다르지 않은 정도가 아니라 세상과 너무나도 비슷한 모습으로 살아가고 있다는 이야기를 세상으로부터 듣는 상황이 되었다. 주님의 복음을 위해서 기꺼이 고난받는 것을 즐거워하는 목사를 찾는 것이 그렇지 않은 목사를 찾는 것보다 더 어려운 세상이 되어 버린 것 같다. 실제로 공부도 제대로 하지 않으면서 가짜 박사학위를 따기 위해서 성도들의 헌금으로 몇 만 달러씩 쓰는 목사들의 이야기는 이제 더 이상 희귀한 이야기가 아니다. 세상이 보여 주는 똑같은 모습의 성공 신화에 붙들려 사는 목사들을 찾는 것이 별로 어렵지 않은 세상이 되었다는 말이다. 성도들도 크게 다르지 않은 것 같다. 세상이 하는 똑같은 방식으로 사업에서 사기를 치고 그렇게 해서 얻은 돈을 가지고 하나님이 복 주셨다며 십일조를 했다는 장로들의 이야기도 어렵지 않게 들린다. 이것은 필자가 직접 목격한 일이기도 하다. 우리는 정말로 이러한 이야기와 아무런 상관없는 사람들인가?

우리 다 함께 가슴을 찢고 바울이 이야기하는 복음으로 돌아가야 한다. 하나님은 세상에 대해서 특별한 방식으로 승리하신 주님을 교회에 주셨다. 그 주님은 세상에 대해서 죽으심과 부활하심을 통해 승리하셨다는 사실을 함께 묵상해야 한다. 무엇보다 그의 죽으심을 묵상하며 우리도 주님의 방식으로 승리해야 한다. 주님을 머리로 모시고 있는 교회가 이 같은 승리의 방식에 친숙해져야 이 세상을 이길 수 있다. 이 말은 꼭 문자적으로 죽어야 하는 것만을 의미하는 것은 아니다. 핵심은 근본적으로 세상과 다른 방식의 승리다. 필자는 그것이 바울이 말하는 핵심이라고 생각한다. 기독교적인 방식의 급진적인 승리를 이야기하는 것이다. 필자는 지상

의 교회들이 주님을 따라서 급진적인 승리를 이루는 것이 체질화
될 수 있기를 소망한다.

본문 이해와 묵상을 돕는 질문들

(1) 바울은 성도들에게 주어진 "소망"과 "영광"과 "능력"이 무엇
인지 잘 알기만 하면 그 어떤 어려운 상황을 지나간다 하더라
도 좌절하거나 낙망하지 않고 이 세상에서 승리할 수 있다고
생각했다. 이 세 가지는 밀접하게 연결되어 있는데, 먼저 "하나
님의 능력"에 대해서 이야기한다. 20절을 보고 바울이 생각하
는 하나님의 능력이 무엇인지 말하여 보라.

(2) 21-22절 상반절에 나타난 하나님의 능력의 또 다른 면은 무엇
인지 말하여 보라.

(3) 바울의 이야기는 자신의 이야기라기보다는 시편 110:1에 대한
자유로운 인용이라고 말할 수 있다. 시편 110편을 찾아서 시편
기자의 말을 당신의 말로 요약해 보라.

(4) 바울은 분명히 시편 110:1에 언급된 메시아적 승리를 예수님
에게 적용해서 읽고 있음이 틀림없다. 특별히 시편 110:1에서
언급되지 않은 내용 중 메시아의 승리와 관련해서 바울의 본
문에 등장하는 것은 무엇인가? (참조, 20-22절)

(5) 이러한 면밀한 관찰로부터 우리는 바울이 메시아의 승리에 관해 매우 독특한 사실을 깨달았다는 것을 알게 된다. 그것이 무엇인가?

(6) 바울은 22절에서 십자가와 부활로 승리하신 메시아를 교회에 머리로 주셨다고 이야기한다. 이 말의 함의가 무엇인지 말해 보라.

(7) 바울이 말하는 내용을 예수님의 다음과 같은 말씀과도 비교해 보라. "예수께서 제자들에게 이르시되 누구든지 나를 따라오려거든 자기를 부인하고 자기 십자가를 지고 나를 따를 것이니라"(마 16:24). 이러한 관점에서 교회는 자신을 어떻게 새롭게 규정해야 할까? 주님과 바울이 규정한 승리의 방식을 오늘날의 기독교는 잘 따르고 있다고 생각하는가? 당신의 삶은 어떤지 정직하게 나누어 보라.

기도

하나님, 주님을 본받아 당신의 교회가 기꺼이 낮아지는 것이 체질화되게 하옵소서. 섬김을 받는 것보다 기꺼이 섬기게 하옵소서. 우리 주님의 독특한 승리의 방식을 본받아 동일한 방법으로 승리하는 이 땅의 모든 교회가 되게 하소서.

문맥과 요약

바울은 1장 마지막에서 하나님의 능력이 피조세계에 대한 승리로 나타났다는 것을 유대인들에게 매우 유명했던 시편 110편을 자유롭게 인용하면서 표현했다. 곧, 예수 그리스도께서 세상의 통치자들에게 승리를 거두시고 하늘 위로 올려지셔서 우주의 주님으로 인정되셨다는 것이다. 이 하나님의 위대한 능력, 즉 하나님의 위대한 승리가 예수님의 죽음과 부활이라는 구체적인 방법을 통해서 나타났다고 주장했다. "그 (하나님의) 능력이 그리스도 안에서 역사하사 죽은 자들 가운데서 다시 살리시고 하늘에서 자기의 오른편에 앉히셨다." 이것이 하나님의 승리를 묘사하는 바울의 표현 방법이었다. 예수님의 십자가와 부활 그리고 시편 110편을 연결해서 하나님의 승리, 즉 하나님의 능력을 표현하고 있다는 말이다. 이렇

게 승리하신 주님을 "만물 위에 머리가 되게 하시고 그 예수님을
교회에 주셨다." 바울은 2장에서 하나님이 그리스도 안에서 이루
신 승리가 성도들의 삶에서 가지는 연관성에 주목한다. 즉, 하나님
의 능력과 승리가 우리에게 어떤 모습으로 드러나게 되는지를 다
룬다.

해설

필자의 사역을 참조하라. 《¹ 죄와 허물로 인해 죽었던 너희들 … ² 그때
에 너희는 그(죄) 가운데 이 세상 풍조를 따라 공중의 권세 잡은 자, 즉 지금
불순종의 아들들 가운데 역사하는 영을 따라 살았다. ³ 전에 우리 모두도 다
그(불순종의 아들들) 가운데서 우리 (죽은) 육체의 욕심을 따라 살며 (죽은) 육체
와 마음이 원하는 것을 하여 다른 사람들과 같이 본질상 진노의 자녀였다. ⁴
그런데 긍휼이 풍성하신 하나님께서 … 우리를 사랑하신 그의 풍성한 사랑
때문에 ⁵ 허물로 죽은 우리를 그리스도와 함께 살리셨고—너희가 은혜로 구
원받은 것이다—⁶ 또한 함께 일으키사 그리스도 예수 안에서 함께 하늘에 앉
히셨다. ⁷ 이렇게 하신 이유는 그리스도 예수 안에서 우리에게 자비하심을
나타내심으로써 하나님의 은혜가 얼마나 크신지를 다가오는 여러 세대에 나
타내 보이고자 하신 것이다.》

1절 《그는 허물과 죄로 죽었던 너희를 살리셨도다》

　　바울은 이제 2장 전반에 걸쳐서 그 하나님의 능력, 즉 세상에
대한 하나님의 승리가 성도들의 삶과는 어떤 연관성을 가지고 있

는지를 차례대로 설명하기 시작한다. 그리스도 안에 있는 하나님의 승리가 우리와 어떤 연관성을 가지는지 설명하면서 바울은 무엇보다 그 승리를 누리기 이전의 우리들의 상황이 어떠했는지를 먼저 설명한다. 그렇게 하는 이유가 무엇일까? 이전의 우리의 상황이 어떠했는지를 제대로 알아야만 우리가 누리는 승리가 어떤 것인지를 제대로 알 수 있기 때문이다. 개역개정의 1절 번역은 상당한 의역이다. 사역을 통해서 분명히 볼 수 있듯이 원래 원문에는 1절에 "너희를 살리셨도다"라는 어구가 없다. 그 어구는 5절에 가서야 비로소 등장한다. 원래 1절은 완성되지 않은 문장이다. 이것을 문법적으로는 파격 구문이라 한다. 5절에 그리스도와 함께 살리셨다는 말이 등장하니 바로 그러한 해석의 빛 아래서 1절을 의역한 것이다. 직역하면 "죄와 허물로 인해 죽었던 너희들 …"이라고 번역할 수 있다. 바울은 독자들의 이전 상황이 허물과 죄로 이미 죽었던 상황이라고 설명하고 있다. 바울의 문구(wording)를 잘 보라. 허물과 죄로 장차 죽게 될 너희들이 아니라 "죄와 허물로 인해 이미 죽었던 너희들"이다. 이미 죽은 자들이었다는 말이다. 바울은 독자들이 이미 하나님과 분리되어 죽었다고 선언하면서 이 단락을 시작한다.

2-3절 《그때에 너희는 그 가운데서 행하여 이 세상 풍조를 따르고 공중의 권세 잡은 자를 따랐으니 곧 지금 불순종의 아들들 가운데서 역사하는 영이라 전에는 우리도 다 그 가운데서 우리 육체의 욕심을 따라 지내며 육체와

마음이 원하는 것을 하여 다른 이들과 같이 본질상 진노의 자녀이었더니》

　　바울은 이미 죽어 있는 인류의 상태가 어떤 모습인지를 2-3절에서 설명해 주고 있다. 먼저 2절을 보면 바울은 인류가 불순종의 아들들 가운데 역사하고 있는 사탄의 영을 따라 살고 있다고 고발하고 있다. 인류는 원래 하나님과 교제하고 그분의 음성을 듣기를 좋아하며 하나님의 생명을 풍성히 누리고 그분과 함께 살도록 창조됐다. 그런데 하나님을 떠나 죽어 있는 사람들은 더 이상 하나님과 교제하지 않는다. 하나님의 음성을 듣는 것을 좋아하지 않고 그 음성에 따라 행하지 않는다. 도리어 공중의 권세 잡은 자, 즉 사탄의 음성을 듣고 사탄을 따라 산다. 바울은 사탄을 "불순종의 아들들 가운데 역사하는 영"이라고 표현하고 있다. 즉, 하나님을 떠나 이미 죽은 인류는 하나님을 따라 살지 않고 자신들 가운데 역사하는 사탄의 영을 따라 살게 된다는 말이다. 이렇게 사탄의 영을 따라 사는 사람들에게 어떤 특징이 나타나는지를 바울은 3절에서 이야기한다. 그런 사람들에게 나타나는 특징을 바울은 무엇이라고 말하고 있는가? 육체의 욕심, 즉 정욕을 따라 산다고 이야기한다. 육체와 마음이 원하는 것을 행하며 산다는 말이다. 이것이 죽어 있는 사람들의 특징이고 생명 없는 자들의 모습이다. 바울은 이러한 생명 없는 자들을 진노의 자녀라고 표현하고 있다. 왜냐하면 마지막 날 심판의 때에 이들은 하나님의 거부할 수 없는 진노를 받게 될 것이기 때문이다. 바로 이것이 하나님의 능력을 경험하기 이전의 사람들 모두의 운명이었다.

4-6절 《긍휼이 풍성하신 하나님이 우리를 사랑하신 그 큰 사랑을 인하여 허물로 죽은 우리를 그리스도와 함께 살리셨고 (너희는 은혜로 구원을 받은 것이라) 또 함께 일으키사 그리스도 예수 안에서 함께 하늘에 앉히시니》

4절에서 대반전이 일어난다. 우리말 번역에는 없지만 바울은 4절을 '그러나' 혹은 '그런데'라는 의미를 가진 헬라어 접속사 '데'로 시작한다. 무슨 말인가? 그렇게 하나님을 떠난 우리 모두가 최종적 진노의 심판을 받아야 하는 것이 마땅한데, 긍휼이 풍성하신 하나님이 우리를 사랑하는 그 사랑 때문에 자신의 백성을 변화시키고 구원하기 위한 결정적인 조치를 취하셨다는 것이다. 그것이 5-6절에서 설명되고 있다. 바울은 그렇게 허물로 죽었던 우리를 "그리스도와 **함께** 살리셨고 또 **함께** 일으키사 그리스도 예수 안에서 **함께** 하늘에 앉히셨다"고 이야기한다. 본문에는 분명히 과거형 동사들이 사용되고 있다. 바울이 성도들이 누리는 구원의 혜택을 과거형으로 묘사하고 있다는 말이다. 이 본문을 읽고 어떤 사람들은 바울이 어떻게 이러한 승리의 이야기를 과거형으로 이야기할 수 있는지 의아해 할 수 있다. 그러나 이에 대한 답은 매우 분명하다. 5-6절에 등장하는 단어나 표현들을 보면 앞서 등장했던 1:20이 생각난다. "그의 능력이 그리스도 안에서 역사하사 죽은 자들 가운데서 다시 살리시고 하늘에서 자기의 오른편에 앉히셨다." 지금 5-6절에는 1:20에서 쓰였던 똑같은 단어들이 사용되고 있다. 무슨 말인가? 그리스도 안에서 나타났던 하나님의 능력, 즉 하나님의 승리가 예수님을 통해서만 나타나는 것이 아니라 우리들을 통해서도 나타나고 구체화되고 있다는 말이다. 바꿔 말하면, 시편 110편에 등장했던 메시아의 승리가 곧 예수님의 승리이고 그 예수님의 승리가 곧 그의 백성들의 승리가 된다는 말이다. 그래서 바로 이런 의미에서 예수님의 승리는 곧 성도들의 승리이기도 하다는 말이다. 그래서 5-6절을 읽으면 바울이 "함께"('쉰')라는 접두어구를 동사에 세 번에 걸쳐 반복적으로 사용하고 있음을 보게 된다. "허물로 죽은 우리를 그리스도와 **함께** 살리셨고 또 **함께** 일으키사 그리스도 예수 안에서 **함께** 하늘에 앉히셨다." 바로 이것이 우리가 예수님을 우리의 구주라고 고백할 때 영적인 의미에서 실제로 발생하는 일이다. 하나님은 이제 성령을 통해 우리를 예수 그리스도에게 믿음으로 연합시키심으로써 악한 이 세대에서 우리를 구출, 즉 속량하시는 것이다. 우리는 그리스도와 **함께** 십자가에 못 박혔고 그와 **함께** 부활했으며, 이제는 하나님이 주시는 새로운 생명을 누리도록 그리스도와 **함께** 새 창조의 시대로 옮겨졌다고 바울이 말하고 있는 것이다. 이러한 이유 때문에 예수님 안에 나타난 하나님의 능력, 즉 하나님의 승리는 우리들의 승리인 것이다. 이러한 관점에서 이해한다면 그리스도 예수 안에 있는 하나님의 승리는 우리에게 무엇을 의미하는 것일까? 우리가 죄인임을 고백하고 예수님을 구주로 고백했을 때 우리의 죽은 영이 이미 그리스도와 함께 부활하게 된 것이다. 예수님으로 인한 새 생명이 이미 우리에게 시작되었다는 말이다. 그렇게 해서 우리는 예수님과 함께 이미 새로운 피조물로 만들어진 것이다. 바울은 성도들이 누리는 구원을 그들이 예수님의 십자가 죽음과 부활과 승귀와 연합하고 이에 동참하는 것으로 묘사하고 있다.

묵상

하나님의 능력, 즉 하나님의 승리가 우리에게 무엇을 의미하는지 깨달은 우리가 오늘 우리의 삶의 자리에서 마땅히 생각해야 하고 묵상해야 할 것이 무엇일까?

첫째로 무엇보다도 7절에서 바울이 말하는 것처럼 그리스도 안에서 선명하게 나타난 하나님의 이 은혜가 얼마나 큰지를 깊이 묵상하는 것이다. 이 하나님의 크신 은혜에 대한 깊은 묵상이 날마다 이루어져야 한다. 필자는 종종 그리스도인들의 피상적인 삶과 풍성한 열매를 맺지 못하는 삶에 대해 묵상하며 그것이 종종 우리가 하나님께 받은 은혜를 깊이 묵상하지 않는 것과 연관되어 있음을 발견한다. 사고가 진정으로 변하면 행동이 따라오게 되어 있다. 이미 죽었던 우리를 하나님께서 그리스도와 함께 일으키신 그 새 창조의 피조물로서 우리가 어떻게 예전과 똑같은 모습으로 살 수 있겠는가? 마땅히 이전에 영으로 죽었을 때 살아가던 방식과 다른 방식으로 살아갈 수밖에 없다. 전에 죽었을 때 바울은 우리가 어떻게 살았다고 이야기하는가? 육체의 욕심을 따라 지내며 육체와 마음이 원하는 것을 하며 살았다고 이야기한다. 우리가 주님 안에서 일으키심을 받아 새로운 피조물이 되었다면 우리는 마땅히 이전과 다른 방식으로 살아야 하지 않을까? 하나님을 알지 못하는 사람들과 여전히 똑같이 육체의 욕심을 따라 살고 있다면, 우리가 원하고 바라는 것이 하나님을 알지 못하는 세상 사람들의 그것과 별반 다른 것이 없다면 이것은 무엇이 잘못되어도 한참 잘못된 것 아니겠는가? 예수 그리스도와 믿음으로 연합하여 하나가 됨으로써 생명을 가지게 된 사람들은 욕망하는 것이 변하게 되어 있다. 더 이상 썩어질 육체의 정욕을 위해 살지 않고 거룩한 새 창조의 피조물로서 하나님 나라의 일들을 꿈꾸며 살겠다고 자연스레 결단하게 된다. 이것은 강요에 의해서 되는 것이 아니라 자연스럽게 나타나는 현상이다.

둘째로 이러한 하나님의 승리를 깨닫는 사람은 마땅히 이 깨달은 복음의 비밀을 담대히 전하고자 하는 욕구를 발견하게 된다. 바울은 7절에서 1-6절을 정리하며 하나님이 그리스도 안에서 이와 같은 일을 행하신 이유를 무엇이라 이야기하는가? "하나님의 은혜가 얼마나 크신지 나타내 보이고자 하신 것이다." 에베소서를 마무리하면서 바울 사도가 6:19에서 무엇이라 이야기하는지 아는가? "나를 위하여 구할 것은 내게 말씀을 주사 나로 입을 열어 복음의 비밀을 담대히 알리게 하옵소서." 이게 바울의 기도였다. 그는 감옥에서도 하나님의 복음의 비밀을 어떻게 해서든 전하기 원했다. 그리스도 안에서 새 창조의 피조물이 어떻게 살아야 하는지를 말로만이 아니라 그의 삶으로 친히 보여준 것이다. 주님을 믿는 자들은 사망의 그늘에서 주님과 함께 일으키심을 받아 주님과 함께 생명으로 옮겨졌다. 그래서 새 생명을 누리게 되었다. 그렇다면 이 기막힌 복음의 비밀을 땅끝에 있는 많은 자들에게 전하는 자로 마땅히 살아야 하지 않겠는가?

본문 이해와 묵상을 돕는 질문들

(1) 바울은 그리스도 안에 있는 하나님의 승리가 우리와 어떤 연관성을 가지는지 설명하기에 앞서 그 승리를 누리기 이전의 우리들의 상황이 어떠했는지를 먼저 설명한다. 그 이유가 무엇인지 1절을 가지고 대답해 보라. (바울이 쓴 원문에는 "너희를 살리셨도다"라는 말이 1절에 등장하지 않는다. 5절에 가야 이 말이 등장한다. 1절은 완성되지 않은 파격 구문이다.)

(2) 바울은 이미 죽어 있던 인류의 상태가 어떤 모습이었는지를 2-3절에서 설명한다. 그 모습이 어떤 것인지 구체적으로 대답해 보라. 바울이 말하는 관점에서 당신이 살아가고 있는 모습을 점검하여 보라.

(3) 우리말 번역에는 없지만 바울의 원문 4절은 '그러나'라는 의미를 가진 접속사로 시작한다. 하나님의 구속을 경험하기 이전과 이후를 비교하려는 목적이다. 바울은 하나님이 그 크신 사랑으로 인해서 무엇을 하셨다고 말하고 있는가?

(4) "그리스도와 함께 살리셨고 또 함께 일으키사 그리스도 예수 안에서 함께 하늘에 앉히셨다"라는 문장에서 모든 동사는 과거형으로 사용된다. 이 동사들은 1:20에서 예수님에게도 동일하게 사용됐다. 여기서 바울이 하고 싶은 말은 무엇인가?

(5) 바울이 에베소서 2장에서 이야기하는 바는 성도들이 예수님을 믿을 때 실제로 발생하는 일에 관한 것이다. 바울은 성도들이 누리는 현재적 구원을 예수님의 십자가 죽음과 부활과 승귀와 연합하고 이에 동참하는 것으로 설명한다. 당신은 이 사실 앞에서 무엇을 묵상할 수 있는지 구체적으로 나누어 보라.

(6) 당신의 삶은 바울이 말하고 있는 그리스도 이전의 삶(육체의 욕심을 따르는 삶)을 따르고 있는가 아니면 그리스도 이후의 삶을 따르고 있는가?

(7) 그리스도를 믿는 믿음 이후에 당신의 삶에서 변화된 욕망이 있다면 그것이 무엇인지 구체적으로 적고 나누어 보라.

(8) 그리스도를 만나고 난 이후 바울의 가장 큰 욕망의 변화는 에베소서 6:19에서 발견된다. 그것이 무엇인지 이야기해 보고 당신의 욕망과 비교하여 보라.

기도

하나님, 내가 진정으로 욕망하는 것이 무엇인지를 정직하게 바라
보는 통찰력을 허락하여 주소서. 예수를 믿는다고 입으로 말하기
는 하지만 내가 여전히 욕망하는 것이 세상 사람들의 그것과 다르
지 않다면 내가 진정으로 믿는 것이 무엇인지를 진실로 고민하게
하시고 주님의 은혜를 허락하여 주소서. 그래서 욕망하는 것이 변
하고 생명과 진리의 복음의 비밀을 전하는 자로 남은 때를 살아가
게 하소서.

문맥과 요약

본문은 2:1-10이라는 더 큰 단락의 한 부분으로 결론과 같은 역할을 한다. 바울은 1장 후반부에서 하나님의 능력, 즉 승리가 예수님의 부활을 통해서 세상에 드러났다고 주장한다. 그리고 바울은 이제 2장 전반에 걸쳐서 이러한 하나님의 승리가 성도들의 삶과는 어떤 연관성을 가지고 있는지를 설명하기 시작한다. 먼저 바울은 우리들이 허물과 죄로 이미 죽었었다고 설명한다. 바울은 이미 죽어 있는 인류의 영적인 상태를 사탄의 영을 따라 걷고(살고) 있는 것이라고 이야기한다. 이렇게 사탄의 영을 따라 사는 사람들에게 나타나는 현저한 특징이 바로 자신의 육체의 욕심을 따라 사는 것이다. 육체와 마음이 원하는 것을 행하며 사는 것이다. 이것이 죽어 있는 사람들의 특징이며 역사의 마지막에는 그들에 대한 진노의 심판이 기다리고 있다고 말한다. 그런데 우리가 진노의 심판을 받는 것이 마땅한데도 하나님은 우리가 그 심판을 받도록 내버려 두지 않으셨다. 도리어 하나님은 우리를 그리스도와 함께 살리시고 일으키셔서 그리스도와 함께 승리를 누리는 백성이 되게 하셨다. 즉, 바울은 그리스도의 승리가 우리의 승리가 되었다고 선언하고 있는 것이다. 본문에 등장하는 이야기는 그리스도의 승리와 우리의 승리의 상관성에 주목한다. 논리적으로 이야기하면 그리스도의 승리가 어떻게 해서 우리의 승리가 되는지를 이야기한다. 그리고 바울은 이 이야기 속에서 파생할 수 있는 오해를 불식시키기 위해서 노력한다.

해설

8-9절 《너희는 그 은혜에 의하여 믿음으로 말미암아 구원을 받았으니 이것은 너희에게서 난 것이 아니요 하나님의 선물이라 행위에서 난 것이 아니니 이는 누구든지 자랑하지 못하게 함이라》

바울은 우리의 승리에 대한 이야기를 하면서 두 가지 사실을 더 구체적으로 언급해야 할 필요성을 느꼈던 것으로 보인다. 8절을 잘 관찰하면 표현이 5절과 매우 유사하다는 사실을 발견한다. 바울은 5절에서 허물로 죽었던 우리를 하나님께서 그리스도와 함께 살리시고 함께 일으키시고 또 함께 하늘에 앉히셨다고 언급하면서 "너희가 은혜로 구원을 받았다"는 사실을 삽입어구처럼 집어넣었다. 그러니까 8절은 5절 이야기의 연속선상에 있는 것이 틀림없어 보인다. 그런데 5절과 8절을 비교하면 가장 두드러진 차이점이 하나 보인다. "믿음으로 말미암아"('디아 피스테오스')라는 어구다. 5절에는 없는 것을 8절에서 바울이 집어넣은 것이다. 그렇다면 바울은 왜 8절에서 "믿음으로 말미암아"라는 표현을 삽입했을까? 그것은 1장 후반부에서 언급했던 예수님의 승리와 2:5-6에 언급한 우리의 승리 사이의 연관성에 대해서 바울이 구체적으로 다루지 않았기 때문이다. 바꿔 말하면 '예수님의 승리가 어떻게 우리의 승리가 될 수 있는가?'라는 가설적인 질문에 바울이 구체적으로 대답하지 않았기 때문이다. 그래서 바울은 지금 그 대답을 하고 있다. 예수님의 승리가 어떻게 우리의 승리가 될 수 있을까? 그것은 "믿음으로 말미암아"이다. 즉, 예수님의 십자가와 부활 안에서 하나님이 승리하셨다고 "믿음으로" 고백할 때 하나님은 그 승리가 우리의 승리가 되게 해 주시는 것이다. 하나님께서 예수님을 죽음에서 일으키시고 살리셨다고 믿음으로 고백할 때 우리도 그리스도와 함께(그리스도 안에서) 죽음에서 일으키심을 얻고 살리심을 받게 된다. 그런 의미에서 바울은 "믿음으로 말미암아" 우리가 구원을 얻었다고 선포하고 있는 것이다. 믿음이라는 통로를 통해서, 믿음이라는 수단을 통해서 예수님의 승리는 성도들의 승리가 된다. 표현은 다소 다르지만, 고린도후서 5:17에서 바울은 본질적으로 같은 개념을 표현하고 있다. "그런즉 누구든지 그리스도 안에 있으면 새로운 피조물이라 이전 것은 지나갔으니 보라 새것이 되었도다." 믿음을 통해서 그리스도 안에 있게 되면 그는 예수님과 함께 죽고 함께 일어나 새로운 피조물로 지어지는 것이다. 바로 이것이 바울이 이해한 복음의 핵심 중의 핵심이다.

바울은 또한 이러한 믿음의 고백이 야기할 수 있는 또 하나의 가능성을 염두에 두고 있는 것으로 보인다. 믿음으로 말미암아 구원을 얻었다는 것이 혹 야기할 수 있는 가능성 하나를 바울은 원천부터 봉쇄하려는 것으로 보인다. 그것은 이런 기막힌 은혜를 인간의 공로로 둔갑시킬 수 있는 위험성이다. 비록 인간이 구원을 위해서 예수님 안에서 하나님이 이루신 승리를 믿음으로 수납해야 하지만, 이 수납 행위 안에는 인간의 공로가 끼어들 여지가 없다. 그래서 바울은 이 구원이 너희에게서 기원한 것이 아니라 하나님의 '선물'이라는 사실을 분명하게 언급한다. 인간의 행위에서 기인한 것이 아니기 때문에 결과적으로 어느 누구도 자랑할 수 없다는 것이다. 바울이 하나님이 이루신 구원을 언급하며 어느 누구도 자랑할 수 없다고 이야기하는 이면에는 유대인들의 실수와 오류를 상정한 바울의 의도가 읽힌다. 과거 유대인들은 틀림없이 하나님의 은혜로 하나님의 백성이 되었음에도 불구하고 그것이 마치 자신들 편에서 무슨 공로나 합당한 이유가 있었던 것으로 착각하고 선민의식을 가지지 않았는가? 구약성경은 시종일관 아브라함 이후로 이스라엘이 하나님의 선택을 받은 것을 '은혜'라는 신학적 전망 아래에서 조망하고 있음에도 불구하고 이스라엘은 이것을 자신들 편의 공로로 둔갑시켰다. 아마도 바울이 그것을 부분적으로 염두에 두고 있었기 때문에 이방인이 주류를 이루었을 에베소교회 형제들을 생각하며 그들이 동일한 착각과 오류를 범하지 않게 하기 위해서 이것을 구체적으로 언급한 것으로 보인다.

10절 《우리는 그가 만드신 바라 그리스도 예수 안에서 선한 일을 위하여 지으심을 받은 자니 이 일은 하나님이 전에 예비하사 우리로 그 가운데서 행하게 하려 하심이니라》

이제 바울은 10절에서 그리스도 안에 있는 구원의 실체와 목적이 무엇인지를 서술해 주고 있는데, 그 언어가 새 창조의 언어로 서술되고 있다는 사실이 흥미롭다. 10절에서 바울은 현대의 기독교인들이 흔히 이해하고 있는 것처럼 구원의 핵심이 예수 믿고 죽어서 천국 가는 것이라고 이야기하지 않는다. 우리가 예수 믿고 축복받아 이 땅에서 잘 먹고 잘사는 것이라고도 이야기하지 않는다. 아무리 주의 깊게 찾아봐도 바울은 그의 편지 가운데 우리의 구원을 그렇게 정의한 일이 없다. 10절에서 구원의 실체와 목적을 이야기하는 바울의 문장을 필자는 다음과 같이 의역하고 싶다. '우리는 하나님의 창조의 걸작품입니다. 하나님이 미리 예비하신 선한 일을 위해서 그리스도 예수 안에서 우리를 새롭게 창조하셨는데 (하나님이 우리를 그렇게 창조하신 이유는) 우리가 그 선한 일 가운데 행하게 하기 위해서입니다.' 무엇보다 주목할 것은 바울이 지금 우리의 구원을 창조의 언어로 설명하고 있다는 사실이다. 이것은 이미 여러 차례 설명한 바가 있다. 바울은 우리가 "그리스도 안에서 창조되었다"('크티스쎈테스 엔 크리스토 예수')고 언급한다. 하나님이 그리스도 예수 안에서 우리를 새롭게 창조하셨다는 것이다. 왜 하나님이 우리를 그리스도 예수 안에서 창조하셨다고 이야기하는 가? "하나님이 예비하신 선한 일을 행하게 하기 위해서"라고 바울 은 이야기한다. 그렇다면 여기서 "선한 일"이란 무엇을 의미하는 것일까? 물론 선한 일이란 보편적이고 일반적인 선한 일을 의미 할 수도 있을 것이다. 그런데 필자는 적어도 이 문맥 속에서 바울 이 구체적으로 그리고 있는 이미지가 하나 있다고 생각한다. 그것 에 관한 힌트는 10절 단어에서 찾을 수 있다. "하나님이 선한 일을 **행하게 하기** 위해서 그리스도 안에서 우리를 창조하셨다"라고 했 을 때 이 '행하다'라는 단어는 '페리파테오'의 번역인데 그 단어가 2:2에서도 쓰였다. 즉, "세상 풍속을 좇고 공중 권세 잡은 자를 따 랐다"라고 했을 때 "따랐다"라고 번역된 단어가 바로 그 단어('페리 파테오')다. 그러니까 2:1-10을 연결해서 읽으면 이렇게 읽을 수 있 다. '하나님의 구원을 받기 전 우리는 마귀를 따라 행하며 우리 마 음의 욕심을 따라 행했습니다. 그런데 하나님이 믿음을 통해서 예 수님의 승리가 우리의 승리가 되게 하시고 예수님 안에서 우리를 새롭게 창조하셨습니다. 바로 이게 기독교의 구원입니다.' 그런데 바울은 자신이 언급하고 있는 구원의 이유를 뭐라고 말하고 있는 가? '하나님이 미리 예비하신 선한 일을 위해, 그 목적을 따라 행 하도록 하기 위함이다'라고 이야기한다. 분명하게 대비되는 것 두 가지가 보이는가? 마귀를 따라 우리 마음의 욕심을 이루기 위해 서 사는 삶과 하나님이 그리스도 안에서 새롭게 창조하신 목적을 따라 사는 삶 말이다. 그렇다면 문맥 속에서 바울이 생각하는 선한 삶이란 어떤 삶을 말하는 것일까? 전체 문맥상 마귀를 따라 자신의 마음의 욕심을 이루려는 삶과 반대되는 삶이 분명하다. 그것은 하나님이 그리스도 안에서 새롭게 창조하신 새 창조의 목적과 부합하는 삶이다. 논리적으로 따져도 그렇지만 경험적으로 보더라도 분명히 알 수 있다. 진정으로 하나님의 구원을 경험한 사람들은 자신의 욕심을 내려놓고 하나님의 새 창조의 목적을 붙들기 시작한다.

묵상

사실 본문에서 바울이 다루고 있는 내용은 그리스도인들의 삶에서 묵상해 보면 너무 당연한 일이다. 그리스도가 없을 때 우리는 우리가 삶의 주인이었다. 그래서 우리의 정욕을 이루기 위해서 살았다. 수단과 방법을 가리지 않고 어떻게 해서라도 다른 사람을 이기고 누르고 타인의 것을 빼앗아서 내가 더 잘되고 내가 더 많이 가지는 게 최고의 관심사였다. 그런 사람의 시야 속에는 하나님도 없고 다른 사람들도 없다. 하나님의 피조세계에 대한 관심은 찾아 볼 수 없다. 온통 자기 자신밖에 없다. 그런데 인생에서 하나님을 만나고 예수 그리스도의 복음을 깨닫게 된 주변 사람들을 보면서 필자는 한 가지 사실을 깨닫게 된다. 새 창조의 백성이 된 사람들의 삶 속에는 바울 사도가 말한 대로 틀림없이 선한 일에 대한 관심과 갈망이 생기고 그것이 점차 커지기 시작한다는 사실이다. 그리고 많은 경우에 그 선한 일에 대한 갈망은 틀림없이 내 욕심과는 전혀 관계가 없는 다른 사람들에 대한 관심으로 표현된다는 것이다. 이러한 선한 일들은 참 여러 가지 모양과 모습으로 표현될 수 있을 것이다. 먼저 하나님의 구원을 경험해서 새 창조의 피조물이 된 사람들은 이 생명의 복음을 전하고 싶은 마음이 생기기 시작한다. 소그룹을 섬기며 그것이 리더 자신의 경제적 유익과 아무런 상관이 없고 도리어 미성숙한 성도들의 불평 속에 노출되는 일이 빈번한데도 묵묵히 하나님께 감사하는 성숙한 성도들을 본다. 세상에서라면 그만두었어도 열두 번은 더 그만두었을 일을 새 창조의 피조물로 아름답게 감당하는 성숙한 성도들을 보면 바울 사도가 이야기한 복음의 진리가 정말로 사실임을 다시 한번 확인하게 된다. 하나님의 구원을 경험한 새 창조의 사람들은 나와 아무런 관계가 없는 사람인데도 그들을 섬기고 싶은 욕구에 붙들리게 된다.

한번은 우리와 아무런 직접적인 관계가 없는 노숙자들을 우리 교회가 섬길 수 있으면 좋겠다고 목사인 나에게 직접 찾아와 이야기한 성도가 있었다. 또 한번은 자신의 생일날 새벽 기도회에 나와서 수십 명이 되는 성도들을 섬기기 위해서 정성스레 생일상을 준비하는 성도를 본 적이 있었다. 정말이지 감동 그 자체였다. 보통 생일에는 그런 정성스런 대접을 받기를 원하는데 대접을 받지 않고 다른 사람들을 섬기겠다고 새벽부터 졸린 눈을 비벼가며 섬기는 성도의 귀한 마음을 보며 과연 하나님의 백성들 가운데는 그런 선한 일들이 끊이지 않는다는 사실을 확인할 수 있었다. 그런 마음들이 바로 바울 사도가 이야기하는 대로 구원받은 새 창조의 백성들에게 생기는 자연스러운 마음이다.

본문 이해와 묵상을 돕는 질문들

⑴ 8절을 관찰하면 5절과 유사하다는 사실을 알게 된다. 그런데 차이점이 하나 있다. 그것이 무엇인가?

⑵ 바울이 "믿음으로 말미암아"라는 말을 하는 이유가 무엇인가? 1장 후반부(1:20)에 언급된 예수님의 승리와 2:5-6에 언급된 우리의 승리라는 관점에서 설명하여 보라.

⑶ 2번 질문에 대한 대답과 고린도후서 5:17에 등장하는 바울의 말 "그런즉 누구든지 그리스도 안에 있으면 새로운 피조물이라 이전 것은 지나갔으니 보라 새것이 되었도다"를 비교해 보라. 이러한 비교의 관점에서 '믿음으로 말미암아'와 '그리스도 안에 있음'과의 관계를 설명하여 보라.

⑷ "믿음으로 말미암아" 그리고 "은혜로"라는 단어를 통해서 바울은 어떤 가능성을 원천적으로 봉쇄하려 하고 있다고 생각할 수 있는가?

(5) 4번 질문에 대한 대답을 지원하는 단어를 바울이 8절에서 사용한다. 그것은 무엇인가?

(6) 바울이 구원이 하나님의 선물인 이유를 말할 때 과거 유대인들의 오류를 떠올렸다고 말할 수 있을 것 같다. 그것이 무엇인가 말해 보라.

(7) 바울은 성도들이 믿음으로 말미암아 그리스도 안에서 새롭게 누리는 구원을 10절에서 새 창조의 언어로 표현하고 있다. 그것이 무엇인지 말해 보라.

(8) 바울에 따르면 하나님이 그리스도 예수 안에서 우리를 창조하신 이유와 목적은 무엇인가?

(9) 바울이 말하고 있는 "선한 일"이란 문맥 속에서 구체적으로 무엇을 의미하는가? 2:2과 비교하고 문맥 속에서 대답하여 보라.

(10) 당신의 삶은 '선한 일을 행하기 위함'이라는 새 창조의 이유와 목적을 얼마나 충실하게 반영하고 있는가? 정직하게 묵상하고 소그룹원들과 함께 나누어 보라.

(11) "선한 일"에는 반드시 다른 사람들에 대한 이타적 관심이 포함된다. 당신의 삶은 이러한 모습과 얼마나 괴리를 가지고 있는가? 정직하게 묵상하고 소그룹원들과 함께 나누어 보라.

기도

하나님, 바울 사도가 언급하고 있는 것처럼 진정으로 예수 그리스도 안에 있는 구원을 믿음으로 경험한 사람들 가운데는 이와 같이 선한 일에 대한 욕구가 생기고 이러한 욕구가 커져가는 것을 확인하게 됩니다. 지상의 교회들 안에 그리스도가 허락하시는 생명의 새 창조의 복음을 경험하는 참 신자들이 날로 많아지게 하시고 하나님이 기뻐하시는 거룩하고 선한 일에 열심을 내는 주의 백성들이 많아지게 하소서.

에베소서 2:11-18
기업의 영광(샬롬)

문맥과 요약

1장에서 바울은 에베소교회 성도들을 위해 기도한다. 하나님께서 그들에게 지혜와 계시의 영을 허락해 주셔서 "부르심의 소망"과 성도들 안에 있는 하나님의 "기업의 영광"과 "하나님의 능력"이 얼마나 크신지 알게 해 주시기를 기도한다. "하나님의 능력"과 "기업의 영광"과 "부르심의 소망"은 에베소로 보낸 바울의 편지에서 하나로 단단히 연결되어 있는 개념이다. 바울은 "소망"과 "영광"과 "능력"을 역순으로 설명하기 시작한다. 1장 후반부에서 바울은 시편 110편을 자유롭게 인용하며 "하나님의 능력"이 십자가와 부활을 통해 그리스도 안에 있는 승리로 나타났다고 설명한다. 2장 전반부에서는 그리스도 안에 있는 그 하나님의 승리가 곧 우리 신자들의 승리가 된다고 선언한다. 그리스도의 승리가 믿음이라는 수단을 통해서 우리들의 승리와 직접적으로 연결된다고 설명하고 있다. 이번 본문에서 바울은 하나님의 "기업의 영광"이 무엇인지를 설명한다. 하나님의 능력으로 만들어 낸 십자가와 부활의 승리의 결과물인 교회가 하나님의 기업의 영광이 어떤 것인지를 나타내고 있다.

해설

11-12절 《그러므로 생각하라 너희는 그때에 육체로는 이방인이요 손으로 육체에 행한 할례를 받은 무리라 칭하는 자들로부터 할례를 받지 않은 무리라 칭함을 받는 자들이라 그때에 너희는 그리스도 밖에 있었고 이스라엘 나라 밖의 사람이라 약속의 언약들에 대하여는 외인이요 세상에서 소망이 없고 하나님도 없는 자이더니》

바울은 2:11부터 시작해서 대적들을 대항해서 거두신 하나님의 승리가 얼마나 영광스러운 모습으로 역사 안에서 나타나고 표현되었는지를 설명하기 시작한다. 즉, 2:11부터 바울은 하나님의 기업의 영광이 얼마나 풍성한지를 설명하기 시작한다. 그런데 바울이 언급하고 있는 **"하나님의 기업의 영광"**이 얼마나 풍성한지를 알기 위해서는 두 가지를 알아야 한다. 첫째, 문맥 속에서 "하나님의 기업"이 무엇인지 먼저 알아야 한다. 둘째, 이것이 이전에 얼마나 망가져 있었는지를 아는 것이 필수적이다. 망가져 있는 것이 회복됨을 통해서 영광이 드러나기 때문이다.

먼저 하나님의 기업이라는 말은 넓게는 하나님의 피조세계를 총칭해서 일컫는 말이고 보다 좁게는 '하나님의 피조물로 지어진 백성'을 가리키는 것이다. 에베소서의 맥락에서는 하나님이 그리스도의 십자가의 죽음과 부활을 통해서 새롭게 창조하신 그리스도 안에 있는 새 인류를 하나님의 기업으로 이해할 수 있다.

그런데 이 인류가 그리스도 안에 있기 전에는 형편없이 망가져 있었다. 바울은 이러한 논조를 "너희는 그때에"라는 말로 나타내고 있다. 여기에는 보충 설명이 필요해 보인다. 구약성경 자체에서도 타락한 피조세계에 대한 하나님의 비전이 드러난다. 하나님은 망가진 피조세계를 회복하시기 위한 비전을 가지고 아브라함 안에서 이스라엘 민족을 선택하셨다. 그들이 열방을 향해 비추는 빛이 되기를 기대하셨던 것이다(사 42:6; 49:6). 이것은 마치 이스라엘이 멋진 백화점 진열장(show window)에 전시된 상품(display)처럼 되기를 기대하신 것이다. 이방인들이 그 멋진 이스라엘을 보고 부러움을 느껴서 하나님의 백성이 되기를 기대하셨다는 말이다. 그런데 바울 당시 어떤 일이 벌어졌는가? 하나님은 이스라엘이 이방인들에게 열방의 빛이 되기를 기대하셨는데, 정작 이스라엘은 이방인들을 멸시했다. 이방인들과는 구별되라고 할례를 언약의 징표로 주셨는데 이스라엘은 이 할례를 자랑하고 이방인들을 멸시했다. 하나님의 의도와는 정반대로 망가져 있었던 것이다. 그러면 이방인들은 어떤가? 12절에 따르면 유대인들이 이와 같이 망가져 있으니 이방인들은 말할 것도 없다. 그들은 하나님의 언약도 없이 그리스도도 없이 세상에서 소망도 없이 살아가고 있었다. 이것이 유대인과 이방인의 비참하고 처참한 모습이다. 하나님의 기업이 총체적인 난국에 직면해 있는 것이다.

13-15절《이제는 전에 멀리 있던 너희가 그리스도 예수 안에서 그리스도의 피로 가까워졌느니라 그는 우리의 화평이신지라 둘로 하나를 만드사 원수 된 것 곧 중간에 막힌 담을 자기 육체로 허시고 법조문으로 된 계명의 율법을 폐하셨으니 이는 이 둘로 자기 안에서 한 새사람을 지어 화평하게 하시고》

그런데 하나님은 이렇게 총체적인 난국에 빠져 있던 유대인과 이방인, 즉 인류에게 새로운 일을 행하셨다. 그것은 13절이 말하는 대로 멀리 있던 이방인들을 그리스도의 피로 유대인에게 가깝게 하셨다는 말이다. 14-15절은 13절을 보다 더 자세하게 풀어서 설명하고 있다. 눈에 띄는 것은 14-15절에서 바울이 '에이레네'라는 단어를 사용했다는 점이다. 개역개정은 바울의 '에이레네'라는 헬라어 단어를 "화평"으로 번역했다. 그런데 칠십인경에서 '에이레네'라는 단어는 히브리어 '샬롬'의 번역어다. 그래서 필자는 바울이 지금 헬라 말로 '에이레네'라고 했을 때 틀림없이 히브리어 '샬롬'을 머릿속에 생각하고 있었을 것이라 생각한다. 그래서 14-15절을 필자의 말로 번역하면 다음과 같다. '그리스도는 우리의 샬롬이십니다. 그는 둘로 하나를 만드셨습니다. 그의 육체로 중간에 막힌 담을 무너뜨리셨고, 원수된 것 곧 법조문에 기록된 계명의 율법을 그의 육체로 폐하셨습니다. 이렇게 하신 이유는 자신 안에서 둘로 하나의 새로운 인류를 창조해서 샬롬을 만들기 위함입니다.' 그러니까 바울의 말을 풀어서 설명하면 그리스도는 유대인과 이방인 사이에 깨어졌던 '샬롬'의 관계를 회복하신 '샬롬'이라는 말이다. 어떻게 이런 일이 가능해졌다고 이야기하는가? 예수님이 자신의 육체로 이방인과 유대인을 갈라놓는 기능을 했던 율법을 폐하시고 자신 안에서 새로운 한 인류를 창조해 내심으로 이러한 일을 행하셨다고 말하고 있다.

　필자는 바울의 이야기를 이렇게 풀어서 설명하고 싶다. 하나님은 유대인과 이방인을 하나의 인류로 하여 하나님을 섬기는 새로운 백성을 만들고 싶으셨다. 그런데 유대인들은 하나님의 계획을 완전히 망쳐버렸다. 하나님은 유대인들이 하나님의 율법, 즉 말씀을 지킴으로 구별되고 그래서 이방인들이 그 아름다운 모습을 보고 부러워하여 하나님의 백성이 되기를 기대하셨다. 그런데 유대인들은 구별되는 것보다는 하나님 안에서 자신들이 거저 은혜로 누리는 것을 마치 자신들에게 특별한 이유가 있는 것처럼 자랑하고 이방인들을 멸시했다. 그 결과 하나님의 뜻과는 반대로 이방인들은 세상에서 하나님 없이 소망 없이 살아가게 되었다. 하지만 하나님은 이 같은 상황을 내버려두지 않으시고 예수 그리스도 안에서 새로운 인류를 만드시고 그를 믿는 모든 사람을 유대인이든 이방인이든 상관없이 그리스도 안에서 새로운 인류로 창조하셔서 깨어졌던 샬롬의 관계를 회복하셨다는 것이다. 이것이 승리의 복음이자 동시에 "영광"의 복음이다.

16-18절 《또 십자가로 이 둘을 한 몸으로 하나님과 화목하게 하려 하심이라 원수 된 것을 십자가로 소멸하시고 또 오셔서 먼 데 있는 너희에게 평안을 전하시고 가까운 데 있는 자들에게 평안을 전하셨으니 이는 그로 말미암아 우리 둘이 한 성령 안에서 아버지께 나아감을 얻게 하려 하심이라》

바울은 이 이야기를 17절에서 또 다음과 같이 서술한다. 개역개정은 본문을 "평안을 전했다" 정도로 번역했는데 의미가 약한 편이다. 필자는 본문을 이렇게 번역하고 싶다. '그는 오셔서 멀리 있던 너희와 가까이 있는 자들에게 각각 샬롬의 복음을 전하셨습니다.' 바울의 어법(wording)을 잘 보라. 바울은 복음의 특징을 '샬롬'으로 이해하고 있다. '샬롬'이 깨어져 있던 유대인들과 이방인들, 즉 하나님의 피조물로 만들어진 인류 사이의 '샬롬'을 회복하는 것, 그래서 18절이 이야기하고 있는 대로 예수 그리스도를 통해서 유대인과 이방인이 한 성령 안에서 샬롬의 관계 안에서 아버지께 나아가게 되는 것, 바로 이것이 바울이 이야기하는 하나님의 "기업의 영광"이다. 즉, 하나님이 창조하신 인류 속에 나타난 회복의 구체적인 그림, 그것이 하나님의 기업(피조물)의 영광이다. 왜 이것이 영광이 되는가? 이것이 바로 하나님이 원래 옛 창조 때 계획하셨던 창조의 모습이 회복되고 성취되는 것이기 때문이다. 인간들의 불순종과 교만과 자기 자랑으로 다 망가지고 깨어져 버렸던 인류의 관계를 하나님께서 그리스도 안에서 새롭게 창조하신 인류를 통해서 꿈꾸셨던 계획대로 이루어 내고야 마셨기 때문이다.

바로 이것이 하나님의 기업 안에 나타난 영광의 풍성함이다. 피조세계, 즉 인간들 안에 '샬롬'을 회복해 내신 "영광"인 것이다. 지금까지의 이야기를 정리해 보면, 그리스도 안에 나타난 하나님의 "능력", 즉 하나님의 새 창조의 승리는 하나님의 기업의 "영광"으로 드러났다. 구체적으로는 유대인들과 이방인들 사이에 깨어졌던 '샬롬'이 그리스도 안에 있는 새 창조를 통해 회복되는 모습으로 표현됐다. 그것이 바울이 서술하고 있는 하나님의 복음의 능력이고 그의 기업을 통해서 드러난 영광이다. 하나님은 그리스도 예수의 십자가와 부활을 통해서 승리하시고 새로운 창조를 이루어 내시며 인간들 사이에 깨어졌던 샬롬을 회복해 내셨다. 유대인들과 이방인들 사이에 도무지 가능할 것 같지 않던 샬롬이 그리스도 예수 안에서 새 창조의 피조물이 됨으로써 가능해졌다는 말이다. 1장과 2장에 계속해서 창조와 관련된 언어들이 등장하는 이유가 바로 이 때문이다.

묵상

바울의 논지는 매우 명확하다. 그리스도 예수의 새 창조의 복음은 유대인과 이방인의 관계 속에서 가능할 것 같지 않았던 샬롬의 회복의 모습으로 드러났다. 이 같은 새 창조의 복음을 깨닫는 것은 우리에게 어떠한 도전을 줄까? 하나님은 첫 번째 사람 아담을 따라 분열과 대립의 역사를 살며 샬롬을 잃고 살 수밖에 없던 우리들을 찾아오셔서 마지막 아담이신 그리스도 예수 안에서 샬롬과

일치를 누리는 새로운 사람이 되게 하셨다. 그리고 그리스도 안에서 화목한 한 몸이 되게 하셨다. 이것이 성도의 정체성이며 하나님의 기업이 누리는 영광이다. 우리는 그리스도 예수 안에서 샬롬의 은혜를 이미 경험한 하나님의 새 창조의 피조물이 된 것이다. 그러므로 새 창조의 피조물인 우리가 가는 곳에는 이러한 샬롬의 은혜들이 마땅히 일어나야 한다. 우리의 일터와 사회 속에서, 우리가 사랑하는 가족들이 함께 사는 가정에서, 그리스도 예수 안에서 한 형제 된 믿음의 공동체 안에서, 그리스도께서 하나 되게 하신 것을 온전히 지켜 마침내 샬롬을 이루어 내는 우리가 되어야 함이 마땅하다. 단순히 우리의 잘못을 묵인하고 눈감아 주고 봉합하는 차원에 머무는 것을 이야기하는 것이 아니다. 그리스도 예수의 새 창조의 피조물답게 그리스도 안에서 진실한 샬롬을 이루어 내는 귀한 은혜가 있어야 한다. 무엇보다 먼저 그리스도 예수 안에서 하나님과 샬롬의 은혜를 풍성히 누릴 수 있어야 한다. 이 축복을 먼저 풍성히 누릴 수 있어야 사람들과의 관계에서 샬롬을 누릴 수 있게 되기 때문이다. 모든 관계 속에서 샬롬을 누려야 함이 마땅하다. 정도의 차이는 있지만 우리 모두는 연약해서 모두 다 관계 속에서 크든 작든 깨어짐을 경험한다. 그러나 교회 공동체는 바로 그러한 깨어짐들이 그리스도의 보혈의 은혜를 통해서 샬롬의 관계로 회복되는 것을 경험할 수 있는 곳이어야 한다.

본문 이해와 묵상을 돕는 질문들

(1) 에베소서에서 바울이 말하는 "하나님의 기업"은 구체적으로 무엇을 지칭하는 말인가? 광의의 의미와 협의의 의미 두 가지로 대답하여 보라.

(2) 그리스도 밖에서 이방인들과 유대인들은 어떻게 망가져 있었는지 각각 서술하여 보라.

(3) 그리스도 밖의 이방인과 유대인을 하나로 만드신 구체적 방법이 무엇인가? 그리고 하나 됨의 결과를 바울은 어떤 단어를 통해서 서술하는가?

(4) 바울이 말하는 복음을 잘 묵상하면 우리는 그 복음의 구체적인 결과가 '샬롬'임을 깨닫게 된다. 16-18절의 관점에서 바울이 말하는 '샬롬'을 두 가지 측면으로 설명해 보라.

(5) 바울이 말하는 "기업(피조물)의 영광"이 무엇인가?

(6) 하나님과 피조물(인간) 사이의 '샬롬', 유대인과 이방인 사이의 '샬롬'을 회복하는 것이 왜 "하나님의 기업의 영광"이 되는지 구체적으로 설명하여 보라. 창세기 1-3장의 관점을 반영하여 대답해 보라.

(7) 사람들 사이의 샬롬을 누리기에 앞서 바울은 이 샬롬이 먼저 하나님과의 관계 안에서 이루어져야 함을 말한다. 당신은 하나님과 진정한 샬롬의 관계를 누리고 있는가? 정직하게 소그룹원들과 함께 나누어 보라.

(8) 하나님과 사람, 또한 사람들 사이의 샬롬을 회복하는 것이 창조에서 하나님이 의도하신 바이다. 예수 그리스도의 새 창조의 복음은 이 일을 가능하게 하신 것이다. 이 관점에서 당신의 삶은 하나님의 의도를 충실하게 반영하고 있는가? 혹 당신이 회복해야 할 샬롬의 영역이 있다면 추상적으로 말하지 말고 구체적으로 말하여 보라.

기도

하나님, 지역 교회의 목사와 성도인 바로 우리가 속한 공동체들이 회복을 위해서 기도하는 공동체가 되기를 소망합니다. 지역 교회의 소그룹이 이 일을 위해서 함께 기도하는 소그룹이 되기를 소망합니다. 그러한 깨어짐을 경험한 사람들이 교회와 소그룹 안에서 다시 샬롬으로 세워짐을 경험하게 하소서. 그럴 때 우리가 비록 부족하지만 세상 속에서 하나님이 말씀하시는 샬롬을 진정성 있게 이야기할 수 있게 될 줄로 믿습니다. 그런 샬롬의 은혜를 누리고 지역 사회와 세상 속에서 진정한 샬롬의 은혜를 전하는 교회로 세워지는 축복을 허락하여 주소서.

문맥과 요약

바울은 에베소교회 성도들을 위해 기도하면서 **부르심의 소망**과 **성도들 안에 있는 하나님의 기업의 영광**과 **하나님의 능력**이 얼마나 크신지 알게 해 달라고 기도했다. 그리고 바울은 역순으로 그 능력과 영광과 소망이 무엇인지 하나하나 설명해 간다. 그리스도를 죽음에서 일으키심을 통해 하나님의 능력이 나타났다고 이야기한다. 바울은 그리스도를 일으키신 그 부활의 사건을 구약이 바라보았던 새 창조 사건의 핵심으로 이해했다. 하나님이 그리스도 안에서 행하신 이 새 창조의 사건을 믿는 모든 사람을 새 창조의 백성으로 만드시는 하나님의 능력이 역사 가운데 드러난 것이다. 그래서 하나님은 이제 그가 유대인이든 이방인이든, 남자든 여자든, 종이든 자유자이든 관계없이 그리스도 안에 있기만 하면 새 창조의 피조물이 되는 특권을 은혜로 허락해 주셨다. 즉, 하나님은 그리스도 예수 안에서 세상에 대해 승리하시고 새로운 창조를 이루어 내심으로써 인간들 사이에 깨어졌던 샬롬을 회복해 내신 것이다. 유대인들과 이방인들 사이에 도무지 가능할 것 같지 않던 샬롬이 그리스도 예수 안에서 새 창조의 피조물이 됨으로써 가능해진 것이다. 이것이 하나님의 기업, 즉 피조물 가운데 나타난 하나님의 영광의 풍성함이다. 본문에서 바울은 이제 부르심의 소망에 대한 주제를 다룬다. 그러나 이 부르심의 소망이라는 주제는 이방인인 우리들에게는 다소 낯설다. 용어 자체도 낯설 뿐만 아니라 그 용어가 속해 있는 구약의 언약적/종말론적 세계관이 우리에게 익숙하지 않기 때문이다.

해설

2:19-22은 틀림없이 "부르심의 소망"을 이야기하고 있다. 1-2장에서 바울이 언급한 기도의 내용과 1장 후반부부터 역순으로 설명된 "하나님의 능력" 및 "하나님의 기업의 영광"이 차례대로 설명된 것이 이러한 사실을 보여준다. 그런데 그럼에도 불구하고 본문에서 "부르심의 소망"에 대한 주제를 바울이 다루고 있다는 사실이 언뜻 봐서는 잘 보이지 않는다. 이것을 이해하는 것이 간단해 보이지 않는 이유는 우리의 사고 세계가 바울의 사고 세계를 제대로 반영하고 있지 않기 때문이다. 그래서 바울의 복음 설명을 보다 잘 이해하기 위해서 필자는 바울의 사고의 기반이었던 유대인들

의 세계관을 이해하는 것이 매우 중요하다고 생각한다. 그것을 필자의 말로 쉽게 풀어서 설명해 보고자 한다. 필자는 유대인이었던 바울의 세계관이 창세기를 기본으로 해서 이렇게 시작한다고 생각한다. 하나님의 창조에는 분명한 목적이 있었다. 하나님은 자신의 형상으로 창조된 인간들과 샬롬의 관계를 누리며 살기를 원하셨다. 이 관계에는 한 가지 전제 조건이 달려 있었는데 그것은 우리를 창조하신 창조주 하나님의 말씀에 대한 순종이었다. 그러나 최초의 인류는 그 말씀에 순종하지 않았다. 그래서 하나님과 누리던 샬롬의 관계가 깨어지고 말았다(창 3장). 그 결과로 샬롬을 누렸던 에덴에서 쫓겨났다. 하나님과 샬롬의 관계가 깨어지자 인간들 사이의 샬롬도 깨어졌다. 에덴에서 쫓겨난 인류에게 처음으로 발생한 사건도 샬롬의 깨어짐이었다(창 4장). 형제 사이에 존재해야 할 샬롬이 깨졌다. 형이 동생을 쳐서 죽이는 사건이 발생했다. 이후에 등장하는 인간의 모든 역사는 하나님이 기대하셨던 샬롬이 깨어진 역사다. 자식들이 부모를 대적하고 형제들이 서로 반목하며 민족이 민족들과 다투고 싸우며 나라와 나라가 서로 전쟁하는 역사의 반복이었다. 이것이 하나님과의 샬롬을 상실한 인류의 처참하고 비참한 모습이다.

하나님은 이 비참한 운명을 바꾸기 위해서 무엇을 하셨는가? 아브라함이라는 사람 안에서 이스라엘을 선택하셨다(창 12장). 이스라엘이 열방을 향한 빛이 되기를 원하셨던 것이다(사 42장; 49장). 그래서 이스라엘뿐만 아니라 그들을 통해서 이방이 하나님과 다시금 샬롬을 누리며 살기를 원하셨다. 이것이 아브라함 안에서 이스라엘을 부르신 '부르심의 소명'이다. 그러기 위해서 이스라엘에게는 한 가지 전제 조건이 필요했다. 하나님의 말씀, 즉 율법에 순종하는 것이었다. 그러면 하나님과 샬롬의 관계를 누리고 이방의 빛이 되며 살 수 있었다(신 30장). 그런데 여기에는 하나의 문제가 있었다. 세상은 죄악이 통치하고 있는데 하나님은 죄악이 있는 곳에는 인격적으로 거하지 않으신다. 그래서 필요한 것이 바로 성전이었다. 성전이란 언약의 하나님이 그의 백성과 샬롬을 누리기 위해서 필요한 공간이며 그의 백성들 가운데 거하며 함께 교제하고 계시다는 것을 보여 주는 그림언어이자 동시에 실재인 것이다. 그러니까 다른 말로 바꾸어 표현하면 성전이란 샬롬을 나타내는 그림언어이며 동시에 샬롬을 창출해 내는 공간이다. 이런 의미에서 성전이란 원래 하나님이 에덴에서 인류와 누리고자 하셨던 샬롬을 누릴 수 있는 지상의 장소를 의미한다. 하나님과 이스라엘과의 언약적 세계관 속에서 성전은 이 같은 기능을 가지고 있었다.

그런데 안타깝게도 이스라엘은 첫 번째 인류 아담처럼 똑같이 실패했다. 하나님의 말씀, 즉 율법에 순종하지 않았기 때문이다. 그 결과 신명기 28-30장의 약속처럼 이스라엘은 샬롬을 누리지 못하고 이방인들 가운데 포로로 끌려갔다. 하나님과의 샬롬을 나타내는 성전도 샬롬이 깨어지니 파괴되어 버렸다. 에스겔은 성전에서 하나님의 영광이 떠나는 장면을 안타깝게 묘사했다(참조, 겔 10장). 다시금 모든 것이 끝난 것 같았다. 그러나 하나님은 포기하지 않으셨다. 그리고 선지자들을 통해서 약속해 주셨다. 약속의 내용은 하나님이 자기 백성에게 다시 돌아와서 그들을 회복하고 성전을 다시 세워 그들과 샬롬의 관계를 회복하겠다는 것이었다. 그래서 하나님이 이 세상을 새롭게 회복하시는 날, 그 영광스러운 날은 마치 에덴의 회복과 같은 날이라고 선지자 이사야는 이야기하고 있다.

이런 관점에서 생각하여 본다면 이 영광스러운 날은 무엇이 반드시 회복되는 날이어야 할까? 그날은 말할 것도 없이 하나님이 원래 창조 시에 계획하셨던 샬롬이 회복되는 날이어야 한다. 처음에 하나님은 인류와 샬롬을 누리시기 위해서 인간을 창조하셨기 때문이다. 그렇다면 예수님을 통해서 선포된 복음이 진짜 좋은 소식이 되려면 무엇이 회복되어야 할까? 당연히 샬롬이다. 하나님과 인류 그리고 하나님이 창조하신 인류 사이에 샬롬이 회복되는 세상이다. 이런 이유 때문에 바울은 새 창조의 복음을 이야기하는 것이고 동일한 언약적 세계관에 근거해서 샬롬의 복음을 말했던 것이다. 바로 앞 단락에서 살핀 대로 바울은 유대인과 이방인 사이에 깨어진 샬롬의 회복을 이야기하지 않았는가? 이는 바울의 사고가 구약성경에 근거한 언약적 세계관 속에서 작동하고 있다는 증거다. 그렇다면 이 샬롬의 회복은 또한 반드시 하나님과 인류 사이의 샬롬의 회복을 이야기해야 한다. 유대인들의 언약적 세계관 속에서 하나님과 인류 사이의 샬롬의 회복을 이야기하려면 반드시 등장해야 하는 그림언어가 무엇이라고 했는가? 샬롬을 지상에서 드러내는 성전이다. 그래서 구약의 선지자들은 여호와의 날의 회복에 대해서 이야기하며 성전의 회복에 대해 이야기하는 것이다(참조, 사 2장; 미 4장; 겔 43장). 이런 맥락에서 에스겔은 43장에서 성전을 떠나셨던 하나님의 영광이 성전 동문을 통하여 돌아오는 장면을 환상 가운데 본다. 본문에 그 성전과 연관된 어구와 표현이 등장하는 이유가 바로 여기에 있다.

19-22절 《그러므로 이제부터 너희는 외인도 아니요 나그네도 아니요 오직 성도들과 동일한 시민이요 하나님의 권속이라 너희는 사도들과 선지자들의 터 위에 세우심을 입은 자라 그리스도 예수께서 친히 모퉁잇돌이 되셨느니라 그의 안에서 건물마다 서로 연결하여 주 안에서 성전이 되어 가고 너희도 성령 안에서 하나님이 거하실 처소가 되기 위하여 그리스도 예수 안에서 함께 지어져 가느니라》

본문 19절에서 바울은 이제 에베소교회의 이방인 성도들이 더 이상 외인이 아니라 권속, 즉 하나님의 가족 구성원이 되었다고 이야기한다. 1장의 언어로 표현하면 무엇이라고 할 수 있을까? 바로 입양이다. 하나님의 은혜로 입양을 통해서 하나님의 가족으로 받아들여졌다. 어떻게 이런 일이 가능해졌는지가 20절에 표현되어 있다. 바울은 지금 성전이라는 그림언어를 마음속에 그리고 있는데, 그리스도 예수께서 친히 모퉁잇돌이 되셔서 사도들과 선지자들의 터 위에 세우심을 입었다고 이야기한다. 지금 바울이 성전의 언어를 사용하고 있는 것이 보이는가? 21-22절에는 성전의 언어가 보다 노골적으로 표현된다. 21절에서 바울은 "그의 안에서, 즉 예수님 안에서 건물마다 연결되어 성전이 되어간다"고 이야기 한다. 사실 바울이 사용한 언어를 생각해 볼 때 "성전으로 성장해 간다('아욱싸노')"고 이야기하는 것이 보다 더 정확하다. 그리고 22 절에서는 "성령 안에서 하나님이 거하실 처소가 되기 위해서 지어 져 간다"고 이야기한다.

21-22절에서 두 가지 놀라운 사실이 눈에 띈다. 첫째, 바울이 이야기하는 성전은 더 이상 구약에 언급되었던 건물로서의 성전 이 아니라는 사실이다. 원래 성전은 예루살렘에 있는 성전을 가리 키는 것이었어야 했다. 그런데 바울은 더 이상 유형의 건물로서의 성전이 아니라 다른 성전을 이야기하고 있다. 에베소교회 성도들 을 비롯해서 모든 새 창조의 피조물이 성전이시며 또 친히 성전의 모퉁잇돌이 되시는 예수님을 통해서 성전으로 함께 지어져 가는 것이라고 말하고 있다. 두 번째로 놀라운 것은 이 성전이 '성장해 가고 자라간다'는 사실이다. 바울은 이 성전을 이야기할 때 틀림 없이 교회를 염두에 두고 있다. 그리스도의 몸인 교회가 이제 그 리스도를 중심으로 한 성전이 되기 때문이다. 이러한 이해는 요한 복음 2장에서 예수님이 당신 자신을 성전으로 이해하는 것과 정 확하게 같은 맥락이다. 예수께서 친히 하나님이 거하시는 성전이 되셨기 때문에 예수님과 믿음으로 하나가 된 교회의 성도들도 주 님과 함께 성전이 되는 것이다. 그래서 예수님이 모퉁잇돌이 되셔 서 사도들과 선지자들의 터 위에 세우심을 입은 우리도 거룩한 교

회인 성전으로 함께 지어져 가게 되는 것이라고 바울이 이야기하고 있는 것이다. 바울은 성도들이 교회인 성전으로 그리스도 안에서 함께 지어져 가는 것을 지금 **"소망"**이라고 이해하고 있다.

그렇다면 중요한 질문은 '왜 바울은 성도들의 모임인 교회가 성전으로 지어져 가는 것을 부르심의 소망이라는 전망 속에서 이해하고 있는 것일까?' **그것은 성전인 교회가 하나님과 인류, 사람과 사람 사이의 샬롬을 누리는 유일한 처소이며 이 같은 진리를 전하기 위해 하나님이 우리를 교회로 부르셨기 때문이다.** 다른 말로 하면, 죄로 인해 하나님과 인간, 인간과 인간 사이의 샬롬이 완전히 깨어진 세상 속에서 하나님의 진정한 승리의 결과인 샬롬을 경험할 수 있는 유일한 곳이 교회이며 다른 곳에서는 샬롬의 소망을 온전히 기대할 수 없기 때문이다. 필자는 1:23("교회는 그의 몸이니 만물 안에서 만물을 충만하게 하시는 이의 충만함이니라")이 바로 그것을 이야기한다고 생각한다. 바로 그러한 샬롬의 회복을 세상에 전하기 위해 우리들을 부르셨기 때문에 바울은 그것을 "부르심의 소망"이라는 전망 속에서 이해하고 있는 것이다.

묵상

바울이 에베소서에서 교회를 바라보고 이해하는 관점에서 묵상한다면, 주님의 몸, 즉 성전인 교회로 모이는 우리의 모임과 예배는 어떤 모습이어야 할까? 두 가지를 생각해 볼 수 있을 것 같다. 먼저 주님의 몸인 성전은 샬롬이 구체화되는 곳이다. 그래서 주님의 몸인 성전으로서 우리의 모임과 예배는 우리가 이미 예수님 안에서 아버지 하나님과 누리는 그 샬롬을 마음껏 기뻐하는 축제의 자리여야 마땅하다. 자격 없는 우리를 그 축제의 자리에 불러주신 주님의 은혜를 기억하고 지체들과 마음껏 그 은혜를 찬양하는 자리여야 한다. 그런데 바울의 통찰을 묵상해 보면, 그것만으로는 충분하지 않은 것 같다. 주님의 몸인 성전으로서의 우리의 예배는 우리를 불러주신 아버지 하나님의 **부르심의 소망**이 무엇인지를 예배를 통해서 끊임없이 확인해야 하기 때문이다. 바울이 에베소서에서 하고 있는 말이 정말 사실이라면, 하나님은 주님의 성전인 우리에게 무엇을 기대하실까? 하나님은 그 성전이 성장해 가고 자라가기를 기대하신다. 성전인 우리가 부르심의 소망이 무엇인지를 기억하고 우리를 부르신 하나님 아버지의 뜻을 세상 가운데 구현할 때, 마치 이스라엘에게 기대하셨던 것처럼 영적인 이스라엘인 우리가 그 샬롬을 세상에 전하는 통로가 되기를 기대하신다. 그래서 우리의 모임과 예배는 여전히 하나님과의 샬롬을 상실한 채 살아가고 있는 주변 사람들에게 그 은혜의 샬롬을 우리의 말과 행동으로 전하겠다고 다짐하는 자리여야 마땅하다.

본문 이해와 묵상을 돕는 질문들

2:19-22이 부르심의 소망에 대한 이야기를 다루고 있지만 독자들이 쉽게 파악하기 어려운 이유는 유대인들의 세계관을 잘 알지 못하기 때문이다. 그래서 구약성경을 근거로 형성된 유대인들의 언

약적 세계관의 구조를 살펴볼 필요가 있다.

(1) 하나님의 창조의 목적이 무엇이며 이 관계가 유지되기 위한 전제는 무엇인가?

(2) 하나님과 깨어진 관계는 어떤 모습으로 드러났는지를 창세기 3-4장을 가지고 말해 보라.

(3) 하나님과 깨어진 관계의 비참한 모습을 회복하기 위해서 하나님은 무엇을 행하셨는가? (참조, 창세기 12장)

(4) 하나님이 이스라엘을 부르신 소명이 무엇인가? (참조, 이사야 42장; 49장)

(5) 이스라엘을 부르신 하나님의 소명을 위해서 이스라엘에게 한 가지 전제가 뒤따랐다. 그것이 무엇인가? (참조, 신명기 30장)

(6) 이스라엘이 율법의 규정들을 지킴으로 하나님과 교제하기 위해서 필요한 것이 (   )이다. (   )은 언약의 하나님이 그의 백성과 샬롬을 누리기 위해서 필요한 공간이며 그의 백성 가운데 거하시며 함께 교제하고 계시다는 것을 보여 주는 그림 언어이자 실제인 것이다. (   )은 원래 하나님이 에덴에서 인

류와 누리고자 하셨던 샬롬을 누릴 수 있는 지상의 장소를 의미한다. 그러나 이스라엘도 아담처럼 실패했다. 하나님의 말씀인 율법에 순종하지 않았기 때문이다. 그 결과 하나님과 이스라엘의 샬롬은 깨어졌고 이스라엘은 이방 가운데 포로로 끌려갔다. 그리고 샬롬을 누리는 장소인 (   )도 파괴되었다. (   )에 들어갈 알맞은 말을 넣어 보라.

(7) 하나님의 모든 계획이 실패한 것 같았지만, 하나님은 여러 다른 선지자들을 통해서 창조 시에 드러난 하나님의 원래 계획을 회복하시고자 하는 청사진을 제시하신다. 그렇다면 이 회복은 궁극적으로 하나님과 인류 사이의 샬롬의 회복을 말하여야 한다. 이 회복에 관해서 반드시 등장해야 하는 그림언어가 무엇이라 했는가? 이사야 2장, 미가 4장, 에스겔 43장을 가지고 대답해 보라.

(8) 유대인들의 언약적/종말론적 회복의 세계관에서 보면 19-22절이 잘 이해된다. 바울이 성전이라는 그림언어를 사용하고 있기 때문이다. 그런데 20-22절을 보면 바울은 물리적 건물이 아닌 무엇을 성전이라 이해하고 있는가? 그리고 이 성전은 어떻게 지어진다고 이야기하고 있는가?

(9) 바울은 성전인 교회가 '성장하고 자라간다'고 이해하고 있다.

요한복음 2장에서 자신을 성전으로 이해하신 예수님의 이해 와 비교해 보라. 그리고 바울의 이해가 어떻게 가능해졌는지 설명하여 보라.

(10) 바울은 성도들이 성전으로 그리스도 안에서 함께 지어져 가 는 것을 "부르심의 소망"이라는 관점에서 이해하고 있다. 어 떻게 이런 이해가 가능한지 설명하여 보라.

(11) 바울이 에베소서에서 교회를 바라보고 이해하는 관점으로 묵 상한다면, 주님의 몸, 즉 성전인 교회로 모이는 우리의 모임과 예배는 어떤 모습이어야 할지 두 가지로 대답하여 보라. 당신 의 교회의 예배는 바울이 그리려는 모습과 얼마나 닮아 있는 가? 개선되어야 할 점이 있다면 구체적으로 나누어 보라.

기도

하나님, 수많은 깨어짐 속에서 샬롬을 잃어버린 세상을 향해 비록 연약한 부분이 있을지라도 진정한 샬롬이 무엇인지 먼저 경험하 고 이야기할 수 있는 복된 주의 교회들이 되게 하소서. 예수님만 이 세상의 유일한 소망임을 믿게 하시고 그렇기 때문에 예수님의 몸 곧 거룩한 교회인 우리가 세상의 소망임을 힘써 증거하게 하소 서. 이 부르심의 소망을 주님 다시 오시는 날까지 굳게 붙드는 지 상의 교회가 될 수 있도록 인도하여 주소서.

문맥과 요약

바울은 에베소서 1-2장에 걸쳐서 에베소서의 핵심적인 주제를 다루고 있다. 그것은 **하나님의 능력이 그리스도의 죽음과 부활을 통한 새 창조의 사건에 의해 드러났다는 것이다.** 하나님은 그리스도 예수 안에서 세상에 대해 역설적으로 승리하시고 새로운 창조를 이루어 내시며 하나님과 인간 그리고 인간들 사이에 깨어졌던 샬롬을 회복해 내셨다. 그리고 이 영광스러운 승리의 결과로 만들어진 샬롬의 복음을 전할 사명을 성전인 교회에 허락해 주셨다. 다른 말로 하면 하나님은 그리스도 안에 있는 영광스러운 승리를 주님의 몸 곧 성전인 교회를 통해 세상 속에서 계속해서 성취해 가기를 기대하신다. 그런 의미로 바울은 이 성전이 자라간다고 표현한다. 이런 의미에서 성전인 교회는 하나님이 세상에 대해서 거두신 승리가 무엇인지를 보여 주는 구체적 현장이다.

이 맥락 속에서 바울은 그 승리를 전하기 위해서 부름받은 자신을 위치시킨다. 이것이 1-2장과 3장이 연결되고 있는 흐름이다. 바울은 그 승리를 전하기 위해서 부름받은 자신이 감옥에 있다는 사실을 3장에서 강조한다. 이러한 사실이 강조되는 이유는 그리스도 안에서 하나님이 이루신 승리, 즉 십자가 승리의 방식과 이 승리를 세상 속에서 구현해야 하는 교회의 승리의 방식이 동일해야 하기 때문이다. 그리스도께서 십자가로 약해짐 가운데 승리하셨다면 그 승리를 세상 속에서 구현해야 하는 교회의 승리도 약해짐 가운데 드러나야 할 것이다.

해설

1-5절 《이러므로 그리스도 예수의 일로 너희 이방인을 위하여 갇힌 자 된 나 바울이 말하거니와 너희를 위하여 내게 주신 하나님의 그 은혜의 경륜을 너희가 들었을 터이라 곧 계시로 내게 비밀을 알게 하신 것은 내가 먼저 간단히 기록함과 같으니 그것을 읽으면 내가 그리스도의 비밀을 깨달은 것을 너희가 알 수 있으리라 이제 그의 거룩한 사도들과 선지자들에게 성령으로 나타내신 것같이 다른 세대에서는 사람의 아들들에게 알리지 아니하셨으니》

1절은 "이러므로"라는 단어로 시작한다. 바울이 사용한 단어는 두 단어인데 '투투 카린'이다. 문자적으로는 '이러한 이유로'로 번역할 수 있을 것 같다. '이러한 이유'라는 말은 바울이 1-2장에서 언급했던 바로 그 승리의 복음을 전하는 교회의 부르심의 소명과 연관된다고 말할 수 있다. 바울은 바로 '그 일', 즉 영광스러운 승리의 복음을 세상 가운데 전하는 교회의 소명을 위해서 자신이 죄수가 되었다고 이야기하고 있는 것이다. 이 사실을 바울은 "예수 그리스도의 죄수"('호 데스미오스 투 크리스투 예수')라는 말을 통해서 표현한다. 개역개정은 다소 의역해서 "그리스도 예수의 일로 갇힌 자"라고 번역했다. 바울이 자신을 앞서 1-2장에서 언급했던 복음 증거의 사역을 위해 그리스도 예수의 죄수(감옥에 갇힌 자)가 되었다고 표현하는 것은 에베소서 전체 서사의 관점에서 매우 의미심장하다. 그리스도의 영광스러운 승리의 복음을 세상 속에서 전파하기 위해서 자신이 감옥에 갇혀 있는 상태라고 말하기 때문이다. 세상 정치적 관점에서 설명하면 위정자와 공권력에 의해서 갇혀 있는 상태지만, 세상을 이기신 하나님의 복음의 관점에서 본다면 이방 성도들에게 복음을 전하기 위해서 갇혀 있다고 말하는 것이기 때문이다.

바울은 2절에서 이 복음을 이방인들에게 전하기 위한 자신의 사도직이 하나님의 은혜에 의한 것임을 밝힌다. 그리고 자신이 앞서 언급한 하나님의 승리, 즉 샬롬의 복음은 하나님의 계시의 활동에 의한 결과임을 밝힌다(물론 바울은 그 계시가 구체적으로 어떤 모습으로 주어졌는지에 대해서는 밝히지 않는다. 그것은 일정 부분 바울의 다메섹 경험과 연관되어 있는 것이 분명해 보인다. 그러나 이곳에서 사용된 표현만으로 바울이 생각하고 있는 계시의 방법을 밝히는 것은 매우 어려운 일이다). 그 복음의 내용들을 이방인인 독자들이 읽고 잘 묵상한다면 바울이 그리스 도의 비밀(신비)을 깨닫게 되었다는 사실을 알 수 있을 것이라고 말 한다. 이 말은 이방 성도들인 독자들도 바울의 복음 서술을 통해 서 바울이 깨달은 비밀(신비)을 동일하게 깨닫게 됨을 시사한다. 바 울은 이 "그리스도의 비밀(신비)", 즉 그리스도에 대한 비밀(신비)이 이전 세대의 사람들에게는 알려지지 않았다고 이야기한다. 물론 이 말을 구약 시대에 하나님의 구원 계획에 대한 비밀 혹은 신비 가 전혀 계시되지 않았다는 말로 이해하면 곤란하다. 구약 시대에 도 하나님은 여러 가지 방법과 여러 가지 모양으로 당신의 계획을 계시하셨다(참조, 히 1:1-2). 이 말은 이 모든 구원 계획이 하나님의 아 들 예수 그리스도를 통해서 가장 완벽하게 완성된 계시로 주어지 도록 의도되었다는 말로 이해해야 한다. 그리고 그 계시가 바울을 비롯한 사도들과 선지자들에게 주어졌다는 것이다.

6-7절 《이는 이방인들이 복음으로 말미암아 그리스도 예수 안에서 함께 상 속자가 되고 함께 지체가 되고 함께 약속에 참여하는 자가 됨이라 이 복음을 위하여 그의 능력이 역사하시는 대로 내게 주신 하나님의 은혜의 선물을 따 라 내가 일꾼이 되었노라》

그리스도 안에 있는 하나님의 복음의 비밀 혹은 신비가 자신 에게 계시로 주어졌다고 밝힌 바울은 자신에게 복음의 비밀이 주 어진 이유를 6절에서 밝히고 있다. 그것은 '이 복음 선포를 통해서 이방인들도 지체가 되고 하나님의 복음에 참여한 자가 되게 하기 위해서다.' 그리고 7절에서 바울은 바로 그러한 일을 위해서 자신이 일꾼이 되었다고 이야기한다. 이것은 이렇게 요약할 수 있다. 하나님은 이 영광스러운 승리를 역사 가운데 이루시고 그 기념비적인 승리를 교회를 통해서 세상 가운데 선포하도록 하셨다. 바로 그 일을 이루시기 위해서 하나님은 바울을 선택하셨고 그에게 계시를 허락해 주셨다. 그 이유는 이 같은 하나님의 승리를 교회를 통해서 선포하게 하기 위해서다. 그런데 흥미로운 것은 이와 같은 이야기를 하면서 바울은 그와 같은 하나님의 비밀을 계시로 받고 그 계시를 교회에 가르치고 전해야 하는 승리하신 왕의 메신저로 자신이 감옥에 갇혀 있다는 사실을 문맥 속에서 두 번에 걸쳐 언급하고 있다는 사실이다. 두 번에 걸쳐서 반복적으로 언급하고 있다는 것은 강조하려는 의도로 이해할 수 있다.

그렇다면 바울은 왜 이러한 사실을 강조하고 있는 것일까? 13절에 비추어 읽으면, 이방인 독자들에게 복음을 증거하기 위해 바울이 현재 겪고 있는 환난 때문에 그들이 낙심하지 않게 하기 위해서다. 문맥 속에서 바울이 당하고 있는 환난이란 1절에서 이미 언급되었듯이 바울이 지금 감옥에 갇혀 있는 것을 말하는 것으로 보인다. 그것에 대해서 에베소교회 성도들은 낙심하고 있었다. 그럼 왜 그들은 낙심했을까? 이것은 이해하기 어려운 일이 아니다. 바울이 에베소서에서 지금까지 설명한 복음의 내용을 떠올리면 된다. 그것은 세상에 대한 하나님의 영광스러운 승리다. 그 영광스러운 승리를 이 땅 가운데 전하고 구현해 내도록 하나님은 영광스러운 승리의 교회를 이 땅에 세우셨다. 또한 하나님은 이 세상 통치자들과 공중의 권세 잡은 세력에 대해서 승리하시고 그 승리를 전하여 이 땅 가운데 그 승리를 구현해 내도록 사도 바울을 선택하셨다. 그리고 그 모든 승리의 비밀을 그에게 계시로 알려 주셨다. 그런데 정작 사도 바울은 로마의 세력에 의해서 압제를 당하고 감옥에 갇혀 있다. 이건 세상에 대한 하나님의 승리의 모습과 도무지 어울리지 않는 것 같다. 승리가 아니라 도리어 패배라고 부르는 것이 더 잘 어울린다는 생각마저 든다. 바울은 이러한 모습을 역설적으로 '승리의 신비'라 부르고 싶었던 것 같다.

바울이 말하는 '승리의 신비'를 이해하려면 하나님이 세상에 대해서 승리하신 방식을 곰곰이 묵상해 볼 필요가 있다. 일단 무엇보다 우리는 이 승리가 하나님의 승리라는 것을 확실히 이해할 필요가 있다. 구약에서도 하나님의 승리가 표현될 때마다 반복적으로 등장하는 것이 하나님의 승리와 대조를 이루는 인간의 연약함이라는 주제다. 사무엘상 17장을 보면 유명한 다윗과 골리앗의 이야기가 등장한다. 골리앗을 위시한 블레셋의 힘 앞에 무력한 이스라엘이 서 있다. 그가 이스라엘과 이스라엘의 하나님을 모욕하는데 아무도 나서지 못한다. 그런데 그때 한 사람이 등장한다. 바로 다윗이다. 그런데 다윗을 묘사하는 사무엘상 17장의 묘사가 충격적이다. 골리앗과 싸우기 위해서 등장한 다윗에게 사울 왕은 갑옷과 투구를 입히려 했다. 그런데 다윗에게는 그러한 것들이 거북한 것일 뿐이다. 다윗은 그러한 복장을 해본 적이 없는 사람이기 때문이다. 전문적으로 훈련된 군인이 아니라는 말이다. 달리 말하면 인간적인 관점으로 보았을 때 다윗은 적격자가 아니라는 말이다. 그렇다면 사무엘상 17장은 무엇을 말하려는 것일까? 이 승리가 누구의 승리라고 말하려는 것으로 보이는가? 이 승리는 다윗의 승리가 아니라 궁극적으로 하나님의 승리다. 이 승리에서는 하나님이 사용하시는 인간이 약하다고 해도 문제가 되지 않는다. 문제가 되지 않는 것이 아니라 도리어 그들이 약해야 하나님의 승리가 더욱더 부각된다. 이러한 원리를 보여 주는 분명한 예가 또 하나 있다. 사사기 6-7장이다. 이스라엘 군대는 미디안 군대와 전투를 하려고 한다. 그래서 기드온은 병사 삼만 이천 명을 소집한다. 그런데 하나님은 병사들의 수를 줄여서 마침내 삼백 명만 남겨 놓으신다. 이유가 무엇일까? 사사기 7:2은 그것을 이렇게 설명하고 있다. "이스라엘이 나를 거슬러 스스로 자랑하기를 내 손이 나를 구원하였다 할까 함이니라." 무슨 말인가? 하나님의 승리는 사람의 힘의 능력에 달린 것이 아니라는 것을 명백하게 보여 주시기 위해서 하나님은 삼만 이천 명 가운데 다 돌려보내시고 삼백 명만 남겨 놓으신 것이다. 이 승리가 인간의 승리가 아니라 하나님의 승리라는 것을 명백하게 하기 위해서다. 이것이 하나님이 승리하는 방식이다.

8-10절 《모든 성도 중에 지극히 작은 자보다 더 작은 나에게 이 은혜를 주신 것은 측량할 수 없는 그리스도의 풍성함을 이방인에게 전하게 하시고 영

원부터 만물을 창조하신 하나님 속에 감추어졌던 비밀의 경륜이 어떠한 것을 드러내게 하려 하심이라 이는 이제 교회로 말미암아 하늘에 있는 통치자들과 권세들에게 하나님의 각종 지혜를 알게 하려 하심이니》

　　이러한 관점을 가지고 본문 8절을 읽으면 이해가 잘된다. 바울이 자신을 무엇이라고 부르고 있는가? 지극히 작은 자다. 지극히 작은 자인 자신에게 은혜를 주신 것은 "그리스도의 풍성함을 이방인에게 전하고 하나님의 비밀의 경륜이 무엇인지 사람들에게 조명해 주기 위해서다"라고 이야기한다. 능력 있고 실력 있는 자들을 통해서 위력적으로 그리스도의 풍성함이 전해지고 하나님의 비밀의 경륜이 무엇인지가 드러나는 것이 아니라는 말이다. 도리어 지극히 작은 자를 통해서 이러한 일들이 일어나고 있다고 증언하고 있다. 바울은 지극히 작은 자를 통해서 생겨난 교회로 말미암아 하나님의 풍성한 지혜가 세상 속에 나타나고 있다고 이야기하고 있다. 필자는 바울의 이 말을 다음과 같이 풀어서 이야기할 수 있다고 생각한다. '하나님은 지극히 작은 자인 바울, 그것도 감옥에 갇혀서 세상에서 패배했다고 생각할 수 있는 바울의 복음 전파를 통해서 교회를 만들어 내셨다는 것이다. 그리고 그러한 교회를 통해서 하나님의 풍성한 지혜가 세상 가운데 드러나도록 하셨다'는 말이다. 이것이 감옥에 갇혀 있다는 것을 바울이 강조하는 이유라고 생각한다. 이러한 원리는 이미 예수 그리스도의 십자가의 승리를 통해서 구체적으로 드러난 바 있다. 하나님은 세상에 대한 완벽한 실패와 패배로 이해될 수 있었던 십자가를 통해서 세상에 대해 승리하셨다. 그런 예수님을 교회는 주와 그리스도로 고백한다. 세상에 대한 하나님의 승리의 방식이 예수님을 통해서 구체적으로 드러났다면, 교회를 통해서 세상에 대해 지속적으로 승리를 구현하시려는 하나님의 방식도 주님의 승리의 방식을 닮아야 한다는 말이다.

묵상

우리는 의식적으로든 무의식적으로든 세상이 만들어 놓은 사고방식을 따라 생각하는 부패한 경향이 있다. 그래서 심지어는 교회의 사역도 그러한 방식으로 하려고 한다. 필자는 그것을 기독교 승리주의라고 부르고 싶다. 기독교 승리주의적 사고는 여러 가지 방식으로 교회 역사 가운데 나타나는데 다음과 같은 것들이 오늘날 대표적인 사례라고 생각된다. 적지 않은 사람들이 내가 높은 지위에 올라갈 때 하나님이 더 큰 영광을 받으실 것이라고 착각한다. 그래서 좋은 대학에 가려고 하고 사회적으로 성공하려고 노력한다. 그래야 하나님이 큰 영광을 받으신다고 생각하기 때문이다. 큰 교회당을 지으면 하나님이 더 크게 영광받으실 것이라 착각하는 교인들도 적지 않다. 목사들도 큰 교회에서 목회하면 그것이 하나님께 더 큰 영광이 될 것이라 착각한다. 성도들도 착각하고 목사들도 착각하고 있는 것이다. 하나님은 내가 높은 지위에 올라갈 때에야 비로소 영광을 받으시는 분이 아니다. 어떤 지위든 관계없이 주께서 있으라 하신 그 자리에서 주님이 맡겨 주신 일들을 성실하게 감당할 때 그런 사람들을 통해서 하나님은 오늘도 영광받으신다. 큰 교회당을 지어서 큰 교회를 만들어야 주님이 영광받으시는 것이 아니다. 필자는 요즘 묵상하다 보면 주님이 '제발 좀 교회를 크게 만들려고 하지 말아라'라고 말씀하시는 것 같다. 도리어 크기에 관계없이 '내가 교회를 세상에 왜 남겨두었는지 고민하지 않겠니?'라고 말씀하시는 것 같다. 교회를 이 땅에 두신 주님의 뜻을 이루기 위해서 성경적인 관점에서 고민하고 끊임없이 자신을 부인하며 또 기도하는 백성들을 통해 주님은 영광받으신다. 큰 교회를 이루기보다 연약한 자들과 함께하기를 즐거워하는 교회를 통해서 주님은 오늘도 영광받으신다. 연약함 속에서도 주님의 복음을 전하기 위해서 우리 주변과 땅끝에서 애쓰고 있는 선하고 착한 무명의 성도들을 통해서 주님은 오늘도 한없는 영광을 받으신다. 주님이 그러셨던 것처럼 연약한 성도들과 함께하며 묵묵히 그 삶을 더불어 함께 살아가는 신실한 종들을 통해서 영광받으신다. 바울이 에베소서 3장뿐만 아니라 고린도에 보낸 자신의 편지 곳곳에서 영광스러운 하나님의 승리와 자신의 연약함을 대조시키는 이유가 여기에 있다고 생각한다. **기독교가 이야기하는 승리는 하나님의 승리다.** 우리는 그 승리를 우리의 갖가지 연약함 가운데 경험하게 되어 있다. 왜 그런가? 연약함 가운데 경험하지 않으면 우리는 그것이 나의 승리라고 끊임없이 착각하기 때문이다.

본문 이해와 묵상을 돕는 질문들

(1) 3장을 시작하는 어구는 "이러므로"('투투 카린')이다. 1-2장에서 바울이 한 말을 이어받아 3장이 연결되고 있음을 보여준다. 1-2장에서 바울이 한 말의 핵심을 요약해 보라.

(2) "그리스도 예수의 일"이란 에베소서 문맥에서 구체적으로 무엇을 의미하는가?

(3) 그리스도 안에 있는 하나님의 복음의 비밀 혹은 신비가 자신에게 계시로 주어졌다고 밝힌 바울은 자신에게 복음의 비밀이 주어진 이유를 6절에서 밝히고 있다. 그 이유가 무엇인가?

(4) 문맥 속에서 바울은 자신이 복음의 일을 위해서 감옥에 갇혀 있다는 사실을 두 번에 걸쳐 강조한다. 에베소서의 문맥에서 그 이유가 무엇일까? (참조, 13절)

(5) 바울이 에베소서에서 말하고 있는 '승리의 신비'가 무엇인지 당신의 말로 기록하여 보라.

(6) 문맥의 빛 아래 바울이 8절에서 자신을 "지극히 작은 자"라 명명하는 이유가 무엇인가?

(7) 하나님이 감옥 안에 갇힌 지극히 작은 자인 바울을 통해서 세상에 대해 승리하신 당신의 복음을 증거하게 하시는 궁극적인 이유가 무엇인가?

(8) 감옥 안에 갇힌 바울을 통한 승리와 십자가를 통한 예수 그리스도의 승리를 비교함으로써 성도들은 무엇을 깨달을 수 있는가?

(9) 주님의 십자가를 통한 승리를 구현하는 교회의 승리 방식에 대한 바울의 묘사를 묵상하며 무엇을 느끼는지 정직하게 말해 보라. 바울이 말하고 있는 이 승리를 구현하는 방식에 오늘날의 교회는 얼마나 친숙한지 이야기해 보라.

기도

하나님, 본문에서 바울이 말하는 하나님의 진정한 승리를 묵상하기를 소망합니다. 주님이 십자가의 연약함 가운데서 세상에 대한 승리를 이루셨듯이, 바울이 감옥에 갇혀 있는 연약함 가운데 승리의 복음을 증거할 수 있는 기회를 누렸듯이, 기독교가 말하는 참다운 승리의 신비를 깨닫고 다시 복음의 기본으로 돌아가 연약함, 즉 섬김 가운데 승리를 만끽하는 주님의 교회가 되게 하소서.

문맥과 요약

바울은 구약 선지자들이 바라보았던 종말론적인 새로운 창조가 예수님을 통해서 성취됐다고 이해한다. 그것은 세상에 대한 하나님의 승리다. 그런데 이 승리는 세상이 보여 주는 파괴적인 승리가 아니다. 이 승리는 하나님과 인간 사이에 깨어졌던 샬롬 그리고 그 결과로 인간들 사이에 깨어졌던 샬롬을 회복해 내는 영광스러운 승리다. 그리고 이 영광스러운 승리 때문에 생겨난 것이 바로 교회다. 하나님은 이 영광스러운 승리의 복음을 전할 사명을 교회에 허락해 주셨다. 이런 의미에서 교회는 하나님이 세상에 대해서 거두신 승리가 도대체 어떤 성질과 특성을 가진 것인지를 보여 주는 곳임과 동시에 그 승리를 지금도 이루어 가시는 구체적 삶의 자리다. 그런데 정작 하나님의 영광스러운 승리를 세상 가운데 보여 주고 선포해야 하는 교회의 승리의 모습은 우리가 세상에서 흔히 볼 수 있는 그런 승리의 모습과 사뭇 다르다. 세상은 승리주의의 가치관으로 충만하다. 그러나 교회가 누리는 하나님의 승리는 그런 것과는 완전히 다른 모습의 승리라고 바울은 이해하고 있다. 이 승리는 우리가 연약함 가운데 경험하는 승리다. 그런 의미에서 바울은 에베소교회 성도들에게 바울의 여러 환난에 대해서 낙심할 필요가 없다고 이야기한다. 왜냐하면 그러한 모습이야말로 우리가 하나님의 승리를 누리는 가장 성경적이고 이상적인 모습이기 때문이다.

해설

13-15절 《그러므로 너희에게 구하노니 너희를 위한 나의 여러 환난에 대하여 낙심하지 말라 이는 너희의 영광이니라 이러므로 내가 하늘과 땅에 있는 각 족속에게 이름을 주신 아버지 앞에 무릎을 꿇고 비노니》

　　앞서 언급한 대로 에베소교회의 성도들은 바울이 감옥에 갇혀 있다는 사실에 대해서 낙심할 필요가 없다. 왜냐하면 바울은 갇혀 있을지라도 주님의 복음은 갇히지 않고 증거될 것이고 이방인들이 이로 말미암아 주님을 알게 될 것이기 때문이다. 이것은 하나님이 영광받으시는 구체적인 방식이며 방법이다. 이런 의미로 바울은 자신의 환난, 즉 투옥이 이방인 그리스도인들의 영광이라고 말하는 것이다. 13절에서 낙심할 필요가 없다고 이야기한 바울이 본문 14-15절을 보면 하늘과 땅에 있는 각 피조물들에게 이름을 주신 분, 즉 창조주 하나님 아버지께 무릎을 꿇고 기도하고 있다.

16-17절 《그의 영광의 풍성함을 따라 그의 성령으로 말미암아 너희 속사람을 능력으로 강건하게 하시오며 믿음으로 말미암아 그리스도께서 너희 마음에 계시게 하시옵고 너희가 사랑 가운데서 뿌리가 박히고 터가 굳어져서》

16절부터 연이은 네 절은 바울이 했던 기도의 구체적인 내용을 담고 있다. 이 절들은 논리적으로 연결되어 있을 뿐만 아니라 우리가 앞서 언급했던 기독교의 '승리의 신비'라는 주제와 밀접하게 연결되어 있다. 먼저 16절에서 바울은 성령으로 말미암아 에베소교회 성도들의 속사람을 강건하게 해 달라고 기도한다. 문맥 속에서 이것은 연약함 가운데 하나님의 승리를 경험하려면 속사람이 강건해져야 한다는 말이다.

그렇다면 속사람이 강건해진다는 것은 구체적으로 무슨 의미일까? 원문의 구조에 따르면 17절이 그것을 설명하고 있음을 확인할 수 있다. 개역개정의 번역만 보면 17절이 16절과 구문상 분명하게 연결되어 있는 것이 잘 보이지 않는다. 그러나 원문은 16절과 17절에서 각각 사용된 동사(부정사)가 16절의 주동사에 분명하게 연결된 구조를 가지고 있다. 바울의 원문 구조를 살리면서 동시에 16-17절에 등장하는 부사구들을 떼어 내고 번역하면 이렇게 번역할 수 있다. '속사람이 강건해지고 그리스도께서 마음 가운데 거하게 하옵소서.' 바울이 지금 에베소교회 성도들의 속사람이 강건해져서 그들의 마음 가운데 그리스도께서 거하게 해 달라고 기도하고 있는 것이다. 조금 의역하자면, 속사람이 강건해지면 곧 그리스도께서 우리 마음 가운데 거주하시는 일이 일어난다는 것이다. 그것을 바울은 17절 하반절에서 식물 유비를 통해 설명한다. 식물이 땅속에 뿌리를 박고 그 기초가 단단해지는 것처럼 속사람이 강건해지면 그리스도께서 우리 가운데 거하시고 그의 사랑이 우리의 마음 가운데 뿌리를 내리고 확실하게 거하신다는 말이다.

18-19절 《능히 모든 성도와 함께 지식에 넘치는 그리스도의 사랑을 알고 그 너비와 길이와 높이와 깊이가 어떠함을 깨달아 하나님의 모든 충만하신 것으로 너희에게 충만하게 하시기를 구하노라》

그리스도께서 마음 가운데 거주하시는 사람에게는 어떤 일이 일어날까? 18-19절이 그것을 설명한다. 개역개정은 19절과 18절의 위치를 바꾸어 번역해 놓았다. 특히 18절에는 오해될 수 있는 어구가 등장한다. "지식에 넘치는 그리스도의 사랑"이라는 표현은 지식으로 풍성한 그리스도의 사랑을 이야기하는 것이 아니라, 인간의 지식을 뛰어넘는 상상할 수 없는 그리스도의 사랑을 의미한다. 그래서 조금 의역하면 이렇다. '너희들이 모든 성도들과 함께 너희 마음속에 거주하고 계신 그리스도의 사랑의 넓이와 길이와 높이와 깊이를 이해하고 (인간의) 지식으로는 가늠조차 할 수 없는 그리스도의 사랑을 깨닫게 되기를 기도한다.'

그렇다면 이 문맥에서 인간의 지식을 넘어서는 그리스도의 사랑이란 도대체 주님의 사랑의 어떤 특성을 이야기하는 것일까?

여기서 문맥이 중요하다. 지금까지 바울이 하나님의 승리를 이야기하지 않았는가? 그 하나님의 승리가 하나님과 인류 사이에 샬롬을 만들어 냈고 그 샬롬은 결과적으로 이 땅에 영광스러운 승리의 교회를 만들어 냈다. 그런데 그 하나님의 승리를 전하는 이 땅의 교회와 그 교회에 보내심을 받은 사도인 바울은 약해짐 가운데 그 승리를 경험하고 있다. 그게 본문 직전까지 바울이 이야기한 내용이다. 그런데 여기서 중요한 질문은 이것이다. **왜 바울은 하나님의 승리와 자신의 약해짐 가운데 누리는 승리라는 주제를 이야기하다가 갑자기 성도들의 속사람이 강건해지고 그리스도가 그들의 마음 가운데 거하셔서 "그리스도의 사랑"이 얼마나 풍성한지 알게 해 달라고 기도하고 있는 것일까?** 그것은 바울이 약해짐 가운데 그 승리를 경험한 건 자신이 처음이 아니라는 것을 알고 있기 때문이다. 다른 말로 하면, 약해짐 가운데 승리를 경험한 가장 분명한 모델과 가장 극명한 예가 바로 주님이시라는 것을 바울이 알고 있었기 때문이다. 교회의 머리이신 주님이야말로 약해짐 가운데 그 승리를 이 땅에 가져오신 분이시고 그 승리를 위해서 약해짐의 극치인 죽음의 자리까지 내려가신 분이다. 그러니 이 문맥에서 바울이 이야기하는 그리스도의 사랑의 특성은 무엇을 말하는 것일까? 그것은 '약해지는 사랑' 혹은 '연약해지는 사랑'이다. 새 창조의 백성이 될 성도들을 끔찍하게 사랑하셔서 주님은 자신을 기꺼이 내어 주셨다. 우리를 위해서 기꺼이 약해지셨다. 사랑하기 때문이다.

그러므로 지금까지의 이야기를 정리하면 이렇게 말할 수 있다. 바울은 성도들의 속사람이 강건해지기를 기도하고 있다. 그러면 그리스도가 그들의 마음 가운데 거주하시게 된다. 그리스도가 그들 마음에 거주하게 되면 성도들의 마음은 인간의 지식을 초월하는 그리스도의 사랑으로 충만해지게 된다. 인간의 지식을 초월하는 그리스도의 사랑으로 충만해진다는 것은 무엇을 의미하는 것일까? 그것은 세상이 우리에게 알려준 방식대로 빼앗고 제압하고 통제하는 것을 통해서 승리하는 것이 아니라는 말이다. 그리스도께서 친히 그의 사랑을 통해서 보여 주신 것처럼, 내 힘을 나누어주고 나를 비워주고 약해지는(섬기는) 것을 통해서 우리도 그리스도의 승리에 동참하게 된다는 신비를 배우게 된다. 바울이 기도한 대로 그리스도가 우리 마음 가운데 거하시면 우리는 주님의 사랑과 그 방식을 묵상하면서 배우게 된다. 타락해 버린 옛 세상에서는 약해지는 것이 승리하는 것이 아니다. 그것은 패배이며 동시에 실패다. 그러나 주님께서 새롭게 창조하신 새 창조의 세상에서는 사랑하기에 사랑하는 사람을 위해서 기꺼이 약해지는 것, 사랑하기에 기꺼이 자신을 내어 주는 것, 사랑하기에 기꺼이 섬겨 주는 것이 진정으로 승리하는 비결임을 배우게 된다. 이 모두가 그리스도께서 성도들의 마음에 거주하게 되실 때 일어나는 놀라운 결과들이다. 그러므로 바울은 에베소교회 성도들이 기꺼이 약해지신 주님의 사랑으로 충만해져서 주님처럼 기꺼이 약해지기를 기도하고 있는 것이다. 그 약해짐을 통해서 새 창조의 세상 속에서 진정한 승리를 경험하게 되기를 기도하고 있다.

묵상

바울의 기도가 우리의 기도와는 사뭇 차이가 있다고 느끼지 않는 가? 우리의 기도를 찬찬히 들여다보라. 우리는 더 강하게 해 달라 는 방향으로 기도할 때가 많은 것 같다. 이미 충분히 많이 가지고 있는데도 하나님께 더 달라고 기도한다. 이제는 더 달라고 기도하 는 것이 아니라 주님의 사랑을 벤치마킹해서 더 약해지는 방향으 로 어떻게 내 것을 더 지혜롭게 나눌 수 있을까를 기도해야 하지 않을까? 새 창조의 백성이 된다는 것은 무엇을 의미할까? 그것은 우리 주님이 승리하신 방식을 좇아서 우리도 승리하는 백성이 되 는 것을 의미한다. 그러니 강해지는 방향이 아니라 주님의 약해지 신 사랑을 묵상해서 약해지는 방향으로 기도하는 우리가 되기를 소망한다. 약해지는 방향으로 기도한다는 것은 약해지는 모습으 로 사는 삶을 추구하는 것을 의미한다. 그리고 이러한 약해지는 모습의 삶은 정말 여러 가지 다양한 모습일 수 있다. 필자는 그중 에 가장 극명한 예가 바로 섬기는 모습이라고 생각한다. 마가복음 10:45을 보면 주님은 당신이 오신 이유를 섬김이라는 관점에서 설명하신다. "인자가 온 것은 섬김을 받으려 함이 아니라 도리어 섬기려 하고 섬김의 극치로 자신의 목숨을 대속물로 주려 함이 다." 예수님의 십자가란 그가 오신 목적, 즉 섬김의 극치이며 섬김 의 하이라이트이다. 이런 관점에서 약해지는 것을 추구하는 삶이란 다름 아닌 섬기는 삶이다. 필자가 섬기는 교회에서 섬김과 관련하여 머릿속에 생각나는 성도들이 적잖이 있다. 그분들을 생각할 때마다 마음속에 감사가 절로 생겨난다. 그 섬김 속에서 오늘도 샬롬의 승리를 이루어 가시는 주님의 손길을 본다. 그러므로 성도들이 추구해야 할 삶의 모습은 그리스도를 좇아 약해지는 삶, 즉 섬기는 삶이어야 한다. 필자가 섬겼던 교회 안에 강한 캐릭터로 유명한 장로가 있었다. 그런데 그가 사랑하는 자녀들 앞에서는 한없이 약해지는 모습을 보았다. 그 모습을 보면서도 사랑하면 약해지는 원리를 묵상할 수 있었다.

본문 이해와 묵상을 돕는 질문들

(1) 바울은 자신이 당하고 있는 환난에 대해서 에베소 교인들이 낙심하지 않을 이유를 "너희의 영광"이라는 말로 표현했다. 무슨 의미인지 설명해 보라.

(2) 기독교가 말하는 '승리의 신비'를 잘 이해하려면, 속사람이 강건해야 한다. 16-17절을 참조하며 그 말의 의미를 설명해 보라.

(3) 그리스도께서 성도들의 마음 가운데 거주하시면 어떤 일이 일어난다고 바울이 설명하고 있는가?

(4) 18절에 등장하는 "지식에 넘치는 그리스도의 사랑"이라는 바

울의 표현은 쉽게 오해되곤 한다. 바울의 의도가 무엇인지 말
해 보라.

(5) 인간의 지식을 뛰어넘는 혹은 인간의 지식으로는 가늠할 수
없는 그리스도의 사랑이란 구체적으로 무엇인가?

(6) 바울은 왜 하나님의 승리와 자신의 약해짐 가운데 누리는 승
리라는 주제를 이야기하다가 갑자기 성도들의 속사람이 강건
해지고 그리스도가 그들의 마음 가운데 거하셔서 "그리스도의
사랑"이 얼마나 풍성한지 알게 해 달라고 기도하고 있는 것일
까?

(7) 마가복음 10:45에서 약해지심의 하이라이트인 주님의 십자가
를 주님은 어떤 관점에서 설명하시는가?

(8) 당신의 마음속에 바울이 이야기하고 있는 '약해지는(섬기는) 사
랑'이 존재하고 있는가? 당신의 가정과 공동체에서 당신의 '약
해지는(섬기는) 사랑'으로 인해 혜택을 보고 있는 사람들이 있
다면 구체적으로 말하고 나누어 보라.

(9) 바울이 이제까지 말한 복음의 관점에서 당신의 기도를 점검해
보라. 당신의 기도는 강함을 추구하고 있는가 아니면 약함을

추구하고 있는가? 정직하게 구체적으로 나누어 보라.

기도

하나님, 섬김의 모습을 통해서 세상 가운데 샬롬을 회복하시는 하나님의 승리에 동참하는 영광을 누리게 될 것이라는 진리를 진정으로 믿는 성도들이 많아지게 하소서.

문맥과 요약

에베소서는 크게 두 부분, 1-3장 그리고 4-6장으로 나뉜다. 1-2장
에서 바울은 하나님이 그리스도 안에서 행하신 일을 다루었다. 하
나님은 그리스도 안에서 세상에 대해 승리하셨다. 그 승리의 결과
로 하나님은 우리와 하나님 사이에 샬롬을 이루어 내셨다. 그리고
사람들 사이에도 샬롬을 만들어 내셨다. 하나님이 그리스도 예수
안에서 이루어 내신 승리의 결과가 샬롬이다. 그리고 이 샬롬으로
세상에 세워진 것이 바로 영광스러운 교회다. 3장에서는 하나님의
영광스러운 승리를 세상 가운데 보여 주고 선포해야 하는 교회의
승리의 모습이 세상에서 흔히 볼 수 있는 그런 승리의 모습과 다
름을 보여 주었다. 교회의 승리는 연약함 가운데 경험하는 승리다.
연약함 가운데 경험하는 승리란, 예수님의 말씀을 가져와 부연하

자면, 섬김으로 인해 얻게 되는 승리다.

에베소서 1-3장이 하나님의 승리가 무엇인지를 이야기했다면 4장에서 6장까지는 '하나님의 승리를 이 땅 가운데 구현해 내야 하는 교회의 승리가 어떤 모습이어야 하는지'를 아주 구체적으로 조언하고 있다. 특별히 바울의 권면은 교회로의 부르심과 연관되어 서술되고 있다. 교회로의 부르심이란 샬롬으로의 부르심이고 이 샬롬을 세상 가운데 증언해야 할 거룩한 사명으로의 부르심이다. 그러므로 교회가 힘써 붙들어야 할 가치는 '성령의 하나 되게 하심'이다.

해설

1절 《그러므로 주 안에서 갇힌 내가 너희를 권하노니 너희가 부르심을 받은 일에 합당하게 행하여》

그 조언은 1절에서 "그러므로"라는 말로 시작한다. 이것은 이제부터 주어지는 조언이 1-3장에서 바울이 이야기한 토대 위에 주어졌다는 것을 의미한다. 사실 이제부터 바울이 서술할 내용들은 앞서 언급한 것들과 전혀 다른 생소한 내용들이 아니다. 이미 그가 에베소서 편지에서 언급했던 내용들을 확장하고 부연하고 있다고 봐도 크게 무리가 없다. 이런 맥락에서 바울은 자신을 다시 한번 "주 안에서 갇힌 내가"라고 말하고 있다. 이미 3:1에서 언급한 "갇힌 자 된 나 바울"이라는 말을 생각나게 하는 표현이다. "너희는 너희를 부르신 그 부르심에 합당하게 행하라." 바울은 1절에서 이렇게 구체적으로 권면하고 있는데, 부르심에 합당하게 행하려면 먼저 부르심이 뭔지를 알아야 한다.

이 부르심은 어떤 부르심이라고 말할 수 있을까? 1-2장에서 논의한 바에 따르면 이 부르심은 성전인 교회로의 부르심이다. 또 우리가 1-2장에서 고찰한 대로라면 교회로의 부르심이란 다른 말로 하면 '샬롬으로의 부르심'이라고 말할 수도 있다. 혹은 '샬롬을 만들어 내는 부르심'이라고 말할 수도 있을 것 같다. 그러니까 그런 의미에서 너희를 부르신 부르심에 합당하게 행하라는 말은 '샬롬으로의 부르심 혹은 샬롬을 만들어 내는 부르심'에 합당하게 행하라는 말이다. 교회는 세상 가운데서 하나님의 승리를 나타내기 위해 존재하는 것이 아닌가? 바울은 에베소서 2장에서 하나님의 승리는 하나님과 사람 사이 또 사람과 사람 사이의 샬롬으로 드러난다고 이야기했다. 그러니 세상 가운데 샬롬을 전해야 하는 교회의 모습에서 가장 두드러진 모습으로 드러나야 하는 것이 무엇일까? 교회가 자신들이 선전하는 샬롬을 누리는 모습일 것이다. 하나님의 승리가 만들어 낸 결과가 샬롬이고, 샬롬의 복음으로 말미암아 교회가 세워지고, 샬롬을 세상에 전해야 하는 것이 교회의 사명이고 소명이라면, 교회에서 샬롬이 깨어진다고 하는 것은 논리적으로 말이 안 된다. 만일 교회가 누려야 하고 전해야 하는 것이 하나님과 인간, 인간과 인간 사이의 샬롬인데, 교회가 그 샬롬을 상실한 상태에서 세상에 샬롬을 이야기한다면 세상이 무엇이라 말하겠는가? 비만에 대한 특효약을 선전하는 사람을 상상해 보라. 그런데 이 사람이 정작 비만이라는 증상을 가지고 있다면 누가 그 사람의 선전에 귀를 기울이겠는가? 바울이 말하는 부르심이란 교회로서 샬롬을 누리고 그 샬롬의 복음을 세상 가운데 증거해야 하는 사명을 말하는 것이다.

2-3절 《모든 겸손과 온유로 하고 오래 참음으로 사랑 가운데서 서로 용납하고 평안의 매는 줄로 성령이 하나 되게 하신 것을 힘써 지키라》

　이러한 이유 때문에 바울은 3절에서 다음과 같이 권면하고 있다. "평안의 매는 줄로 성령이 하나 되게 하신 것을 힘써 지키라." 여기서 "평안"이라는 말이 바로 '샬롬'이다. 의역한다면 '샬롬이라는 끈으로 성령께서 교회로 하나 되게 하신 바 바로 그 교회로서의 하나 되게 하심(unity)을 힘써서 지키라'라고 번역할 수 있다. 이 말은 지상의 교회가 추구해야 하는 가장 중요한 가치 중의 하나가 샬롬이라는 말이다. 교회가 세상에 샬롬을 이야기하기 위해서는 무엇보다 그 샬롬을 지키기 위해서 최선의 노력을 다해야 한다는 말이다. 그런데 현실적으로 종종 교회 안에서 안타까운 모습을 보게 될 때가 있다. 샬롬의 복음을 전하기 위한 방식과 방법을 이야기하다가 다투는 경우를 보기 때문이다. 어떻게 하면 샬롬의 복음을 세상에 더 잘 이야기할 수 있을까를 논의하다가 서로 다투어서 샬롬을 잃어버리는 것을 본다는 말이다.

　필자는 이러한 권면이 어쩌면 바울 자신의 경험에 근거해 있는 것이 아닐까 추측해 본다. 여기서 사도행전 15장 말미의 이야기가 생각나기 때문이다. 샬롬의 복음을 전파하겠다고 바울과 바나바는 예루살렘 종교 회의 후에 2차 선교여행을 계획했다. 그런데 그만 1차 선교여행 때 선교팀을 이탈했던 바나바의 조카 마가 요한을 데려가는 문제로 바울과 바나바가 심하게 다투게 된다. 둘다 명분은 분명히 있었다. 바나바는 복음의 정신에 따라 요한 마가가 잘못한 것은 틀림없지만 그에게 다시 기회(second chance)를 주어야 한다고 주장했을 것이다. 바울은 선교팀의 사기와 선교의 성공적 수행을 위해서 한 번 팀을 떠난 사람을 다시 받아들이는 것은 불가능하다고 역설했을 것이다. 둘 다 명분과 이유가 분명하니 한목소리를 만드는 것이 어려웠을 것이다. 결과적으로 둘은 갈라서서 각각 따로따로 선교여행을 떠나게 되지 않았는가? 샬롬의 복음을 전하려는 사역자들 사이에서 샬롬이 깨어진 것이다. 물론 하나님의 역사가 그러한 인간적인 연약함 속에서도 나타난다는 것을 우리는 성경과 경험을 통해서 알고 있다. 그러나 그럼에도 이 일은 틀림없이 샬롬의 깨어짐이며 그렇기에 안타까운 일이 아닐 수 없다. 그것이 안타까운 일임을 자신의 경험을 통해서 절절하게 깨달았을 사도 바울은 그렇기 때문에 더욱 샬롬, 즉 성령이 하나 되게 하신 것을 지키기 위해서 최선을 다하라고 강조하고 있는 것은 아닐까? 바울도 샬롬을 지키는 일이 중요한 일일 뿐만 아니라 절대로 쉬운 일이 아니라는 것을 잘 알고 있었을 것이다. 그것을 어떻게 알 수 있을까? 그 일이 쉬운 일이면 왜 "힘써 지키라"라고 권면했겠는가? 바울도 이 일이 절대로 쉬운 일이 아니라는 사실을 자신의 경험을 통해서 절실하게 느꼈던 바이다.

이 샬롬을 만들어 내는 부르심에 합당하게 행하는 것이 중요한 일이고 절대로 쉬운 일이 아닌 것을 잘 알기에 바울은 이 샬롬을 만들어 내기 위해서 어떻게 행해야 하는지를 2절에서 설명하고 있다. "모든 겸손과 온유로 또 오래 참음으로 사랑 가운데 서로 용납하여 주라"고 이야기한다. 샬롬을 이루기 위한 핵심 명령이 무엇인가? 사랑 가운데 서로 용납하여 주는 것이다. 사랑 가운데 받아 주라는 말로 이해할 수도 있다. 그런데 "용납하다"라는 말은 '아네코마이'라는 단어의 번역인데 이 단어는 신약성경에서 '용납하고 받아 주다'라는 의미로도 사용됐지만 다른 사람의 말을 '경청하다'라는 의미로도 사용되고 있다(행 18:14; 딤후 4:3; 히 13:22). 그러나 묵상해 보면 두 개념은 사실 서로 관계가 없는 것이 아니다. 진정한 용납, 즉 받아줌은 경청에서 시작된다고 할 수 있기 때문이다. 바울은 샬롬을 이루어 내기 위해서 경청하고 받아줄 것을 조언하면서 그러한 받아줌의 행위를 세 가지 속성으로 이야기하고 있다. 사랑으로 받아 주는데 어떻게 받아 주어야 하는가? '겸손, 온유, 오래 참음으로' 들어주고 받아 주어야 한다.

4-6절《몸이 하나요 성령도 한 분이시니 이와 같이 너희가 부르심의 한 소망 안에서 부르심을 받았느니라 주도 한 분이시요 믿음도 하나요 세례도 하나요 하나님도 한 분이시니 곧 만유의 아버지시라 만유 위에 계시고 만유를 통일하시고 만유 가운데 계시도다》

바울은 4-6절에서 교회가 하나 됨, 즉 샬롬을 붙들어야 할 이유를 제시한다. 바울은 이 단락에서 "하나" 혹은 '하나 됨'이라는 개념을 일곱 번에 걸쳐서 언급한다. 왜 교회가 부르심에 합당한 삶, 즉 하나 됨을 힘써 붙들어야 할까? 그것은 그리스도를 머리로 삼은 주님의 교회는 몸으로서 이미 하나이기 때문이다. 그리스도의 사역의 의미를 성도들의 삶 속에서 깨닫게 하시고 구체적인 삶의 영역에서 성도들을 인도하시는 성령님도 한 분이시기 때문이다. 성도들은 바로 교회가 머리이신 그리스도를 중심으로 하나가 되는 우주적 공동체로서 부르심을 입었고 그것을 이루기 위해서 이 땅에 존재하기 때문이다. 이 모든 하나 됨을 이루신 머리이신 주님도 한 분이시기 때문이고 그를 우리의 믿음의 대상으로 고백하는 것도 동일한 하나 된 믿음이며 그 근거 위에서 우리가 세례를 받기 때문이다. 민족과 언어와 피부색과 성별과 신분이 각각 다르고 오고 가는 세대의 문화가 각각 다를지라도 머리이신 주님을 우리 가운데 승리하신 주님으로 허락하신 하나님도 한 분이시기 때문이다. 그 하나님은 만유의 아버지이시며 세상에서 모든 것들을 통치하시고 다스리신다. 이것이 교회가 '하나 되게 하심'을 힘써 지키고 붙들어야 할 이유이다.

묵상

사도 바울이 들려주는 에베소서 4장 이야기는 어쩌면 자신의 실패 경험담에 근거해 있을 것 같다는 생각을 한다. 자신도 과거에 분명히 실패해 보았기에 더 절절하게 이야기할 수 있는 것 아닐까? 교회의 본질적 사명은 그리스도께서 성취하신 샬롬의 복음을 세상에 전하는 것이다. 샬롬의 복음을 세상에 전해야 하는 교회가 샬롬을 상실한다면 그것은 정말 우스꽝스러운 일이 아닐 수 없다. 그렇기 때문에 우리는 그 어떤 것보다 진정성 있게 샬롬의 복음을 세상 가운데 전하기 위해서 교회의 하나 되게 하심, 즉 샬롬을 지키는 일에 최선을 다해야 한다. 사도 바울은 그것을 이론적으로도 경험적으로도 너무나 잘 알고 있었다. 그래서 그는 세상에 대한 하나님의 승리를 어떻게 교회로서 이루어 나가야 하는지 그 구체적인 권면을 주면서 무엇보다 교회로서 샬롬을 이루는 것을 강조하고 있다. 바울은 '진리 안에서 함께 샬롬을 이루어 가자고' 권면하고 있는 것이다. 그런 의미에서 필자는 교회의 모든 사역의 과정 속에서 샬롬을 지켜 내는 일이 매우 중요하다고 생각한다. 조금 과장해서 이야기하면 그리스도의 진리 안에 있는 교회의 샬롬을 희생시키면서까지 붙들어야 할 더 고상한 가치는 없다고 생각한다. 교회가 다양한 구성원 가운데 샬롬만 잘 지켜갈 수 있어도 교회로서의 사명에 적지 않은 부분은 성공한 것이라고 생각한다. 그러므로 이 샬롬을 힘써 지키기 위해서 바울이 권면한 대로 우리는 겸손해야 한다. 온유해야 한다. 내가 마치 하나님같이 다 알고 있는 것처럼 말하거나 행동하지 말아야 한다. 그리고 서로서로에게 조금 더 인내해 주어야 한다. 하나님이 우리의 겸손과 온유함과 인내로 사랑 가운데 서로를 용납해 주는 것을 통해 이루어 가실 샬롬을 함께 바라볼 수 있어야 한다. 하나님은 이 샬롬을 누리고 지켜나가는 것을 통해서 우리가 그리스도의 교회로서 세상을 이기는 첨경을 삼으실 것이기 때문이다.

본문 이해와 묵상을 돕는 질문들

⑴ 부르심을 받은 일에 합당하게 행하기 위해선 부르심이 무엇인지 제대로 알아야 한다. 1-2장을 가지고 생각해 본다면 성도들의 부르심은 무엇을 위한 부르심이라 말할 수 있는가?

⑵ 위의 질문의 관점에서 바울은 3절에서 무엇을 힘써 지키라고 권면하는가? 이것은 교회를 위한 부르심과 밀접하게 연관되어 있다. 바울이 말하려는 바를 설명해 보라.

⑶ 4:1-3에서 설명하는 바는 바울의 경험과 직접적으로 연관된 것이라 말할 수 있다. 사도행전 15장의 이야기를 가지고 무슨 말인지 설명해 보라.

⑷ 샬롬을 만들어 내는 부르심에 합당하게 행하는 것이 중요한 일이고 절대로 쉬운 일이 아닌 것을 바울은 잘 알고 있다. 그래서 샬롬을 만들어 내기 위해서 어떻게 행해야 하는지를 2절에서 설명하고 있다. 그것이 무엇인가?

(5) 2절에 "용납하다"라는 동사로 바울이 사용한 단어는 '아네코
마이'다. 이 단어는 용납하다는 의미 말고도 신약성경에서 또
어떤 의미로도 사용되고 있는가? (예, 행 18:14, 딤후 4:3, 히 13:22)
두 의미의 연관성에 대해서도 묵상하고 말하여 보라.

(6) 경청하고 용납하기 위한 태도로 바울은 2절에서 세 가지를 언
급하고 있다. 그것은 각각 무엇인가? 그리고 이러한 태도는 경
청과 용납을 위해서 왜 중요한지 설명하여 보라. 당신의 경험
이 있다면 적극적으로 활용하여 보라.

(7) 4-6절에서 바울은 "하나" 혹은 '하나 됨'이라는 개념을 일곱
번에 걸쳐서 반복한다. 왜 교회가 부르심에 합당한 삶, 즉 하나
됨을 힘써 붙들어야 할까?

(8) 본문에서 바울이 말하는 바에 따르면 교회의 모든 사역의 과
정 속에서 샬롬을 지켜 내는 일이 매우 중요하다. 조금 과장해
서 이야기하면 그리스도의 진리 안에 있는 교회의 샬롬을 희
생시키면서까지 붙들어야 할 더 고상한 가치는 없다고 말할
수도 있다. 당신의 가정과 공동체의 상황과 연관하여 바울이
하고 있는 말을 묵상하고 나누어 보라.

기도

하나님, 바울의 권면대로 샬롬의 매는 줄로 성령이 하나 되게 하신 것을 힘써 지키는 지상의 교회들이 되게 하옵소서. 하나님과 인간, 인간과 인간 사이의 샬롬의 가치를 누리고 증거해야 하는 본질적 사명을 가지고 있는 교회가 어리석게 샬롬의 가치를 놓치는 우를 범치 않도록 지켜 보호하여 주시고 이 비전으로 충만한 교회가 될 수 있도록 인도하소서.

문맥과 요약

앞에서 바울은 하나님이 그리스도 안에서 이루신 승리에 대해서 이야기했다. 그 승리의 결과로 하나님은 우리와 하나님 사이에 그리고 사람들 사이에도 샬롬을 만들어 내셨다. 인간의 죄악으로 말미암아 피조세계에 깨어졌던 샬롬이 다시 회복된 것이다. 이 회복된 샬롬의 결과로 이 세상에 세워진 것이 바로 영광스러운 교회다. 그렇기 때문에 바울은 교회가 세상의 그 어떤 것보다도 하나됨, 즉 샬롬을 추구해야 한다고 말한다. 세상에 하나님의 승리의 복음, 즉 샬롬의 복음에 대해서 이야기해야 할 거룩한 부르심을 받은 교회에서 샬롬이 깨지면 말이 되지 않기 때문이다. 그래서 바울은 그런 의미에서 성령이 하나 되게 하신 것을 힘써서 지키라고 권면했다. 바울은 교회가 교회로서의 역할을 잘 감당하기 위해서 그리스도께서 교회에 주신 선물에 대해 서술하기 시작한다. 본문에 서술되어 있는 선물은 주께서 교회에 주신 지도자 그룹을 일컫는 말이다. 지도자들은 성도들을 잘 준비시키는 역할을 감당해야 한다. 왜냐하면 그 준비를 통해서 성도들이 교회의 사역을 감당해야 하기 때문이다.

해설

7-10절 《우리 각 사람에게 그리스도의 선물의 분량대로 은혜를 주셨나니 그러므로 이르기를 그가 위로 올라가실 때에 사로잡혔던 자들을 사로잡으시고 사람들에게 선물을 주셨다 하였도다 올라가셨다 하였은즉 땅 아래 낮은 곳으로 내리셨던 것이 아니면 무엇이냐 내리셨던 그가 곧 모든 하늘 위에 오르신 자니 이는 만물을 충만하게 하려 하심이라》

　　바울은 교회의 하나 됨에 대한 논의에서 매우 중요한 한 가지 사실로 주의를 환기시킨다. 그것은 교회가 세상에서 승리하기 위해 하나님은 우리 각 사람에게 은혜 가운데 특별한 선물을 준비하셨다는 사실이다. 8-10절은 구약성경 시편 68:18의 인용인데, 승귀하신 그리스도께서 사람들에게 선물을 주셨다는 맥락에서 바울은 시편을 인용한다. 승천하시고 하나님의 보좌 우편에 앉으신 주님께서 만물을 충만하게 하시며 교회에 선물을 허락하셨다는 말이다.

11-13절 《그가 어떤 사람은 사도로, 어떤 사람은 선지자로, 어떤 사람은 복

음 전하는 자로, 어떤 사람은 목사와 교사로 삼으셨으니 이는 성도를 온전하게 하여 봉사의 일을 하게 하며 그리스도의 몸을 세우려 하심이라 우리가 다 하나님의 아들을 믿는 것과 아는 일에 하나가 되어 온전한 사람을 이루어 그리스도의 장성한 분량이 충만한 데까지 이르리니》

11절은 그리스도께서 교회의 승리를 위해서 허락하신 바울 당시 지도자 위치에 있는 다양한 직분들을 이야기하고 있다. 특별히 바울이 말하고 있는 직분들은 다섯 가지인데 모두가 다 가르침이라는 역할과 연관되어 있음을 알 수 있다. 그러니까 하나님은 교회가 세상 가운데서 효과적인 승리를 거두게 하기 위해서 교회에 가르치는 역할을 감당하는 직분들을 허락하셨다는 말이다.

13절에서 바울은 이런 직분들을 허락하신 이유를 보다 광범위한 차원에서 설명한다. 그것은 "우리 모두가 하나님의 아들에 대한 지식과 믿음의 하나 됨에 도달하기 위해서이다." 바울은 그것을 성숙한 사람으로 성장함 혹은 그리스도의 충만한 분량에 도달함이라고 설명한다. 이러한 목적을 이루기 위해서 그리스도께서는 사도들을, 선지자들을, 복음 전도자들을, 목자들을, 교사들을 교회에 주셨다. 13절의 원문은 "~ 때까지"라고 하는 시간을 나타내는 어구로 시작한다. 그러니까 11절에 등장하는 지도자들을 선물로 허락하신 것은 시한이 있다는 말이다. 그 시한은 하나님의 아들 예수님에 대한 온전한 지식과 믿음에 도달할 때까지다. 그것을 바울은 성숙한 사람이 되는 것이라 표현하고 또한 그리스도의 충만한 분량에 도달하는 것이라 표현한다. 성도들이 예수님에 대한 온전한 지식과 믿음을 가지고 성숙한 신앙인이라는 경지에 도달할 때까지 예수님은 교회에 지도자들을 선물로 허락하셨다는 말이다.

13절이 보다 광범위한 차원에서 지도자들을 주신 것을 설명하고 있다면, 12절은 보다 더 구체적인 차원에서 설명한다. "이는 성도들을 온전하게 하여(준비시켜) 그들로 하여금 봉사(사역)를 감당하게 하기 위함인데, 즉 그리스도의 몸을 세우기 위함이다." 개역개정은 "온전함"('카타르티스몬')이라고 번역했지만 사실 이 말은 '준비시킨다'는 의미다. 뭘 위한 준비일까? 봉사의 일을 위한 준비다. 그런데 이곳에 사용된 헬라어 '디아코니아'는 봉사라고 번역할 수도 있지만 문맥상 '사역'이라고 번역하는 것이 더 좋을 것 같다. 하나님이 교회에 가르침을 줄 수 있는 지도자들을 선물로 주신 이유는 '성도들을 잘 준비시켜서 사역을 감당하게 하기 위해서다'라는 것이 바울이 문맥 속에서 말하려는 바이기 때문이다. 이런 맥락에서 성도들 모두는 사역자다. 흥미로운 점은 성도들을 준비시켜 그들로 하여금 사역을 감당하게 하는 것을 바울이 "그리스도의 몸을 세우는 것"이라고 말하고 있다는 사실에 있다.

바울이 말하려는 바를 이렇게 정리할 수 있을 것 같다. 교회가 세상에서 승리할 수 있도록 주님은 지도자들을 교회에 주셨다. 지도자들의 역할은 성도들을 잘 준비시킴으로써 그들로 하여금 사역을 잘 감당하게 하는 것이다. 예수께서 의도하신 대로 성도들이 사역자로서 맡겨진 사역을 잘 감당함으로써 궁극적으로 그리스도의 몸을 함께 세우게 되는 것이다.

14-15절 《이는 우리가 이제부터 어린아이가 되지 아니하여 사람의 속임수
와 간사한 유혹에 빠져 온갖 교훈의 풍조에 밀려 요동하지 않게 하려 함이라
오직 사랑 안에서 참된 것을 하여 범사에 그에게까지 자랄지라 그는 머리니
곧 그리스도라》

　　바울은 지도자들이 성도들을 잘 준비시켜야 한다고 했는데,
그 준비가 구체적으로 무엇을 말하는지를 14-15절에서 밝히고 있
다. 지도자들을 교회에 주신 이유는 성도들이 더 이상 사람의 속
임수와 간사한 유혹에 현혹되어 온갖 교훈의 풍조에 밀려 요동치
는 어린아이가 되지 않게 하기 위함이다. 바울의 유비 속에서 어
린아이들은 아직 균형 잡힌 지식이 없어서 주변에 잘못된 가르침
이 있으면 쉽게 넘어갈 수 있는 사람을 지칭하는 말이다. 그러므
로 지도자의 역할은 성도들을 하나님의 진리의 말씀으로 잘 훈련
시켜서 그들이 거짓 교훈에 흔들리지 않도록 해야 한다. 이런 의
미에서 오늘날 목사를 '말씀의 사역자'라 부르는 것이 합당할 듯
싶다. 15절에서 바울은 지도자의 역할을 보다 더 긍정적인 언어로
표현해 주고 있다. 그것은 성도들이 "사랑 안에서 진리를 말하게
하는 것"이다. 사랑 안에서 진리를 말하는 것은 진리를 행하는 것
까지 포함하는 표현이다. 그러니까 말씀의 사역자들은 성도들을
진리로 잘 가르쳐서 성도들이 진리를 분별하고 진리 가운데 말하
고 행하게 해서 그들이 그리스도에게까지 자라게 하는 역할을 부

여 받은 사람이다. 하나님은 이 분명한 목적을 가지고 교회에 지도자들, 즉 말씀의 사역자들을 허락하신 것이다.

16절 《그에게서 온몸이 각 마디를 통하여 도움을 받음으로 연결되고 결합되어 각 지체의 분량대로 역사하여 그 몸을 자라게 하며 사랑 안에서 스스로 세우느니라》

16절에서 바울은 우리가 교회로서 세상에서 승리하는 원리에 대한 서술을 마무리하면서 교회의 영광스러운 승리를 한 가지 그림언어를 통해 설명한다. 이곳에 등장하는 그림언어는 매우 간단한 인체해부학적인 설명이다. 바울은 온몸이 각 마디를 통해서 도움을 받음으로 연결되고 결합된다고 말한다. 비유적 그림언어이기에 정확하게 무엇을 말하는가를 설명하는 것은 생각만큼 쉽지 않지만, 문맥을 잘 보면 바울이 큰 그림에서 무엇을 말하고 있는지 이해하는 것은 그리 어려운 일이 아니다. 12절에서 바울은 말씀의 사역자들의 가르침, 즉 그들의 도움을 통해서 성도들이 사역을 위한 준비를 하는 것으로 이야기하지 않았는가? 그러니까 여기서 언급된 온몸에 도움을 주는 각 마디란 아마도 말씀의 사역자를 말하는 것 같다. 그리고 그들의 도움을 받음으로 연결되고 결합되는 모든 몸은 성도들을 말하고 있는 것으로 보인다. 즉, 말씀의 사역자들이 말씀을 잘 가르치고 그것을 통해서 주님의 몸이 잘 연결되고 결합된다는 말이다. 여기서 연결되고 결합된다는 말의 의미는 4장 초반의 문맥이 보여 주는 것처럼 서로가 아름다운 샬롬의 관

계를 누리는 모습을 그려 주는 것 같다. 이러한 해석이 적절하다
면 교회의 승리를 위해서 말씀의 사역자들이 얼마나 중요한 역할
을 하느냐는 아무리 강조해도 부족함이 없다.

　　그러나 그것만으로는 충분하지 않다. 왜냐하면 실제로 사역을
감당해야 하는 주체가 따로 있기 때문이다. 그렇다면 말씀의 사역
자들의 가르침을 기반으로 결국에는 궁극적으로 사역을 감당해야
하는 주체는 누구인가? 본문 16절은 이것을 각 지체라고 이야기
하고 있다. 각 지체인 성도들이 자신들의 분량대로 역사해야 한다
고 바울은 이야기한다. 여기서 역사한다는 말은 각 지체에게 요구
된 행동을 한다는 말이다. 하나님의 말씀이 보여 주는 분명한 복
음적 세계관을 따라 살아야 한다는 말이다. 그래야 함께 승리를
누릴 수 있게 되기 때문이다. 이것이 주님께서 예비하신 승리를
위한 게임 플랜(game plan)이다. 즉, 예수님의 제자로 부름받은 우리
들이 그리스도의 몸의 각 지체가 돼서 예수를 따르는 삶을 분명하
게 보여 주어야 하는 것이다. 예수님을 따르는 제자의 길은 주님
의 길을 따라가는 것을 말한다. 이런 의미에서 각 지체들이 분량
대로 역사한다고 하는 것은 세상이 우리에게 수도 없이 세뇌해 놓
은 방식을 따라 사는 것에 대해서 분명하게 거부하는 것을 의미한
다. 이렇게 할 때 그리스도의 몸이 진정으로 자라게 되고 세워지
게 되는 것이다.

　　16절을 시작하는 첫 두 단어에 논의를 집중하려고 한다. 개역
개정은 헬라어상의 16절 첫 두 단어를 "그에게서"로 번역하였다.

이는 헬라어로 '엑스 후'다. 영어로 번역한다면 상당수의 영어 번역본이 택하고 있는 'from whom'으로 번역할 수 있다. whom은 앞 절인 15절에 등장하는 그리스도를 받는 관계대명사다. 왜 이 단어가 중요할까? 바로 그 '그리스도로부터' 예수의 제자의 아름다운 연합이 이루어지고 제자들이 제자의 삶을 살아가게 되는 근원적인 힘이 공급되기 때문이다. 그리스도가 없이는 우리는 아무것도 할 수 없다는 말을 바울 사도가 지금 그렇게 표현하고 있다. 제자가 제자로서의 삶을 살아 낼 수 있는 근원적인 힘이 그리스도에게 있다는 말이다. 바울은 이 같은 아이디어를 "그에게서"('엑스 후')라는 단 두 단어로 표현해 내었다.

묵상

(1) 필자는 축구 보는 것을 좋아한다. 월드컵이 진행될 때마다 우리는 지도자의 중요성을 참 뼈저리게 실감하게 된다. 필자는 1986년 멕시코 월드컵 때부터 대한민국 국가 대표 팀의 월드컵 본선 경기를 하나도 놓치지 않고 다 보았다. 필자의 기억 속에 졸전이 하나 있는데, 그것은 2018년 러시아 월드컵 때 스웨덴전이다. 월드컵 본선 역사에서 빼놓을 수 없는 졸전 중 하나였다. 경기 내내 공격은 실종됐고 심지어 대한민국 월드컵 역사에서 유효슈팅이 하나도 없는 경기를 했다. 경기 후 많은 축구 전문가들은 감독의 전략 실패가 패배의 원인이었다고 하나같이 입을 모았다. 특별히 유럽 빅리그에서도 알아주는 손흥민과 같은 특출한 공격수가 있

음에도 불구하고 그런 선수를 마치 수비수처럼 사용하는 감독의 전략을 도무지 이해할 수 없었기 때문이다. 팀의 승리를 위해서 감독과 그의 작전이 얼마나 중요한지를 절실히 느낀 경기였다. 이 와는 대조적인 예로 2022년 카타르 월드컵에서의 포르투갈전을 들 수 있다. 벤투 감독은 부임 초기부터 많은 욕을 먹었다. 대한민국 대표 팀에 빌드업(build up) 축구를 접목시키려 했기 때문이다. 빌드업은 개인기가 좋은 유럽 팀이나 남미 팀에게나 통하지 우리에게는 통하지 않는다고 사람들은 생각했다. 그러나 월드컵이 막상 열리니 벤투 감독이 4년 동안 공들인 축구가 빛을 발했다. 유럽과 남미의 강호들과 경기를 해도 경기 내용 면에서도 전혀 밀리지 않는 대등한 축구를 구사했기 때문이다. 36년 동안 대표 팀의 월드컵 경기를 모두 다 본 사람의 입장에서 가장 수준 높은 축구를 구사한 것이 2022년 축구가 아니었나 싶다. 이 모든 실례들은 감독(지도자)의 작전과 게임 플랜이 얼마나 중요한지 그리고 그것을 선수들이 습득하고 실전에서 사용할 수 있느냐가 얼마나 중요한지를 여실히 보여준다.

본문에는 하나님의 승리를 세상에 전하기 위해서 세워진 교회가 그 승리를 효과적으로 이루어 내기 위해 하나님이 직접 세워 놓으신 게임 플랜이 잘 설명되어 있다. 그러니까 우리가 세상에서 교회로 승리하기 위해서는 지금부터 하나님이 세워 놓으신 게임 플랜을 잘 귀담아듣고 그 게임 플랜대로 잘 경기해야 된다. 하나님은 교회가 세상에서 샬롬의 승리를 이루도록 하기 위해서 게임 플랜을 세우셨다. 그 게임 플랜의 내용은 지도자들(목사들)을 교회에 주신 것이다. 이는 성도들을 사역자로 잘 준비시키기 위함이다. 바울이 성도들을 사역자로 이해하고 있음을 기억해야 한다. 그렇다면 목사는 누구인가? 목사(지도자)는 '말씀의 사역자'다. 그래서 목사는 말씀으로 성도들을 준비시켜 사역을 감당하게 해야 한다. 이러한 교회의 사역을 통해서 주님의 몸이 아름답게 세상 가운데 세워지는 것이다. 이것이 주님이 우리의 승리를 위해서 세워 놓으신 게임 플랜이고 우리가 세상 속에서 함께 주님의 승리를 이루는 방식이어야 한다. 우리가 치열한 영적인 전투에서 승리하려면 성도들은 목사의 지도를 잘 따라야 한다. 무슨 말인가? 말씀의 훈련을 열심히 받아야 한다는 말이다. 교회는 그냥 모이는 것이 아니라 바로 이러한 분명한 목적을 가지고 성경공부하고 기도하고 예배하는 것이다. 이런 몸부림들이 있을 때에 우리는 하나님이 계획하신 교회를 통한 승리를 함께 이룰 수 있게 된다.

(2) 예수의 참 제자는 세상과 구별되는 급진적 삶을 살아 내게 된다는 것을 보여준 놀라운 사건이 2006년 10월에 펜실베이니아에서 발생했다. 필자는 당시 그곳에서 대략 1시간 반 정도 떨어진 곳에서 유학 중이었다. 총을 든 괴한이 아미쉬 마을(Amish village)에 있는 학교에 들어가서 어린아이들을 인질로 잡았다. 이 과정에서 범인은 5명의 초등학생 여자 아이들을 총으로 쏴서 죽였다. 그리고 자신도 그 자리에서 자살했다. 이 뉴스를 접하고 미국 사회는 충격에 빠졌다. 그런데 더 놀라운 충격은 그다음에 일어났다. 이

일이 있은 직후 아미쉬 공동체의 사람들은 같은 동네에 살고 있던 가해자 부모의 집을 찾아갔고 또 그 가해자의 아내와 세 명의 자녀들을 찾아갔다. 그리고 힘들어 하는 그들에게 '얼마나 힘드냐고? 우리가 함께 있어 주어도 괜찮겠냐?'고 말해 주었다. 그 가해자의 장례식에 참석했던 사람들도 절반 이상이 아미쉬 공동체의 사람들이었다. 장례식장에서 아미쉬 공동체의 대표는 피해자의 가족들을 대표해서 "자녀를 잃은 모든 가족들이 이미 가해자를 용서했다"고 발표했다. 이 일이 있고 난 직후에 인터넷을 비롯한 미디어가 시끌시끌했다. 사람들이 아미쉬 공동체의 용서를 목격하면서 그들의 놀라운 사랑과 용서에 충격을 받았기 때문이다. 그리고 사람들이 아미쉬 아이들을 추모하고 아미쉬 공동체의 놀라운 용기에 박수를 보내며 웹페이지에 쓴 글을 보았다. 그런데 그 글 가운데 이런 내용이 있었다. "미국인들은 이렇게 대단하다"(This is what Americans are capable of). 필자는 그 글귀를 보고 조금 안타까웠다. 적어도 글자 하나가 분명하게 바뀌어야 했기 때문이다. 그것은 "예수의 제자들은 이렇게 대단하다"(This is what Jesus' true disciples are capable of)라고 써야 했다. 미국인이어서 그런 용서가 가능했던 것이 아니라 그들이 예수님의 진정한 제자였기 때문에 그런 용서가 가능했던 것이 아닐까? 자신의 생명과도 같은 소중한 아이들을 잃어버린 아미쉬 사람들이 잔혹한 가해자를 어떻게 용서할 수 있었을까? 바울의 표현대로 하면 그들은 자신의 머리이신 그리스도에게 분명하게 연결된 사람들이었기 때문이다. 그 주님으로부터 제자로 살아가는 급진적 힘을 공급받고 있었기 때문이다.

이런 의미에서 그리스도 중심의 급진적 삶을 살아 내는 데 있어서 가장 핵심적인 것은 자기 부인이다. 왜냐하면 제자의 삶을 살아 내는 데 있어서 가장 큰 장애물이 나 자신이기 때문이다. 이 세상이 우리에게 심어놓은 가치관을 부정하고 하나님 나라의 가치관으로 무장하며 사는 것은 절대 쉬운 일이 아니다. 그래서 자기 부인이 제자도의 핵심이다. 내 세상적 욕심을 내려놓는 것, 내 세상적 가치를 내려놓는 것, 그것을 마가복음 8:34에서 주님은 이렇게 표현하셨다. "누구든지 나를 따라오려거든 / 자기를 부인하고 / 자기 십자가를 지고 / 나를 따를 것이니라." 그러니 날마다 자기를 부인하지 않고서는 예수님의 참 제자가 되는 것은 요원한 일이다. 물론 자기 부인은 어금니 한번 꽉 문다고 되는 것이 아니다. 그것은 시작부터 끝까지 성령 하나님만 의지하는 새로운 삶의 방식이다.

본문 이해와 묵상을 돕는 질문들

(1) 11절에 등장하는 다섯 가지 지도자 그룹들은 교회를 위한 선물로 이해되는데 이들의 역할은 무엇인가?

(2) 12절은 "성도들을 온전하게('카타르티스몬') 하여 봉사('디아코니아')의 일을 하게 하며"로 번역되었는데, 달리 번역할 수 있는 가능성이 있다. 그것이 무엇인가?

(3) 바울은 "그리스도의 몸을 세우는 것"을 '성도들을 잘 준비시켜 사역을 감당하게 하는 것'으로 이해하고 있다. 바울의 말에 따르면 사역자는 누가 되는 것인가?

(4) 14-15절에서 바울은 교회에 지도자들을 주신 이유를 달리 표현하고 있다. 그것이 무엇인가?

(5) 14-15절에 묘사된 지도자들의 역할을 고려하였을 때, 그들을 무엇이라 부르는 것이 가능할까?

(6) 본문에 묘사된 게임 플랜(game plan)에 따르면 지도자들과 성도들의 역할은 각각 무엇인가?

(7) 16절을 시작하는 단어는 "그에게서"('엑스 후')이다. 영어로는 'from whom'이라 번역할 수 있다. 'whom'은 그리스도를 받는 관계대명사이며 이는 '그리스도로부터' 혹은 '그리스도에게서'로 번역할 수 있다. 이 단어가 중요한 이유를 맥락 속에서 설명하여 보라.

(8) 본문을 묵상하면 교회의 지도자들에게 매우 중요한 책무가 주어졌음을 알 수 있다. 당신이 이해한 대로 설명하여 보라.

(9) 당신의 공동체는 바울이 설명하고 있는 게임 플랜을 잘 따르고 있다고 생각하는가? 정직하게 나누어 보라.

기도

하나님, 우리의 머리이신 주님에게 잘 붙어 있음으로 말미암아 세상에서 승리하게 하소서. 견제와 균형이라는 가치 속에서 말씀의 사역자들을 자꾸 견제만 하려 하지 않고 그들을 귀히 여기며 사랑하는 마음을 성도들에게 허락하소서. 자기 부인을 통해 주님으로부터 힘을 공급받아 세상과 다른 급진적인 삶을 살아 내는 우리 모두가 될 수 있도록 도우소서.

에베소서 4:17-24
그리스도 안의 새사람(New Human Being)

문맥과 요약

에베소서에서 바울은 세상에 대해 마침내 승리하신 하나님을 이야기한다. 하나님이 거두신 기념비적인 승리를 이 세상에 전하고 그 승리가 어떤 것인지 보여 주기 위해서 하나님은 세상에 교회를 세우셨다. 그리고 하나님이 거두신 그 승리를 주님의 몸인 교회를 통해서 효과적으로 보여 주기 위해서 하나님은 교회에 말씀의 사역자들을 선물로 주셨다. 말씀의 사역자들에게 성도들을 잘 준비시킬 것을 부탁하신 것이다. 바울은 그리스도의 몸인 성도들이 자신들에게 요구된 믿음의 분량대로 역사해야 한다고 이야기한다. 각 지체에게 요구된 행동이란 하나님의 말씀이 보여 주는 분명한 복음적 세계관을 따라 살아가는 것을 의미할 것이다. 하나님 나라의 가치관으로 무장하고 세상과는 확연하게 구분되는 급진적인 십자가의 길을 다양한 삶의 현장 가운데 우리의 삶으로 살아 내는 것을 의미한다. 이렇게 할 때 그리스도의 몸이 세워지고 자라게 되는 것이다. 이렇게 할 때 교회는 하나님이 그리스도 안에서 거두신 영광스러운 승리를 이 세상에서 보여줄 수 있게 된다. 바울은 이러한 승리의 삶을 살아 낼 수 있는 힘이 오로지 머리 되신 "그리스도로부터" 공급된다고 이야기한다. 바울은 그리스도 안에 있는 새 인류가 추구하지 말아야 할 삶의 모습이 어떤 것인지를 이야기한다. 그들은 하나님의 생명으로부터 단절되어 있는 사람들인데, 지각이 없으며 마음이 둔하여져서 하나님이 원하시는 삶을 살아 내지 못한다. 반면 그리스도 예수 안에서 주님과 교제하는 사람은 그 생각이 변화하게 되어 있다. 그래서 새로운 인류로서의 가치관과 세계관을 가지고 하나님 나라와 그의 의를 구하는 삶의 모습으로 살아간다.

해설

17-19절 《그러므로 내가 이것을 말하며 주 안에서 증언하노니 이제부터 너희는 이방인이 그 마음의 허망한 것으로 행함같이 행하지 말라 그들의 총명이 어두워지고 그들 가운데 있는 무지함과 그들의 마음이 굳어짐으로 말미암아 하나님의 생명에서 떠나 있도다 그들이 감각 없는 자가 되어 자신을 방탕에 방임하여 모든 더러운 것을 욕심으로 행하되》

　　본문에서 바울은 앞 단락의 이야기를 계속해서 이어 가고 있다. 즉, 주님의 승리를 구현하기 위해서 성도들이 어떻게 행해야 하는지를 17절에서 이야기해 주고 있다. 먼저 바울은 에베소교회 성도들에게 따르지 말아야 할 부정적인 모델을 제시한다. 바울은 허망한 마음을 가진 이방인들처럼 행하지 말라고 이야기한다. 여 기서 "허망하다"('마타이오테스')는 표현은 문자적으로 '텅 비어 있 다'는 말이다. 이 표현은 알맹이가 없이 비어 있는 우상이나 혹은 헛된 것들을 추구하는 삶을 표현할 때 칠십인경 전도서에서 자주 사용하는 단어다. 이런 허망한, 즉 텅 빈 마음을 가진 이방인들처 럼 행하지 말라고 이야기한다. 그리고 이렇게 하지 말아야 할 이 유를 18-19절이 설명한다. 그들의 이해는 어두워져 있고 그들은 하나님의 생명으로부터 단절되어 있다.

그 이유가 이어지는 전치사구들을 통해서 설명된다(이유를 설명 하기 위해서 '디아' + 목적격이 연이어 두 번에 걸쳐 사용되고 있다). 그것은 이 방인들이 무지하기 때문이고 그들의 마음이 굳어져 있기 때문이 다. 여기서 마음의 "굳어짐"('포로시스')이란 표현은 신약성경 마가 복음 3:5과 로마서 11:25에서도 사용되는데, 각각 마음이 완악해 짐/우둔하게 됨/굳어짐을 통해서 하나님의 은혜와 그의 말씀을 받아들일 수 없는 상태를 묘사하기 위해서 사용된다. 이방인들은 마음의 굳어짐과 그 결과인 무지를 통해서 하나님의 생명으로부 터 단절되는 결과를 초래했다. 하나님의 생명으로부터 떠나 있는 자들의 안타까운 모습이 어떠한지를 바울은 19절에서 설명한다. 바울은 그들이 감각 없는 자들이 되었다고 이야기한다. 여기서 "감각 없는" 자들이라고 번역된 단어는 '아팔게오'인데 신약성경에서 딱 한 번 나오는 단어다. 그래서 이해하기가 쉽지 않다. 그런데 고전헬라어를 보면 바울이 떠올리고 있는 그림이 비교적 분명해 보인다. 고전헬라어에서 이 단어는 감각이 무뎌지고 상실되어서 더 이상 아픔을 느끼지 못하는 사람의 모습을 그리는 데 사용됐다. 그래서 고전헬라어에서 비유적인 의미로는 더 이상 수치를 느끼지 못하고 선을 행하는 데 무감각해진 것을 표현할 때 사용됐다. 그러니까 바울은 지금 통증을 느끼지 못하는 사람처럼 수치스러운 일을 행하면서도 전혀 수치를 느끼지 못하고 자신들을 더욱 방탕한 모습에 넘겨주는 이방인의 모습을 그리고 있는 것이 분명해 보인다. 그리고 그러한 사람들은 온갖 더러운 것을 욕심 가운데 행하면서도 그것이 수치스럽다는 것조차 알지 못한다. 그런 수치를 느낄 수 있는 감각을 상실해 버렸기 때문이다. 바로 이것이 하나님의 생명으로부터 단절되어 있는 사람에게서 발견할 수 있는 특징이라고 바울은 설명하고 있다.

20-21절 《오직 너희는 그리스도를 그같이 배우지 아니하였느니라 진리가 예수 안에 있는 것같이 너희가 참으로 그에게서 듣고 또한 그 안에서 가르침을 받았을진대》

바울은 이제 그리스도 안에 있는 새로운 인류에 대한 이야기를 시작한다. 하나님의 생명으로부터 단절되어 있는 옛 인류와 대비되는 그리스도 안에 있는 새로운 인류를 머릿속에 상정하고 있다. 바울은 이미 앞 단락 16절에서 새로운 인류가 작동하는 방식을 설명한 바 있다. 머리이신 그리스도와 연합하고 말씀의 사역자들을 통해서 각 지체들이 연결되고 결합되어 하나님께서 각 지체에게 요구하신 사역들을 감당함으로써 그리스도의 몸이 세워지고 자라간다고 이야기했다. 바울이 그 주제를 다시 언급한다. 그런데 이번에는 그리스도 안에 있는 새로운 인류가 따르지 말아야 할 이방인의 모델이 아니라 궁극적으로 추구해야 할 모습을 언급하는 가운데 등장한다.

무엇보다 21절이 에베소서에서 번역하기 상당히 까다로운 본문 가운데 하나라는 사실을 언급해야 할 것 같다. 정확한 번역이 용이하진 않지만 바울이 말하려는 바는 문맥 속에서 분명해 보인다. 앞 단락(특히 16절)과 뒤 단락(22-24절)의 연관성 속에서 풀어서 설명하면 이런 내용이다. '너희가 진정으로 (머리이신 예수님께 붙어 있음으로 말미암아—16절) 예수님에 대한 복음을 듣고 그분 안에서 가르침을 받았다고 한다면, 즉 진리이신 그리스도에 대한 복음을 듣고 그 진리 안에서 진정으로 주님과 교제해 왔다고 한다면, 새로운 피조물로 지으심을 입은 너희의 삶이 다를 수밖에 없고 또한 달라야 한다'는 말이다.

22-24절 《너희는 유혹의 욕심을 따라 썩어져 가는 구습을 따르는 옛 사람을 벗어 버리고 오직 너희의 심령이 새롭게 되어 하나님을 따라 의와 진리의 거룩함으로 지으심을 받은 새사람을 입으라》

바울은 지금 이렇게 말하고 있다. "에베소교회의 성도들아 너희들이 정말 우리 주님에 대한 복음을 듣고 그 가르침 안에서 주님과 교제하고 사귐을 가지고 있다면 이방인들이 추구하던 삶의 모습, 즉 옛 사람을 벗어 버리라." 이곳에서 바울은 그의 다른 서신에서도 종종 사용하는 옷을 벗고 입는 비유적 표현을 사용해서 이방인들이 추구하는 삶의 모습인 옛 사람을 "벗어 버리라"('아포티쎄미')고 이야기한다. 그리고 심령이 새롭게 되어서 하나님을 따라 의와 거룩함 안에서 새롭게 창조된 새사람을 "입으라"('엔두오')고 권면한다. 여기서 "심령"이라는 말에 대한 설명이 필요해 보인다. 바울이 사용한 단어는 '누스'인데, 이것은 우리가 흔히 이해하듯이 '마음'이라는 의미라기보다는 지적인 영역에 속한 '생각'으로 이해하는 것이 좋다. 즉, 그리스도와 연합하여 새로운 사람으로 태어나는 것은 생각의 변화, 사고의 변화, 세계관의 변화를 의미하는 것이다. 옛 사람이라는 표현이 하나님을 알지 못하는 이방인들과 같은 삶의 방식을 의미했으니 새사람이란 표현은 그리스도 안에서 새롭게 창조된 새로운 피조물을 의미하는 것임에 틀림없다. 즉, 바울은 지금 이렇게 이야기하고 있는 것이다. "에베소교회 성도들아 너희들이 그리스도로 말미암아 새로운 피조물로 지으심을 받았고 그분 안에서 가르침을 받으며 그분과 교제하고 있으니 새로운 피조물답게 살아가라"는 말이다.

4장에서 지금까지 바울이 한 말을 정리해 본다면 이런 말이 될 것이다. 세상에 대해서 승리하신 하나님의 샬롬의 승리를 기념하고 그 승리를 세상 가운데 구현하기 위해서 세우신 주님의 교회는 샬롬의 가치를 추구해야 하며 이 하나 됨을 지키기 위해서 최선을 다해야 한다. 이 샬롬의 승리를 효과적으로 구현해 내기 위해서 하나님은 교회에 (말씀의) 사역자들을 선물로 허락하셨다. 성도들이 이 샬롬의 승리를 구현하는 사역을 실제적으로 그리고 효과적으로 감당하기 위해서다. 그리고 이 승리를 세상 가운데 구현해 내기 위해서 부름받은 주님의 몸인 성도들은 궁극적으로 교회의 머리이신 주님으로부터 능력을 공급받아야 한다. 주님과 교제하며 주님으로부터 궁극적으로 능력과 힘을 공급받아야만 허망한 이방인들이 살아가는 방식과 다른 새 창조의 피조물로서 살아갈 수 있게 된다는 말이다.

종합하면 이런 말이 된다. **성도들이 세상에 대해서 승리하는 방식으로 살아간다는 말은 새 창조의 피조물, 즉 새로운 인류답게 살아간다는 것을 의미한다.** 성도들이 새 창조의 피조물로서 세상과 다른 가치관과 세계관을 가지고 살아갈 때 세상에 대한 주님의 승리에 동참할 수 있다는 말이다. 새 창조의 피조물인 성도들이 세상을 이기는 방식은 힘과 완력을 사용하는 것이 결코 아니다. 성도들의 승리의 방식은 철저하게 세상과 다름을 통해서 세상을 이긴다는 말이다. 세상과 동일한 방식을 가지고 교회는 절대로 세상을 이길 수 없다. 세상이 보여 주는 똑같은 가치관을 추구하면 교회는 절대로 세상을 이길 수 없다. 바울이 에베소교회 성도들에게 이 말을 하고 싶었던 것이다.

묵상

(1) 본문을 묵상하는 과정에서 수년 전 한국의 모 대형 교회에서 모 신학대학교 총장을 역임한 목사가 한 이야기가 생각났다. 그 교회는 아버지가 아들에게 교회를 세습한 곳이다. 세상에서는 기업체의 오너가 자신의 기업을 자식들에게 물려주는 일이 흔하다. 아버지가 피땀 흘려 세운 기업을 남에게 주기는 아까우니 친자식에게 물려주겠다는 심산이다. 그런데 교회가 세상과 똑같은 모습으로 세상이 추구하는 가치관을 따라 아들에게 교회를 물려주는 모습을 보인 것이다. 이 세습이 사회적인 이슈가 되면서 한창 시끄러웠을 때 그 세습을 정당화하기 위해 그 목사가 든 예는 필자에게 참으로 충격적이었다. 하나님 아버지께서 아들이신 예수님께 사역을 위임하셨기 때문에 아버지가 아들에게 교회를 세습하는 것이 정당하다는 논리였다. 참으로 기가 막힌 궤변이 아닐 수 없다. 바로 이러한 모습이 바울이 말하고 있는 감각을 상실한 모습이다. 감각이 상실된 자는 아무리 바늘로 찔러도 그 통증을 느끼지 못하는 것처럼 그런 말을 하면서도 그것이 얼마나 수치스러운 일이며 삼위 하나님께 치욕적인 언사가 되는지 느끼지 못하고 알지 못하고 있는 것이다. 온갖 더러운 일을 욕심 가운데 행하면서도 그것이 수치라는 것을 도무지 알지 못한다. 바울 사도의 말씀을 떠올리지 않을 수가 없다. 교회가 그렇게 세상과 똑같은 가치관을 추구하면 교회는 절대로 세상에서 주님이 구현하신 승리를 구현해 낼 수가 없다.

(2) '선생님'이란 단어를 떠올리면 필자에게 가장 먼저 생각나는 분이 한 분 있다. 고등학교 때 세계사와 역사를 가르쳐 주셨던 선생님이신데, 그분은 교회 장로님이셨다. 이 선생님은 학생들에게 참 존경받는 분이셨다. 수업도 재미있었지만 학생들을 참 인격적으로 대해 주셨기 때문이다. 좋은 대학교에 학생들을 얼마나 많이 보냈느냐로 모든 것이 판단되던 때에 바람직한 인간됨에 대해서 이야기해 주시고 학생들을 보살펴 주신 선생님을 많은 학생들이 참으로 존경했다. 그런데 어느 날 등교했더니 학교가 발칵 뒤집혀 있었다. 기독교적 이념으로 세워진 학교였는데 학교에 있던 운동부가 고사를 지낸 모양이다. 이 사실을 아신 선생님이 그 고사상을 엎으셨다는 것이다. 이 행위를 놓고 기독교인 학생들 사이에서도 의견이 갈렸다. 필자는 선생님의 행위가 바람직하다고 생각하지는 않았다. 그런데 그 장면을 직접 목격했던 비기독교인 운동부 학생들의 말이 정말 놀라웠다. 그들이 말하려는 바는 매우 분명했다. '비록 선생님의 행위에 동의하지 않더라도 그분이 그렇게 하셨다면 그렇게 하실 수밖에 없는 분명한 이유가 있었을 것이다'라는 말이다. 필자는 비기독교인 운동부 친구들의 반응이 정말로 놀라웠다. 무엇이 이러한 반응을 만들어 낼 수 있었을까? 참된 예수님의 제자로 선생님이 평상시 보여 주신 세상과는 분명하게 다른 가치관과 세계관, 그리고 이에 따라 신실하게 살아간 그분의 삶의 모습이 친구들의 뇌리에 깊게 남았기 때문일 것이다. 소문으로 그 선생님을 통해서 예수님을 믿게 된 친구들이 여럿 있었다는

이야기를 들었다. 생각할수록 그분께 참으로 감사하고, 그분의 삶이 귀하다는 마음이 든다. 바울 사도가 말한 대로 옛 사람의 구습을 따라 살아가는 사람과 그리스도 안에서 새로운 피조물로 살아가는 사람의 모습이 진정으로 다르다는 생각을 하지 않을 수가 없다.

본문 이해와 묵상을 돕는 질문들

(1) 17절은 성도들이 따르지 말아야 할 부정적인 모델을 제시한다. "허망하다"('마타이오테스')는 무엇을 일컫는 말인가?

(2) 허망한 삶을 살지 말아야 하는 이유를 18-19절은 제시한다. 그 것이 무엇인가?

(3) "감각 없는 자"('아팔게오')란 고전헬라어에서 구체적으로 어떤 모습을 그리기 위해서 사용됐는가?

(4) 문맥 속에서 하나님의 생명으로부터 단절되어 있는 사람들의 특징이 무엇인지 다시 한번 설명하여 보라.

(5) 바울은 그리스도 안에 있는 새로운 인류에 대해서 이야기한다. 바울은 그의 다른 서신에서도 종종 사용하는 옷을 벗고 입는 비유적 표현을 사용해서 이방인들이 추구하는 삶의 모습인

옛 사람을 "벗어 버리라"('아포티쎄미')고 이야기한다. 그리고 "심령"이 새롭게 되어서 하나님을 따라 의와 거룩함 안에서 새롭게 창조된 새사람을 입으라고 권면한다. "심령"이 새롭게 된다는 말은 구체적으로 무엇을 의미하는가?

(6) 바울이 말하는 그리스도 안에 있는 "새사람"의 두드러진 특징은 무엇인가?

(7) 그리스도 안에 있는 "새사람"은 결국 세상과 다른 세계관과 가치관으로 살 수밖에 없다. 바울이 말하고 있는 맥락 속에서 새사람들의 모임인 교회가 세상 속에서 승리할 수 있는 방법이 무엇인지 허심탄회하게 한번 나누어 보라.

(8) 당신과 당신의 주변에서 그리스도 안에 있는 새로운 사람의 모습으로 살아간 혹은 살아가고 있는 사람들의 이야기가 있다면 한번 나누어 보라.

(9) 바울이 말하고 있는 그리스도 안에 있는 새로운 사람이라는 관점에서 당신 스스로를 정직하게 돌아보고 개선해야 할 것이 있다면 구체적으로 기록하고 실천해 보라.

기도

하나님, 예수님 안에서 우리를 새로운 피조물로 창조해 주셔서 진정으로 감사드립니다. 주님이 그리스도 안에서 만들어 주신 대로 세상과 다르게 새 창조의 피조물답게 새롭게 창조된 세계의 가치를 가지고 살아가게 하소서. 이 은혜가 이 땅에 주님의 이름으로 모이는 모든 교회 가운데 풍성하게 주어지게 하소서.

에베소서 4:25-5:2
예수 공동체 I: 진리, 샬롬, 긍휼과 사랑의 공동체

문맥과 요약

하나님은 그리스도 예수 안에서 이 세상, 즉 악한 영의 세력에 대해서 마침내 승리하셨다. 그리고 그 승리가 어떤 것인지 보여 주기 위해서 교회를 세우셨다. 또한 이 승리를 위해서 교회에 말씀의 사역자들을 선물로 주셨다. 말씀의 사역자들에게 성도들을 잘 준비시킬 것을 부탁하신 것이다. 그리스도의 몸인 교회의 성도들이 말씀의 사역자들을 통해서 잘 준비됨으로써 빛의 자녀들답게 살아가게 될 때, 즉 세상과는 다른 모습으로 살아가게 될 때 예수님이 세상에 대해서 승리하신 것처럼 성도들도 교회로서 세상 가운데 승리하게 될 것이다. 바울은 이것을 "하나님을 따라 의와 진리의 거룩함으로 지으심을 받은 새사람을 입는 것"이라고 표현한다.

바울은 본문에서 새로운 사람을 입는다는 것을 세 가지(전체적으로는 네 가지) 영역에서 설명하고 있다. 새사람을 입는다는 것은 추상적인 표현인데 이 추상적일 수 있는 표현을 구체적인 삶의 영역과 연관 지으려고 시도한 것이다. 곧, 바울은 새사람을 입는 것이 성도들의 언어와 생각과 행동을 통해서 표현되어야 한다고 이야기한다.

바울이 이 단락에서 그리고 있는 예수 공동체의 모습은 분명하다. 그것은 '진리 공동체'이며 '샬롬 공동체'이다. 동시에 이 예수 공동체는 하나님께 먼저 받은바 긍휼과 사랑의 가치를 공동체의 삶 속에서 구체적으로 구현해 내는 '긍휼과 사랑 공동체'여야 한다.

해설

25-29절 《그런즉 거짓을 버리고 각각 그 이웃과 더불어 참된 것을 말하라 이는 우리가 서로 지체가 됨이라 … 무릇 더러운 말은 너희 입 밖에도 내지 말고 오직 덕을 세우는 데 소용되는 대로 선한 말을 하여 듣는 자들에게 은혜를 끼치게 하라》

25절이 앞 단락과 논리적 연관성 속에서 전개되고 있다는 사실은 "그런즉"('디오')이라는 접속사로 인해서 분명해진다. 본문에서 바울은 새로운 사람을 입는다는 것이 구체적으로 무엇을 의미하는지를 우리 삶의 매우 실제적인 세 가지 영역에서 설명한다.

가장 먼저 바울이 다루는 주제는 성도들의 언어와 관련되어 있다. 25절에서는 거짓을 버리고 참된 것을 말하라고 이야기한다. 여기서 거짓을 "버리고"('아포티쎄미')라는 표현은 22절에서 사용됐던 옛 사람을 "벗어 버리라"('아포티쎄미')는 표현과 동일한 단어다. 즉, 거짓을 말하는 것은 전형적인 옛 사람의 구습 가운데 하나임을 시사한다. 아울러 29절에서는 더러운 말을 삼가고 선한 말을 하라고 이야기한다.

여기서 거짓을 버리고 참된 말을 하라는 바울의 권면은 산상수훈 가운데 예수님께서 맹세와 관련하여 하신 말씀을 떠올리게 한다. 예수께서는 제자들에게 "도무지 맹세하지 말라"고 말씀하셨다(마 5:34). 예수님 당시 쿰란 공동체는 맹세와 관련된 주제에 있어서 엄격하기로 유명했다. 하지만 맹세와 관련하여 예수님의 전면적인 거부와 같은 표현은 쿰란의 문서들에서도 좀처럼 발견되지 않는다. 예수님은 제자들에게 맹세를 전면적으로 금지하시며 "너희 말은 옳다 옳다, 아니라 아니라 하라"라고 말씀하신다(마 5:37). 예수께서 제자들에게 맹세를 금지하신 이유와 진리를 말하라는 바울의 권면이 정확하게 맥을 같이한다고 볼 수 있다. 맹세라는 것은 또 다른 권위에 근거해서 자신의 말이나 행위를 담보 잡는 것이다. 맹세한다는 것은 그만큼 그 사람의 말이 신뢰받지 못하고 있음을 전제하고 있는 것이다. 신뢰가 없으니 맹세를 통해서 신빙성과 진실성을 확보하려는 것이다. 예수께서 맹세를 금지하신 것은 제자들이 하는 모든 말들이 효력을 가진다는 것을 의미하고 동시에 제자들의 말은 다른 것들에 의해서 지지를 받아야 할 필요가 없다는 것을 의미한다. 이것은 제자들의 말이 주님을 닮아 얼마나 신실해야 하는지를 보여준다. 제자는 자신이 말한 것이 맹세 없이 있는 그대로 받아들여져야 할 만큼 말에 있어서 신실해야 한다는 말이다. 이것이 하나님 나라를 사는 제자들에게 예수님께서 요구하신 것이다.

바울도 정확하게 같은 맥락에서 권면하고 있다. 바울이 같은 맥락에서 권면하고 있음을 어떻게 알 수 있는가? 25절 하반절에서 바울이 거짓됨 없이 참된 말을 하라고 권면하는 이유를 보면 알 수 있다. 그 이유는 성도들이 (그리스도 안에서) "한 지체가 되었기 때문이다." 성도들이 머리이신 예수님과 연합하여 서로 한 지체, 즉 예수 공동체가 되었기 때문이라는 말이다. 바로 이 이유 때문에 성도들은 거짓을 버리고 참된 것, 즉 진리를 말하는 사람이 되어야 한다. 머리이신 예수님이 진리이시니 그 제자들이 말하는 것이 진리여야 함은 너무나 당연하다.

이 단락에서 바울이 이야기하는 예수 공동체의 특징이 무엇인가? 진리를 말하는 진리 공동체다. 예수 공동체에 속한 사람의 말에는 늘 진리가 담겨 있어야 한다. 세상은 어떤가? 세상의 영은 처음부터 거짓의 영이었다. 그래서 세상은 자신에게 불리하면 적당히 거짓말을 해서라도 상황을 모면하라고 성도들에게도 속삭인다. 성도들도 세상 속에 살면서 이러한 것들을 배우다 보니 이 거짓된 언어가 예수 공동체 안에도 암세포처럼 자랄 수 있다. 앞 단락에서 바울이 강조한 것이 무엇인가? 새 창조의 백성이다. 예수 공동체는 세상과 똑같은 방식으로 살면서 예수님의 승리를 이 땅에 구현할 수 없다. 세상과 똑같이 거짓을 말하면 교회는 절대로 세상을 이길 수 없다. 머리이신 예수님이 진리이시고 그분은 늘 진리를 말씀하시기에 예수의 제자인 성도들도 주님이신 예수님처럼 진리를 이야기해야 한다.

26-31절《분을 내어도 죄를 짓지 말며 해가 지도록 분을 품지 말고 마귀에게 틈을 주지 말라 … 너희는 모든 악독과 노함과 분냄과 떠드는 것과 비방하는 것을 모든 악의와 함께 버리고》

두 번째로 바울은 새사람을 입는다는 것을 '생각', 특히 '분노'라는 주제로 설명해 간다. 물론 31절을 보면 분노라는 주제만을 독립적으로 다루지는 않지만 바울의 사고 속에 분노라는 주제가 지배적으로 흐르고 있는 것만은 분명해 보인다. 특별히 26-27절에서 바울은 분노라는 주제를 중점적으로 다루는데, 분을 내어도 죄를 짓지 말라는 말은 우리가 분노할 수밖에 없는 어떤 상황을 전제하고 있는 것으로 보인다. 그렇더라도 이 말이 분을 낼 만하거든 언제든 분을 내어도 괜찮다는 말로 이해되면 곤란할 것 같다. 필자는 그것이 바울이 의도한 바가 아니라고 확신한다. 왜 그런가? 바울은 31절에서 노함과 분노라는 것도 성도들이 분명히 버려야 하는 목록 속에 포함시키고 있기 때문에 그렇다. 그러므로 문맥 속에서 바울의 말을 종합적으로 이해하면 이렇게 이해할 수 있겠다. 원칙적으로 성도들은 분을 내지 않도록 노력해야 한다. 그러나 혹 어떠한 이유로 분노하게 되었다면 그 분노를 행동으로 표현해서, 즉 마귀에서 틈을 주어서 죄를 짓는 데까지 이르도록 해서는 안 된다는 말이다.

바울이 생각과 분노에 대한 주제를 다루고 있는 이유를 지금까지의 에베소서 맥락과 연관 지어 생각해 보면 이해가 더 잘된다. 지금까지 바울이 강조하여 언급했던 예수 공동체의 핵심 가치가 무엇이었는가? 바울은 하나님이 세상에 대해서 승리하신 결과로 만들어진 것이 하나님과 인간, 인간과 인간 사이의 '샬롬'이라고 주장했다. 이 결과로 교회 공동체, 즉 예수 공동체가 만들어졌다. 그리고 예수 공동체는 주께서 하나 되게 하신 것을 힘써 지켜야 한다. 그 '샬롬'을 지켜나갈 때 하나님이 세상에 대해서 거두신 승리의 진정성이 지켜지고 지속적으로 그 승리를 교회를 통해서 구현해 나갈 수 있기 때문이다. 바울은 2:11-18에서 이 같은 생각을 표현했다.

그런데 어째서 바울은 현재 본문에서 분노라는 주제를 독립적으로 다루고 있는 것일까? 그것은 성도들의 분노라는 것이 그리스도 예수께서 회복해 놓으신 '샬롬'이라는 아름다운 복음의 가치를 무너뜨리는 치명적인 도구가 될 수 있기 때문이다. 바울은 형제들 사이의 관계라는 문맥에서 이 주제들을 이야기하는 것이 분명하다(25절). 분노가 형제들 사이에 작동하기 시작하면 이것은 '샬롬'이라는 가치를 깨뜨리는 파괴적인 모습으로 나타날 수 있기 때문이다. 바울에 따르면 교회는 그 어떤 것보다 '샬롬'을 세상 가운데 전하고 그 '샬롬의 가치'를 추구하는 일에 최선을 다해야 한다. 이런 맥락에서 바울은 '샬롬'을 해칠 수 있는 분노의 문제를 지혜롭게 다루어야 한다고 권면하는 것이다.

28절-5장 2절 《도둑질하는 자는 다시 도둑질하지 말고 돌이켜 가난한 자에게 구제할 수 있도록 자기 손으로 수고하여 선한 일을 하라 … 서로 친절하게 하며 불쌍히 여기며 서로 용서하기를 하나님이 그리스도 안에서 너희를 용서하심과 같이 하라 … 그러므로 사랑을 받는 자녀같이 너희는 하나님을 본받는 자가 되고 그리스도께서 너희를 사랑하신 것같이 너희도 사랑 가운데서 행하라 그는 우리를 위하여 자신을 버리사 향기로운 제물과 희생제물로 하나님께 드리셨느니라》

세 번째로 바울은 새로운 사람을 입는다는 이야기를 '행동' 또는 '실천'이라는 주제와 연관해서 설명한다. 28절에서 바울은 도둑질하는 자는 더 이상 도둑질하지 말고 가난한 사람을 구제할 수 있도록 수고하여 선한 일을 하라고 권면한다. 32절에서는 서로에게 친절하고 불쌍하게 여기며 사랑으로 용서하라고 권면한다. 28절과 32절에서 바울이 그리고 있는 예수 공동체의 특징, 즉 새사람을 입은 사람의 모습은 어떻게 드러나야 하는가? 필자는 바울이 예수 공동체의 현저한 특징으로 '긍휼과 사랑'이라는 가치를 떠올리고 있다고 생각한다.

이 대목에서 옛 사람의 특성인 죄성(sinful nature)의 핵심에 대해서 고찰해 봐야 할 필요가 있다. 죄성의 핵심이 무엇인가? 성경이 말하는 죄성의 핵심은 자기중심성(self-centeredness)이다. 하나님이 계셔야 할 자리에 자신을 가져다 놓는 것이 죄의 핵심이다. 그래서 자신이 하나님이 되어 있으니 어느 누구의 말도 듣지 않는 것이다. 구약에서 이스라엘 백성들이 지속적으로 하나님의 말씀을 듣지 않고 불순종하고 있는 이유가 무엇인가? 하나님이 아니라 자신이 삶의 주인이 되어 있기 때문이다. 자신이 주인인데 하나님의 말씀인들 들을 필요가 있겠는가? 자신이 신이 되어 있으니 자신을 공격하고 자신에게 상처 준 사람을 절대로 긍휼히 여기거나 용서하고 사랑하고 싶지 않은 것이다. 이것이 긍휼과 자비와 사랑이 무엇인지 모르는 옛 사람이 살아가는 방식이다. 그런데 그리스도 예수 안에 있는 복음을 받아들여 새 창조의 피조물로 지어지면 어떠한 일이 일어나는가? 더 이상 내가 내 인생의 중심이자 주인이 아니라는 사실을 깨닫고 그것을 고백하게 된다. 나를 창조하신 하나님이 세상의 중심이시며 그리스도 예수 안에서 새롭게 나를 다시 창조하신 나의 진정한 주인이라는 사실을 고백하게 되는 것이다. 하나님이 나의 인생의 중심에 서시니 내가 원하는 바가 아니라 하나님이 원하시는 바를 내 인생을 통해서 이루어 드리고 싶은 선한 욕구들이 생겨나게 된다.

바울은 28절에서 그 선한 욕구를 형제들을 위해서 수고하여 선한 일을 하는 것을 통해 표현하라고 촉구하며 32절에서는 서로를 불쌍히 여기며 피차 용서하라고 권면한다. 그리고 5:1-2에서는 분명한 언어로 성도들이 하나님 앞에서 먼저 사랑을 받았다는 사실을 주지시킨다. 그래서 하나님을 본받는 자가 되라고 권면한다. 문맥 속에서 하나님을 본받는다는 말은 하나님의 긍휼과 사랑을 본받는 것을 말한다. 하나님께서 성도들 각자에게 긍휼과 사랑을 먼저 베풀어 주셨으니 그것을 본받아 긍휼과 사랑의 정신으로 "너희도 사랑 가운데서 행하라"고 권면하고 있는 것이다.

묵상

바울에 따르면 세상을 이기신 유일하신 분은 우리 주님 예수 그리스도뿐이시다. 그래서 세상을 이길 수 있는 유일한 존재는 주님의 몸인 교회, 즉 예수 공동체뿐이다. 바울에 따르면 이 승리는 진정으로 새사람으로 변화된 예수 공동체만이 누릴 수 있는 특권임에 틀림없다. 바울이 언급하고 있는 예수 공동체는 본문에 따르면 세 가지 모습으로 드러난다고 말할 수 있겠다. 예수 공동체는 진리를 추구하는 진리 공동체이고 샬롬의 가치를 추구하는 샬롬 공동체이며 우리에게 먼저 긍휼과 사랑을 베풀어 주신 주님을 따라 긍휼과 사랑을 추구하는 공동체다. 진리 공동체이기에 형제와 사람들에게 진실된 것만을 말하고 샬롬 공동체이기에 분노를 자제하고 샬롬의 가치를 함께 추구해 간다. 또한 예수 공동체는 하나님의 긍휼과 사랑을 먼저 경험한 공동체이기에 그 받은 사랑으로 서로를 긍휼히 여기며 날마다 사랑하고 용서하는 가치를 추구할 수밖에 없다. 나뿐만 아니라 내 옆에 있는 지체들도 하나님이 긍휼로 용서하셨기에 하나님은 우리 또한 그들을 포용하기를 원하시기 때문이다. 아무런 자격 없는 내가 하나님의 은혜로 예수님 때문에 하나님의 백성이라 불리게 되는 어마어마한 은혜를 누리게 되었다는 사실을 날마다 깨닫기 때문이다. 그러한 은혜를 베풀어 주셨음에도 불구하고 내가 걸어온 삶의 모습은 술에 취한 사람처럼 비틀거리며 걸어왔다는 것을 내 양심이 도저히 부인할 수 없다. 그런데 그럼에도 불구하고 하나님의 은혜가 한 번도 거두어진 적 없고 그분은 여전히 나를 그리스도의 그 애끓는 사랑으로 바라보시며 그 사랑으로 붙들고 계심을 깨닫게 된다. 때로는 우리를 꾸짖기도 하시고 때로는 새 힘도 주시며 때로는 위로하시고 격려하셔서 그 믿음의 길을 다시금 걷게 하시는 은혜를 우리는 인생의 매 순간마다 경험하지 않는가? 나를 그렇게 용서하시고 나에게 긍휼과 사랑을 베풀기를 간절히 원하시는 하나님께서 내 옆의 형제들에게도 똑같이 그렇게 행하시기를 원하신다는 것을 깨닫는 것이 복음을 제대로 깨닫는 것이다. 그러니 진정한 예수 공동체는 형제들에게 그리고 세상 사람들에게 어떤 공동체로 비쳐질 수밖에 없을까? 긍휼과 사랑의 공동체로 비쳐질 수밖에 없다. 내가 주님께 긍휼과 은혜와 사랑을 받기를 원하는 만큼 하나님이 내 옆의 형제와 세상 사람들을 그렇게 사랑하시고 용서하시기 원하신다는 것을 인정하기 때문이다. 그래서 진정한 예수 공동체는 긍휼과 사랑의 공동체다. 바로 이러한 이유 때문에 우리는 서로를 날마다 긍휼히 여기고 사랑하고 또한 용서해야 하는 것이다.

본문 이해와 묵상을 돕는 질문들

(1) 바울은 우리가 참다운 예수 공동체답게 거짓을 버리고 참된 것, 즉 진리를 말하라고 권면한다. 이것은 맹세를 금지하시며 "너희 말은 옳다 옳다, 아니라 아니라 하라"고 하신 예수님의 말씀을 생각나게 한다. 어째서 그런지 설명하여 보라.

(2) 바울은 성도들이 참된 말을 해야 하는 이유를 25절 하반절에서 어떻게 설명하고 있는가?

(3) 26절에서 "분을 내어도 죄를 짓지 말라"는 말은 오해되기 쉽다. 마치 분을 낼 만하거든 언제든 분을 내어도 괜찮다는 말로 이해될 수 있기 때문이다. 이것이 왜 오해인지 31절의 맥락에서 설명하여 보라.

(4) 바울이 예수 공동체의 특성으로 분노를 발하지 말라고 권면하는 것은 샬롬의 가치를 드러내야 하는 예수 공동체의 가치와 직접적으로 연결된다. 이것이 무슨 말인지 설명해 보라.

(5) 28절과 32절에 등장하는 예수 공동체의 모습은 어떤 가치와 연결되어 있다고 말할 수 있는가?

(6) 옛 사람의 특징은 긍휼과 사랑과 자비가 무엇인지 모르는 데

에 있다. 죄인의 자기중심성이라는 개념으로 옛 사람의 특성
을 설명해 보라.

(7) 5:1-2에서 하나님을 본받는 자가 되라는 바울의 권면은 구체적
으로 하나님의 어떠한 속성을 본받으라는 말인가?

(8) 본문에 등장하는 예수 공동체의 세 가지 특징, 즉 진리 공동체,
샬롬 공동체, 긍휼과 사랑의 공동체라는 관점에서 당신의 가
정과 교회 공동체가 이 가치를 충실하게 추구하며 반영하고
있는지 정직하고 허심탄회하게 나누어 보라.

(9) 본문을 묵상하며 하나님 앞에 올리는 기도문을 작성하여 보라.

기도

하나님, 우리가 속해 있는 예수 공동체가 진정으로 진리만을 말하
는 진리 공동체가 되게 하소서. 주님의 승리의 결과인 샬롬을 세
상 속에서 추구해 가는 진정한 샬롬 공동체가 되게 하소서. 또한
무엇보다 하나님의 긍휼과 사랑을 먼저 경험한 공동체이기에 그
받은 사랑으로 서로를 긍휼히 여기며 날마다 사랑하고 용서함으
로 말미암아 주님의 진정한 승리를 구현하는 긍휼과 사랑의 공동
체가 되게 하소서. 우리가 속한 가정 그리고 일터와 학교에서 날
마다 하나님 나라의 승리를 함께 이루어 가게 하소서.

문맥과 요약

바울은 예수 공동체가 예수님의 승리를 어떻게 이 세상에서 구현해 갈 수 있는지를 설명하고 있다. 바울은 성도들이 새 창조의 피조물로 예수님 안에서 지으심을 받았기 때문에 근본적으로 이 승리가 가능하다고 생각하고 있다. 그래서 바울은 새 창조의 피조물로 지으심을 입은 성도들에게 옛 세상의 가치관과 세계관을 버리고 그리스도 안에서 새사람을 입으라고 권면한다. 새사람을 입는다는 것을 바울은 세상과 다름이라는 관점으로 설명한다. 이전 단락에서 바울은 세상과 구별되는 예수 공동체의 모습을 세 가지로 묘사했다. 예수 공동체는 진리 공동체이고 샬롬 공동체이며 동시에 긍휼과 사랑의 공동체여야 한다.

본문에서 바울은 이에 더해 예수 공동체의 성격을 성결 공동체로 설명한다. 이것은 그가 편지 초반부에서 설명한 것과 궤를 같이한다고 할 수 있다. 바울은 1장에서 하나님이 그리스도 예수 안에서 성도들을 죄악의 노예 생활로부터 속량하신 목적을 입양, 즉 하나님의 가족 공동체의 구성원으로 받아들임으로 설명했다. 곧, 하나님의 가족이 되어 그와 더불어 교제하는 것이 바울이 이해한 구원의 개념이다.

해설

3-5절 《음행과 온갖 더러운 것과 탐욕은 너희 중에서 그 이름조차도 부르지 말라 이는 성도에게 마땅한 바니라 누추함과 어리석은 말이나 희롱의 말이 마땅치 아니하니 오히려 감사하는 말을 하라 너희도 정녕 이것을 알거니와 음행하는 자나 더러운 자나 탐하는 자 곧 우상 숭배자는 다 그리스도와 하나님 나라에서 기업을 얻지 못하리니》

바울은 이전 단락에서 언급된 예수 공동체의 이야기를 본문에서 계속해서 이어 가고 있다. 본문 3-5절에서 바울은 주로 성적인 죄를 염두에 두고 그것을 지적하고 있다. 성적으로 문란한 행위는 에베소뿐만 아니라 우상 숭배를 하던 당시 이방인들의 전형적인 모습이었다. 많은 이교도의 종교의식 가운데 성적으로 난잡한 행위들이 종교의식이라는 이름으로 수행되고 있었음을 우리는 고린도전서의 이야기를 통해서도 확인하게 된다. 에베소도 예외가 아니다. 1세기 당시 에베소는 인구 30만에 육박하는 대도시였다. 에베소라는 도시의 일상은 신전을 중심으로 형성됐다. 그리고 신전에서 행해졌던 종교의식 가운데는 신녀들, 즉 종교적 매춘부와의 성적인 연합이 동반되곤 했다. 이것이 일반 사회 문화라는 이름으로 자행되고 있었으니 에베소교회 성도들 또한 이런 일반 사회 문화에 자연스럽게 노출되었음을 쉽게 상상할 수 있다.

바울은 바로 이런 맥락에서 성적 부도덕에 대해 이야기하고 있다. 바울은 성적인 범죄와 관련된 여러 가지 표현들을 반복적으로 사용하면서 그것이 얼마나 예수 공동체에 부적절한 것인지를 강조한다. 심지어 3절에서는 그러한 것들을 입 밖에 내지 말아야 할 것이라고 이야기한다. 4절에서 "누추함"이라는 말은 '아이스크로테스'의 번역으로 구체적으로 '외설적인 대화'를 가리키는 말이다. "어리석은 말"은 '모로로기아'의 번역으로 문자적으로는 말 그대로 어리석은 말을 나타내지만 당시 그레코로만 사회에서 주고받았던 '성적인 농담'을 일컫는 말이다. 그러므로 바울은 이런 것들이 그리스도인의 대화에서는 언급조차 되어서도 안 된다고 말하고 있는 것이다. 그럼 왜 바울은 그러한 것들을 대화의 주제로 삼는 것마저도 이렇게 강력하게 거부할까? 더러운 것을 생각하고 말하는 것은 궁극적으로 그것을 행동으로 옮기는 통로가 되기 때문이다. 또한 이러한 행위들은 바울이 이해한 복음의 이야기와도 전혀 어울리지 않기 때문이다.

바울은 1장에서 하나님이 그리스도 예수 안에서 우리를 죄악의 노예 생활로부터 속량하신 목적을 그의 가족 공동체 구성원으로 받아들임으로 설명했다. 하나님의 가족이 되어 그와 더불어 교제하는 것이 기독교가 말하는 구원의 개념이다. 즉, "거룩하고 흠이 없게 하시려고" 우리를 그의 자녀로 '입양'하신 것이란 말이다. 그런 자녀가 타락한 세상의 성 문화와 어울리는 모습으로 살아가는 것은 하나님이 우리를 구원하신 목적과 전혀 부합하지 않는다. 바로 이러한 이유 때문에 바울은 성적으로 부도덕한 행위뿐만 아니라 그러한 언어마저도 예수 공동체의 삶에서 부적절한 것으로 규정했다.

그런데 이러한 타락한 문화에 젖은 사람들에게 바울이 5절에서 하는 말은 충격 그 자체다. 음행하는 자, 더러운 성적 농담이나 주고받는 자, 그러한 것들을 탐하는 자를 바울이 우상 숭배자라고 규정하고 있기 때문이다. 즉, 하나님이 그들의 마음 한가운데 계시지 않고 자신이 주인이 되어서 마음껏 자신의 탐욕을 추구하는 자들이라는 말이다. 그리고 그러한 자들에게 임할 결과를 이야기하는 바울의 말은 다시 한번 충격적이다. 그러한 자들에게는 그리스도와 하나님의 나라에서 "기업"('클레로노미아')이 없을 것이라고 이야기한다. 바울이 사용하는 "기업"('클레로노미아')이라는 단어는 하나님이 완성하실 왕국을 상속할 사람들이라는 의미로도 사용되고 그 천국을 상속할 사람들이 얻게 될 천국의 유업이라는 의미로도 사용된다. 여기서는 후자의 의미로 이해하는 것이 좋을 것 같다. 그러므로 그러한 사람들은 하나님의 나라와 아무런 상관이 없는 사람들이라는 말이다. 자신이 자신의 삶의 주인이 되어서 돌이킴 없이 세상의 타락한 문화가 요구하는 탐욕적 행위를 하며 인생을 탕진한 사람들에게는 하나님의 심판이 주어진다는 말이다.

6-7절《누구든지 헛된 말로 너희를 속이지 못하게 하라 이로 말미암아 하나님의 진노가 불순종의 아들들에게 임하나니 그러므로 그들과 함께하는 자가 되지 말라》

바울은 지속적인 불경건함과 성결하지 못함에 노출되어 있는 사람들에게 6-7절에서 매우 강력한 어조로 경고하고 있다. 바울의 이런 어조로 미루어 보아 에베소교회 안에 있는 성도들 그룹 가운데 헛된 성적인 욕망에 붙들린 말과 행동으로 자신뿐만 아니라 타인의 삶도 피폐하게 만드는 자들이 있었던 것으로 보인다. 그런 위험에 노출되어 있는 성도들, 즉 값싼 복음에 휘둘릴 가능성이 있는 성도들에게 바울은 "어느 누구도 헛된 말로 너희를 속이지 못하게 하라"고 이야기한다. 바울은 그렇게 예수 공동체다운 행실이 없는 자들을 한 치의 주저함도 없이 "불순종의 아들들"이라고 이야기한다. 그리고 그들에게는 하나님의 진노가 임할 것이라고 이야기한다.

성도란 하나님은 안중에도 없고 자기만족밖에 모르는 패역한 세대로부터 구출, 즉 속량받은 사람들이다. 물론 성도들 역시 세상의 유혹으로부터 완전히 자유로울 수 없다. 바울이 말하려는 논리는 이것이다. 만일 성도들이 그리스도의 은혜를 안다면 어떻게 지속적으로 이러한 죄악 가운데 거할 수 있겠느냐는 말이다. 하나님의 사랑을 안다면 그럴 수 없다. 바울은 세상이 그것을 문화적 현상 혹은 사회적 현상 정도로 취급한다고 하더라도, 예수 공동체의 사람들은 성을 상품화하고 성을 개인의 취향 정도로 이야기하는 타락한 문화 속에서 성결한 태도를 유지함으로 세상과 달라야 한다고 강조한다.

8-14절 《너희가 전에는 어둠이더니 이제는 주 안에서 빛이라 빛의 자녀들처럼 행하라 빛의 열매는 모든 착함과 의로움과 진실함에 있느니라 주를 기쁘시게 할 것이 무엇인가 시험하여 보라 너희는 열매 없는 어둠의 일에 참여하지 말고 도리어 책망하라 그들이 은밀히 행하는 것들은 말하기도 부끄러운 것들이라 그러나 책망을 받는 모든 것은 빛으로 말미암아 드러나나니 드러나는 것마다 빛이니라 그러므로 이르시기를 잠자는 자여 깨어서 죽은 자들 가운데서 일어나라 그리스도께서 너에게 비추이시리라 하셨느니라》

바울은 지금까지 자신이 권면했던 예수 공동체의 삶을 8-14절에서 빛과 어둠의 메타포를 사용해서 정리한다. 예수님 안에서 새사람을 입는 자, 즉 하나님을 본받는 자의 삶을 어둠에서 빛으로의 변화로 설명하고 있는 것이다. 먼저 8-9절에서 바울은 예수 공동체의 정체성을 자신의 독자들에게 상기시키시고 있는데, 그것은 바로 "빛의 자녀"다. 특별히 눈에 띄는 것은 어둠과 빛을 단순히 성도들이 이전에 속해 있거나 혹은 현재 속해 있는 영역으로만 설명하는 것이 아니라 그들 자체를 어둠과 빛으로 설명하고 있다는 사실이다. "전에는 어둠이더니 이제는 빛이라." 물론 이 말은 성도들이 속해 있는 영역으로 정체성이 규정된다는 사실을 부인하는 진술로 보기는 어렵다. 성도들이 빛인 이유는 그들이 참 빛이신 예수님 안에 거하고 그분과 연합했기 때문이다. 바울은 빛의 자녀들이 맺어야 할 빛의 열매를 착함, 의로움, 진실함으로 설명한다.

11절에서는 성도들이 "빛의 자녀"이기 때문에 열매 없는 어둠의 일에 참여할 것이 아니라 도리어 "책망하라"고 이야기한다. 필자는 바울이 사용한 단어를 "책망하다"로 번역한 것이 부분적으로 오늘날의 이른바 '기독교 승리주의'에 한몫하고 있다고 생각한다. 한국의 '퀴어 축제' 같은 곳에 가서 동성애자들과 더불어 소위 맞불 집회를 하는 보수 기독교인들이 떠오르기 때문이다. 그러나 적어도 11절에서 바울이 "책망하다"라는 단어를 통해 그와 같은 생각을 전달하고 있다고 생각하기는 어렵다. 여기서 "책망하다"라는 표현은 '엘렝코'의 번역이다. 이 단어는 신약성경, 특히 복음서에서 '예수님께서 아무개를 책망했다'라는 표현으로 쓰였다(참조, 눅 3:19; 요 8:46; 16:8). 그러나 이 단어는 일차적으로 '빛 가운데로 나아오다', 즉 '빛 가운데 노출시키다'라는 의미를 가지고 있다(참조, 요 3:20; 엡 5:11, 13; 딤 2:15). 필자는 이 의미가 문맥에서 더 적절하다고 생각한다. 이렇게 생각하는 이유는 13절에도 이 단어가 또한 번 사용되는데, 문맥 속에서 이 단어는 '빛 메타포'와 분명하게 연결되어 있기 때문이다. 사실 11절과의 관계를 고려할 때 13절의 번역은 다소 아쉽다. 13절을 직역하면 다음과 같다. '빛에 의해서 노출되는 모든 것마다 밝히 드러나게 된다.' 그러니까 바울은 이 문맥에서 빛의 메타포를 사용해서 빛의 자녀가 어두움의 행위를 비추는 것을 생각하고 있는 것이 틀림없어 보인다. 이런 관점에서 11절은 이렇게 번역할 수 있을 것 같다. '너희는 열매 없는 어둠의 일에 참여하지 말고 도리어 빛 가운데로 나아오라.'

그러니까 바울은 에베소서 5장 문맥에서 어두움의 행위를 찾아다니면서 그것이 틀렸다는 방식으로 꾸짖고 대립하고자 함이 아니다. 도리어 바울이 생각하고 있는 그림은 이런 것이다. 어두움의 행실을 하고 있는 세상 앞에 '예수 공동체의 사람들이 어떻게 빛의 자녀답게 사는 것을 보여줄 수 있는가?' 혹은 '에베소라는 문화적 맥락 속에서 예수 공동체의 일원이면서도 여전히 에베소의 타락한 문화를 좇아 살아가는 자들에게 어떻게 거룩한 삶의 방식을 비춰줌으로써 그들도 빛이신 그리스도 앞으로 돌아오도록 권고할 수 있을까?'를 고민하고 있는 것이다. 이것이 문맥을 통해서 흐르고 있는 바울의 관심사다. 적어도 그것이 에베소서 5장에서 지금까지 바울이 이야기한 바임에 틀림없다.

묵상

(1) 바울은 에베소서 5장에서 예수 공동체인 교회를 통해서 예수님의 승리를 이 땅 가운데 선포하는 데 지대한 관심을 가지고 있다. 예수 공동체는 진리 공동체이기 때문에 상황에 관계없이 항상 형제와 사람들에게 진실된 것을 말해야 한다. 예수 공동체는 샬롬 공동체이기에 분노를 자제하고 샬롬의 가치를 함께 추구해 나가

야 한다. 예수 공동체는 하나님의 긍휼과 사랑을 먼저 경험한 공동체이기에 그 받은바 사랑으로 서로를 긍휼히 여기며 날마다 사랑하고 용서해야 한다. 예수 공동체는 성결 공동체이기 때문에 이 세상의 타락한 성 문화와 분명하게 구별되는 모습을 가져야 한다. 그가 하는 말에 심심치 않게 교묘한 거짓이 담겨 있다면 어떻게 세상이 우리가 증거하는 복음의 진정성을 믿을 수 있겠는가? 예수 공동체 안에서조차 예수께서 자신의 생명을 드려 세우신 샬롬의 가치를 지켜 내지 못한다면 세상이 우리가 증거하는 샬롬의 복음 선포에 귀나 기울여 주겠는가? 하나님의 용서와 사랑과 긍휼을 경험했다고 말로는 그럴 듯하게 이야기하지만 하나님께 받은 용서와 사랑과 그 긍휼을 형제들에게 기꺼이 베풀지 못하고 있다면 우리가 이야기하는 복음의 주된 내용, 즉 하나님의 용서와 사랑과 긍휼의 진정성에 세상이 귀나 기울여 주겠는가? 예수 공동체는 하나님과 교제하는 성결 공동체인데 그 안에 온갖 성적인 부정과 더러움이 가득하다면 세상이 예수 공동체에 대해서 관심이나 가지겠는가?

　　(2) 우리는 성에 대해서 상대적으로 매우 관대한 문화권에서 살고 있다. 내가 내 몸으로 원하는 것을 하는데 그것이 무엇이 잘못되었냐고 말하는 것이 이 시대의 문화이며 정신이다. 예전에 큰 아이가 미국 대학에 입학해서 오리엔테이션에 참석하기 위해 아이를 학교에 데려갔던 적이 있었다. 학교의 강의실과 식당을 둘러보고 난 후 아이가 거할 기숙사를 살피다가 깜짝 놀랐다. 설명해

주는 기숙사 사감쯤 되어 보이는 사람이 샤워실은 남녀 공용이라고 설명해 주었기 때문이다. 샤워실 내부를 둘러보니 샤워실 사이에 얇은 샤워 커튼 하나를 두고 공간이 나누어져 있었다. 피 끓는 청춘들이 샤워를 마치고 타월 하나만 두르고 복도를 오갈 생각을 하니 솔직히 조금 아찔했다. 그것을 아이에게 이야기했더니 별로 대수롭지 않은 일에 뭘 그리 걱정을 하느냐는 식으로 이야기했던 기억이 난다. 이것이 이 세대의 문화다. 동성애를 개인의 취향 정도로 생각하는 것이 이 세대의 타락한 성 문화다. 그리고 그것에 대해서 보수적인 견해를 견지하는 것은 마치 시대에 뒤떨어진 것인 양 취급하는 것이 이 시대의 문화라는 말이다. 예수 공동체는 시대의 정신과 조류에 편승하는 사람들이 아니다. 시대정신과 조류가 어떤 모습으로 변화되고 변모되어 가든 예수 공동체는 우리 주님이 새롭게 만드시는 새 창조의 가치를 가장 소중하게 생각하는 사람들이다. 초등학생들마저 추잡하고 타락한 포르노그래피를 보는 것이 보편화되고 일반화되어 있는 상황 속에서, 예수 공동체는 우리 주님이 소중하게 생각하시고 기뻐하시는 성결의 삶을 추구하는 사람들이란 사실을 잊지 말아야 한다.

우리가 거룩을 추구할 때 우리 주님이 기뻐하시며 우리를 흐뭇한 미소로 바라보신다는 사실을 기억해야 한다. 그것이 바로 영생을 이 땅에서부터 경험하는 삶이며 그런 친밀한 하나님과의 교제를 위해서 우리는 복음으로 구속 곧 속량함을 입은 것이다. 그렇게 삼위 하나님과 친밀하게 교제함으로 우리가 세상과 다름을 추구할 때 주님이 십자가에서 이루신 승리가 오늘도 우리의 삶의 현장에서 이루어지는 것이다.

(3) 필자는 바울이 에베소교회 성도들에게 하고 있는 이 이야기들이 오늘날에도 매우 중요한 함의와 묵상 포인트를 가지고 있다고 생각한다. 이 대목에서 오늘날 교회에 유행하는 가짜 사이비 복음에 대해 우리가 주의해야 한다고 생각한다. 예수를 믿기만 하면 구원받는다는 식의 복음 선포는 오늘날 조심해야 할 필요가 있다. '예수를 믿으면 구원받는다'는 그 말 자체는 성경이 선포하고 있는 틀림없는 진리이지만, 이 말이 원래의 의도와 상관없이 매우 심하게 곡해될 수 있기 때문이다. 틀림없이 우리의 구원을 위해서 우리가 기여할 수 있는 바는 없다. 전적으로 하나님의 은혜로 구원을 얻는 것이 성경이 일관되게 강조하는 내용이다. 하나님의 구원은 인간의 행위 때문에 주어지는 것이 아니다. 그러나 성경은 인간의 행위가 아무런 의미가 없다고 이야기하지 않는다. 예수 공동체라면 반드시 예수 공동체다운 모습이 나오게 되어 있다. 전적으로 하나님과 예수 그리스도의 십자가의 은혜와 이것을 깨닫게 하시는 성령의 사역을 통해서 은혜로 말미암아 구원을 얻었지만 그 구원의 은혜에 합당하게 반응하는 모습이 상실되어 있다면 어떻게 우리를 예수 공동체라고 말할 수 있겠는가? "열매로 알리라"고 말씀하셨던 주님의 말씀을 마땅히 떠올려야 한다.

본문 이해와 묵상을 돕는 질문들

(1) 바울은 음행과 성적 부도덕에 대한 이야기를 다룬다. 이것은 에베소라는 도시의 상황과 밀접하게 연결되어 있다. 에베소의 사회적·종교적 상황을 간략하게 정리하여 보라.

(2) 바울은 에베소교회의 실제적 상황을 염두에 두면서 성적인 범죄와 관련된 여러 가지 표현들을 반복적으로 사용한다. 바울은 "누추함"('아이스크로테스'), "어리석은 말"('모로로기아')은 입에 올리지도 말라고 했는데 이것들은 각각 무엇을 의미하는가?

(3) 성적인 음란함이 예수 공동체의 구성원들에게 적합하지 않음을 바울이 1장에서 언급한 구원의 개념, 즉 '입양'이라는 관점에서 설명하여 보라.

(4) 바울이 5절에서 "음행하는 자", "더러운 성적 농담이나 주고받는 자", "그러한 것들을 탐하는 자"를 우상 숭배자라고 규정하고 있는 이유를 설명하여 보라.

(5) 바울은 예수 공동체다운 행실이 없는 자들을 한 치의 주저함도 없이 "불순종의 아들들"이라고 부른다. 그리고 그들에게 하나님의 진노가 임할 것이라고 이야기한다. 바울이 말하는 관점에서 당신은 오늘날 교회 안에 만연해 있는 값싼 복음(예수를

믿기만 하면 구원을 얻는다)을 어떻게 균형 있게 비평할 수 있는가?

(6) 바울은 11절에서 성도들이 "빛의 자녀"이기 때문에 열매 없는 어둠의 일에 참여할 것이 아니라 도리어 "책망하라"('엘렝코')고 이야기한다. '엘렝코'는 일차적으로는 '빛 가운데로 나아오다', 즉 '빛 가운데 노출시키다'라는 의미를 가지고 있다(참조, 요 3:20; 엡 5:11, 13; 딤 2:15). 이 의미가 문맥에서 더 적절한 이유를 13절("빛에 의해서 노출되는 모든 것마다 밝히 드러나게 된다")을 가지고 설명해 보라.

(7) 바울은 지금까지 자신이 권면했던 예수 공동체의 삶을 8-14절에서 빛과 어두움의 메타포를 사용해 정리한다. 예수님 안에서 새사람을 입는 자, 즉 하나님을 본받는 자의 삶을 어둠에서 빛으로의 변화로 설명하고 있다. 당신의 삶의 영역에서 빛 가운데 노출되어야 할 부분은 어떤 부분인지 정직하게 나누어 보라.

(8) 삼위 하나님 앞에 도움을 간구하며 정직하게 기도문을 기록하고 소그룹원들과 함께 나누며 기도하여 보라.

기도

하나님, 우리의 성결하지 못했던 삶의 모습을 회개합니다. 음란하고 타락한 세상 가운데 살면서 사회와 문화라는 이름으로 성결을 추구하지 못하고 시대 조류에 표류하며 살았던 과거의 모습을 주님의 십자가에 못 박게 하소서. 이후로는 성결의 영이신 성령을 좇아 거룩한 열매를 맺으며 하늘의 일을 생각하고 추구하는 빛의 자녀로서 살아가게 하소서. 우리가 세상과 달라지는 것이 세상을 이기는 것임을 깨달아 끊임없이 세상과 다름을 추구하는 예수 공동체가 되게 하소서. 그래서 어두움에 있던 자들이 우리와 함께 우리를 빛으로 나아오게 하신 하나님과 그리스도 예수의 은혜를 영원토록 찬양하는 귀하고 복된 은혜를 허락하소서.

예수 공동체 III: 지혜의 공동체

문맥과 요약

사도 바울은 그리스도 예수 안에서 이 세상에 대해 승리하신 하나님의 승리가 어떤 것인지 보여 주기 위해서 교회를 세우셨다고 이야기한다. 예수 공동체인 교회가 세상을 이길 수 있는 방법을 바울은 세상과 다름이라는 주제로 설명한다. 세상은 힘으로 억누르는 방식의 승리를 이야기한다. 그러나 바울이 이야기하는 예수 공동체의 승리는 그런 것과는 거리가 멀다. 이러한 방식의 승리는 예수님의 십자가의 죽음이 실패가 아니라 승리였다는 바울의 새로운 신학적 인식에 기반하고 있다. 예수 공동체의 승리는 거짓을 이야기하는 세상 속에서 진리 가운데 거하며 그 진리를 이야기하고 누리는 승리다. 힘이 있으나 그 힘을 자신의 이기적인 유익을 위해서 사용하지 않고 다른 사람들의 유익을 구하며 그들과 조화로움, 즉 샬롬을 추구하는 승리다. 예수 공동체의 승리는 하나님 안에서 갚을 수 없는 용서를 받았지만 여전히 부족한 모습을 가지고 있는 연약한 죄인들이 서로를 불쌍하고 긍휼하게 여기며 함께 살아가는 과정 속에서 누리는 승리다. 여전히 타락한 더러움의 유혹이 상존하고 있지만 그럼에도 불구하고 성도들을 속량하여 주신 아버지의 은혜를 기억해서 성결하기를 애쓰는 모습 가운데 누리게 되는 승리다. 바울이 이야기한 바대로 말하자면 '열매 없는 어둠의 일에 참여하지 않고 도리어 어둠 가운데 거하는 사람들에게 예수 공동체의 아름답고 따뜻한 빛을 비추어서 그들로 하여금 빛 가운데로 나아오게' 만드는 그러한 종류의 승리다.

바울은 '빛 가운데 거하는 승리 혹은 빛의 자녀로 누리는 승리'를 본문에서 "지혜"라는 주제를 통해서 설명한다. 즉, 빛 가운데 거함이 "지혜"로 이해되고 설명된다. 예수 공동체는 지혜 있는 자가 되어서 자신들에게 주어진 적절한 기회를 활용하여 '부르심의 소명'에 투철한 삶을 살아야 한다. 그런 삶을 살아 내려면 예수 공동체는 그리스도의 영인 성령으로 충만해져야 한다.

해설

15-17절《그런즉 너희가 어떻게 행할지를 자세히 주의하여 지혜 없는 자같이 하지 말고 오직 지혜 있는 자같이 하여 세월을 아끼라 때가 악하니라 그러므로 어리석은 자가 되지 말고 오직 주의 뜻이 무엇인가 이해하라》

본문 15절을 시작하는 단어 "그런즉"('운')을 보면 주제 면에서 바울이 앞서 언급했던 예수 공동체의 승리를 계속해서 이야기하고 있는 것이 분명하다. 동시에 이 접속사는 빛의 자녀로 살아가라는 앞 단락의 명령에 근거해서 새로운 권면이 도입되고 있음을 시사한다. 바울은 여기서 예수 공동체의 승리를 위한 실제적인 조언을 제공한다. 즉, 예수 공동체의 승리를 위해서는 지혜가 필요하다는 사실을 성도들에게 주지시키면서 "그런즉 너희가 어떻게 행할지를 자세히 주의하여 보라"고 권면한다. "자세히 주의하다"는 '블레페테 아크리보스'의 번역으로 '주의 깊게 살펴보라'는 의미다. 주의 깊게 살펴보는데, 지혜 없는 자같이 하지 말고 지혜 있는 자같이 하라고 권면한다. 즉, 이 승리는 승리하겠다는 의지만으로 이루어지는 승리가 아니라는 말이다. 운동경기에서도 승리를 하기 위해서는 승리를 위한 지혜로운 전략이 필요한 것 아닌가? 승리를 위한 전략을 바울은 "지혜"라는 관점에서 서술하고 있음을 알 수 있다.

바울은 16절에서 이 지혜를 "세월을 아끼라 때가 악하니라"라는 말로 설명한다. 일단 이 번역이 에베소서에서 상당히 난해한 번역이라는 점을 먼저 밝혀야 할 것 같다. 개역개정의 번역을 보면 '시절이 악하니 시간을 아껴서 잘 사용해야겠다' 정도로 이해하기 쉽다. 즉, '지혜로움은 시간을 아끼는 모습으로 드러나야 한다'는 것으로 이 말이 이해될 수 있다는 말이다. 물론 보편적인 의미에서 시간을 아끼는 것이 지혜임에는 틀림없겠지만 바울이 이야기해 오던 문맥에서 상당히 갑작스럽게 이 말이 등장한다는 생각이 든다. 바울이 문맥과 상관없이 뜬금없이 시간을 아끼는 것이 지혜라고 이야기하는 것은 다소 주제와 동떨어진다는 느낌을 피할 길이 없다. 하지만 바울이 본문을 통해 말하려는 것은 분명히 그 이상으로 보인다. 개역개정의 "세월을 아끼라"는 '엑싸고라조 메노이 톤 카이론'의 번역이다. 바울이 사용한 단어 '엑싸고라조'는 바울의 편지에서 총 4회 사용된다(참조, 갈 3:13; 4:5; 엡 5:16; 골 4:5). 갈라디아서 3장과 4장에서 그리스도께서 우리를 율법의 저주에서 속량하셨다고 했을 때 '속량하다'(redeem)라는 단어가 바로 이 단어다. '엑싸고라조'는 기본적으로 '사다'(buy) 혹은 '구속하다/속량하다'(redeem)라는 의미로 신약성경에서 사용된다. 그렇다면 "세대가 악하기 때문에 세월을 사라/속량하라"라는 말은 무슨 의미일까? "세월"로 번역된 '카이로스'는 일반적으로 '시간'을 뜻하기도 하지만, 바울이 갈라디아서 6:9에서 '특정한 때/기회' 혹은 '적절한 때/기회'라는 의미로 사용한 예가 있다. 본문도 이런 맥락에서 '적절한 기회를 잘 활용하라'는 의미로 이해하는 것이 문맥과 더 잘 어울릴 것 같다. 즉, '세대가 악하니 적절한 기회를 잘 활용하라(buy)' 정도로 번역할 수 있겠다.

이 어구가 의미하는 바를 보다 더 잘 이해하기 위해서는 문맥이 결정적으로 중요하다. 특별히 이전 단락과 더불어 근접 문맥인 17절에서 바울이 무엇을 이야기하는지를 살피는 것이 중요하다. 17절을 보면 '적절한 기회를 잘 활용하는 것'과 '주의 뜻이 무엇인가 이해하는 것' 사이에 연관 관계가 보인다. 바울은 15-16절에서

지혜를 가지고 '적절한 기회를 잘 활용하라'고 권면했고 17절에서는 어리석은 자, 즉 **지혜 없는 자가 되지 말고** '주의 뜻이 무엇인가 이해하라'고 권면했다. 그러니까 '적절한 기회를 잘 활용하는 것'과 '주의 뜻이 무엇인지를 분별하는 것' 사이에는 매우 밀접한 관계가 있는 것은 분명해 보인다. 그럼 지금까지 이야기한 문맥 속에서 바울이 이야기하는 "주의 뜻"은 무엇인가? 바울의 이야기를 이렇게 요약할 수 있을 것 같다. 바울은 예수 공동체의 승리가 어떤 모습으로 나타나야 하는지를 4장 후반과 5장 초반에 걸쳐서 이야기하고 있다. 그러니까 문맥 속에서 바울이 이야기하는 "주의 뜻"이란 예수께서 세상을 이기신 것처럼 예수 공동체도 주님과 함께 세상을 이기는 것이다. 이런 관점에서 이야기한다면 '때가 악하기 때문에 적절한 기회를 잘 활용하라'는 바울의 이야기는 예수 공동체가 감당해야 할 승리의 사명과 그들을 향한 부르심의 소명을 이야기하는 것으로 이해할 수 있다.

문맥은 매우 분명한 편이다. 바울은 11절에서 이미 예수 공동체에게 어두움의 일에 참여하지 말고 도리어 그들을 예수 공동체를 통해서 빛 가운데로 나아오게 하라고 이야기하지 않았는가? 이런 관점에서 이해하면 '적절한 기회를 잘 활용하라'라는 말은 이 악한 시대를 살아가고 있는 예수 공동체의 소명과 관련된 것으로 보인다. 성도들이 예수 공동체로서 진리를 말하며 동시에 진리에 따라 살 때, 성도들이 선포하는 샬롬의 가치를 살아낼 때, 하나님께서 그리스도 예수 안에서 보여 주신 긍휼과 사랑의 정신이 서로서로에게 선명하게 드러날 때, 성도들을 더러움에서 씻어주신 주님의 은혜를 생각해서 에베소의 타락한 문화와 결별하고 성결해지려고 몸부림칠 때, 예수 공동체의 승리를 세상 가운데 선명하게 선포할 수 있게 된다. 그리고 예수 공동체가 에베소의 타락한 문화 가운데서 그렇게 승리할 때 악한 세대 가운데 어두움에 있는 자들이 함께 빛 가운데로 나아오게 되는 귀한 은혜와 축복을 누리게 될 것이다. 바울은 이런 맥락에서 '적절한 기회를 잘 활용하라'고 권면하는 것이다. 이 악한 세대 가운데 복음의 진리를 따라 살아감으로써 자신들도 예수 공동체로 분명하게 자리매김할 뿐만 아니라 타락한 세상 속에 있는 자들도 그리스도의 빛 앞으로 인도해 내는 "빛의 자녀"의 삶을 살아갈 수 있는 것이다.

18-21절 《술 취하지 말라 이는 방탕한 것이니 오직 성령으로 충만함을 받으라 시와 찬송과 신령한 노래들로 서로 화답하며 너희의 마음으로 주께 노래하며 찬송하며 범사에 우리 주 예수 그리스도의 이름으로 항상 아버지 하나님께 감사하며 그리스도를 경외함으로 피차 복종하라》

바울은 이 예수 공동체의 사명과 승리가 결코 우리의 힘과 의지와 결단만으로 이루어지는 것이 아니라는 사실을 18절에서 매우 분명하게 밝히고 있다. 18절을 보면 바울이 예수 공동체의 승리를 위해서 "성령 충만"을 강조하고 있음을 보게 된다. 성령 충만이라는 개념은 여러 다양한 사람에 의해서 무척이나 다양하게 이해되고 있는 것 같다. 아마도 "성령 충만"이라고 하면 성도들은 매우 다양한 그림을 머릿속에 떠올리게 될 것 같다. 그러나 성경, 특별히 바울이 이야기하는 성령의 충만함이란 예수님의 영으로 충만해지는 것과 다른 것이 아니다.

바울은 이미 1:23에서 교회가 그리스도의 충만하심으로 충만해짐에 대해 언급한 바 있다. 성령 충만의 양태와 결과는 매우 다양할 수 있겠으나 바울이 말하려는 그 핵심은 매우 분명하다. 성령으로 충만해지는 것은 예수님의 영으로 충만해지는 것이다. 그러니까 이런 이야기가 된다. 예수 공동체가 승리하려면 성령으로 충만해져야 한다는 말이다. 달리 표현하면 예수 공동체가 승리하려면 예수님의 영으로 충만해져야 한다는 말이다. 매우 상식적인 이야기다. 예수님의 영으로 충만해져서 하나님과 교제하고 동행하며 살아갈 때에야 비로소 예수 공동체는 진정한 인간다운 삶을 영위할 수 있다. 이것이 본래 하나님이 인간을 창조하신 이유다. 예수님을 통해 새롭게 창조되어 성령 충만한 자녀의 모습으로 살아가는 것을 하나님이 기대하시고 이렇게 살아갈 때 예수 공동체는 세상에서 승리할 수 있다.

바울은 성령, 즉 예수님의 영으로 충만한 것이 어떤 것인지를 19-21절에서 설명한다. 바울이 설명하고 있는 성령 충만의 모습은 한 개인의 삶에서 경험되어질 수도 있지만 이곳에서 언급된 것은 보다 공동체적인 경험을 염두에 두고 있는 것 같다. 19-21절에는 연속적으로 다섯 개의 분사들이 사용되고 있다. "화답하며"('랄룬테스'), "노래하며"('아돈테스'), "찬송하며"('프살론테스'), "감사하며"('유카리스튼테스'), "복종하라"('휘포타쏘메노이'). 이러한 모습으로 사는 것이 성령 충만한 삶의 모습이라는 말이다. 이곳에서 사용된 다섯 개의 분사의 기능은 두 가지로 설명할 수 있다. 먼저는 성령 충만해진 것의 결과로 이 분사들을 이해할 수 있다. 즉, 성령 충만해지면 이와 같은 현상들이 나타난다고 이해하는 것이다. 또는 이러한 분사가 나타내는 행위를 수단으로 해서 성령 충만을 받게 되는 것으로 이해할 수도 있다. 사실 19-21절의 이야기가 성령 충만의 결과를 이야기하는지 아니면 그러한 것들을 통해서 성령 충만을 받게 되는 것인지는 분명해 보이지 않는다. 적어도 문법상으로는 두 가지 가능성이 다 존재하기 때문이다. 그러나 어떤 의미에서 그러한 논쟁은 닭이 먼저냐 달걀이 먼저냐라는 논쟁처럼 불필요해 보인다.

19절과 20절에는 우리가 일반적으로 교회와 가정, 사회에서 행하는 기독교인들의 모든 신앙적 행위들이 묘사되어 있다. 특별히 공동체에서 행해지는 종교적 행위들, 즉 말씀을 배우고 또한 나누며 서로 격려하는 모든 행위들이 묘사되어 있다. 바울은 이러한 것들이 성령 충만함이라고 이야기한다. 한마음으로 주께 노래하며 찬송하는 것 그것이 성령 충만함이라고 이야기한다. 범사에 예수님의 이름으로 하나님 아버지께 감사하는 것은 에베소서의 문맥에서 기도를 의미한다. 말씀을 배우고 하나님께 기도하며 찬양하는 모습이 바로 성령 충만한 사람의 모습이다. 그리고 그러한 과정들을 통해서 우리는 또한 지속적으로 성령 충만하게 된다는 말이다. 마지막에 등장하는 피차 복종하라는 권면은 바울 사도가 뒤에서 언급할 예수 공동체를 위한 실제적인 강령을 준비하는 역할을 한다고 할 수 있다.

묵상

필자는 목회를 하면서 알게 된 것이 하나 있다. 그것은 목회자는 말할 것도 없고 적지 않은 성도들도 좋은 교회에 다니고 싶어 한다는 사실이다. 우리 중 상당수는 좋은 교회에 다니고 싶고 좋은 교회를 만들고 싶은데 왜 그것이 잘 안 되는 것일까? 아마도 좋은 교회에 대한 생각들이 사람마다 다르기 때문일 수 있다. 어떤 사람들은 선교/전도하는 교회가 좋은 교회라 생각한다. 그래서 교회가 선교/전도에 열심이 아니면 비난하기도 하고 비판적으로 돌변한다. 어떤 사람들은 의사결정이 민주적인 교회가 좋은 교회라고 생각한다. 심지어는 주장을 다소 극단적으로 펴서 교회의 장로들도 몇 년씩 주기를 두어 교인들이 돌아가며 해야 한다는 다소 황당한 논리도 편다. 사회가 고령화되어 가면서 실버 목회를 잘하는 것이 좋은 목회라 말하는 목회자들도 본다. 어떤 교인은 찬양이 뜨거운 교회가 좋은 교회라 생각한다. 누군가는 성령의 은사가 활발하게 작동하는 교회가 좋은 교회라고 생각한다. 다른 이는 설교자가 성도들이 듣기에 좋은 설교를 하는 교회가 좋은 교회라고 한다. 이처럼 좋은 교회에 대한 생각들이 정말로 다양하다.

　　도대체 어떤 교회가 좋은 교회인가? 누가 뭐래도 하나님이 세우신 본래의 목적에 가장 부합하는 교회가 좋은 교회일 것이다. 그 목적을 항상 기억하고 그와 같은 교회를 이루기 위해서 힘쓰는 목사와 성도들이 지혜로운 사람들일 것이다. 에베소서는 어떤 의미에서 '건강하고 좋은 교회를 세우기 위한 교과서'라고 말해도 과언이 아닐 것이다. 바울은 하나님이 그리스도 예수의 십자가와 부활의 승리를 통해서 이 땅에 교회를 세우셨다고 말한다. 바울은 에베소서 4-5장에서 예수 공동체인 교회를 통해서 예수님의 승리를 이 땅 가운데 선포하는 데 지대한 관심을 가지고 있다. 예수 공동체는 '진리 공동체'이고 '샬롬 공동체'이며 '긍휼과 사랑의 공동체'이고 '성결 공동체'이다. 예수 공동체의 승리가 어떤 것인지 잘 알지 못하면 그렇게 살아낼 가능성은 그만큼 더 희박해진다. 그러니 잘 아는 것이 정말로 중요하다. 그러나 이보다 더 중요한 것은 이것을 살아 내는 것이다. 이 승리의 목표를 위해 우리에게 주어진 모든 기회를 선용해야 한다. 물질과 시간과 재능 모두를 예수 공동체의 승리를 위해 적극적으로 활용해야 한다. 바울은 이것을 지혜라 부른다. 이것이 주어진 기회를 적극적으로 산다는 말의 의미이다. 우리가 바울이 말하는 예수 공동체의 특징들을 잘 구현해 내면 낼수록 우리는 좋은 교회를 만들 가능성이 그만큼 더 커지는 것이다.

바울은 예수 공동체의 승리를 구현하는 것이 우리의 힘만으로 되지 않는다고 이야기한다. 바울 사도의 이야기처럼 예수의 영이신 성령의 힘으로 덧입어야만 이 승리의 삶을 살 수 있다. 결심 한

번 한다고 되는 것이 아니라는 것을 우리의 인생에서 수도 없이 경험하지 않았는가? 이 승리는 성령의 충만함을 통해서 누릴 수 있는 것이다. 바울이 말하는 성령 충만함이란 말씀을 잘 배우고 그 말씀 속에서 주님과 교제하는 것이다. 말씀을 통해 경험하게 되는 주님을 성도들과 함께 찬양하는 기쁨을 통해서 성령의 충만함을 풍성히 누리게 된다. 주님과 친밀한 기도 속에서 성령의 충만함을 누리며 성령이 공급하는 힘을 얻게 된다. 성령으로 충만한 우리를 통해서 어두움에 있던 자들이 우리를 빛으로 나아오게 하신 하나님과 그리스도 예수의 은혜를 영원토록 찬양하는 귀하고 복된 은혜를 함께 누리게 되는 것이다. 이것이 하나님이 예수 그리스도를 통해서 교회를 세우셨을 때 기대하는 것들이다. 당신은 이 원리를 얼마나 잘 알고 있는가? 이 원리에 부합하는 영적인 훈련을 받고 실력을 갖추고 있는가? 혹 이런 것들이 매우 생소하고 훈련도 되어 있지 않으면서 승리를 얻고 싶은 열망에만 붙들려 있는 것은 아닌가? 세상에서도 그런 사람들은 망상가라 불린다. 망상가라 불리지 않으려면 에베소서에서 바울이 말하는 원리가 당신의 뼈가 되고 살이 되게 하라. 그것이 준비되기 전에는 승리하리라는 꿈도 꾸지 말라.

본문 이해와 묵상을 돕는 질문들

(1) 바울은 16절에서 예수 공동체의 지혜를 "세월을 아끼라('엑싸고라조메노이 톤 카이론') 때가 악하니라"라는 말로 설명한다. 이 번

역은 에베소서에서 상당히 난해하다. 필자가 새롭게 제시한 번역을 기록하고 그 이유를 설명하여 보라.

(2) 16절의 어구를 더 잘 이해하기 위해서는 문맥이 중요하다. 특별히 17절에서 바울이 무엇을 이야기하는지를 살피는 것이 중요하다. 바울은 15-16절에서 **지혜를 가지고** '적절한 기회를 잘 활용하라'고 권면했고 17절에서는 어리석은 자, 즉 **지혜 없는 자가 되지 말고** '주의 뜻이 무엇인가 이해하라'고 권면했다. '적절한 기회를 잘 활용하는 것'과 '주의 뜻이 무엇인지를 분별하는 것' 사이에는 매우 밀접한 관계가 있는 것이 분명해 보인다. 문맥 속에서 "주의 뜻"이 무엇인지 설명해 보라.

(3) 바울은 예수 공동체의 사명과 승리가 결코 우리의 힘과 의지와 결단만으로 이루어지는 것이 아니라는 사실을 18절에서 분명하게 밝히고 있다. 18절을 가지고 바울이 무엇을 강조하고 있는지 말해 보라.

(4) 에베소서의 맥락 속에서 바울이 언급하는 "성령 충만"이란 무엇을 의미하는가?

(5) 바울은 성령, 즉 예수님의 영으로 충만한 것이 어떤 것인지를 19-21절에서 설명한다. 바울이 설명하고 있는 성령 충만의 모

습은 한 개인의 삶에서 경험되어질 수도 있지만 보다 공동체
적인 경험을 염두에 두고 있는 것 같다. 그것이 어떤 것인지 기
록하여 보라.

(6) 성령 충만이 예수 공동체의 승리와 어떤 직접적 연관성을 가
지는지 당신의 말로 설명하여 보라.

(7) 당신과 당신의 가정의 삶은 19-21절에서 바울이 말하는 성령
충만과 얼마나 유사한가? 일주일을 살면서 이와 같은 성령 충
만한 삶의 모습이 당신의 가정에서 어느 정도 규칙적으로 나
타나고 있는지 정직하고 또한 구체적으로 나누어 보라.

(8) 변화가 필요한 부분이 있다면 소그룹원들과 구체적으로 나누
며 기도로 간구하여 보라.

기도

하나님, 우리 각자가 하나님의 원래 계획과는 동떨어진 채 우리
소견에 옳은 대로 하나님의 교회를 세워가려는 어리석음에서 벗
어나게 하소서. 바울이 말하는 예수 공동체의 승리의 원리가 우리
의 체질이 되게 하소서. 이 원리를 습득하고 훈련하는 지상의 교
회들이 되게 하소서.

에베소서 5:22-33
예수 공동체 IV: 대안적 가정 공동체 I

문맥과 요약

사도 바울은 세상과 다른 예수 공동체의 승리의 모습을 묘사했다. 타락한 세상 속 거짓이 난무하는 곳에서 참된 진리를 이야기하는 공동체, 하나님과 인간 그리고 인간과 인간 사이에서 깨어져 버렸던 샬롬을 회복해 나가는 공동체, 미움과 다툼이라는 어두움 속에서 살면서 늘 상처받고 살아가는 사람들에게 하나님이 베푸시는 따뜻한 사랑과 용서를 이야기함으로써 깨어지고 뒤틀어진 관계가 회복되는 공동체, 온갖 더러움이 가득한 곳에서 하나님의 성결한 백성이 어떤 모습인지를 몸으로 보여 주는 성결의 공동체, 주어진 모든 기회와 자원(시간, 물질, 건강, 재능)을 부르심의 소망을 위해서 사용하는 지혜의 공동체, 그것이 예수 공동체가 보여 주어야 할 세상과 다른 승리의 모습이라고 이야기했다. 그런데 이러한 예수 공동체의 승리를 이루기 위해서 바울은 성령, 즉 그리스도의 영으로 충만해야만 한다고 말한다. 바울이 언급했던 성령의 충만한 삶이란 서로 말씀으로 권면하고 하나님을 찬양하며 감사함으로 하나님께 기도하는 그런 모습이었다. 그것이 성령 충만한 예수 공동체의 모습이라고 이야기했다.

이제 바울은 동일한 성령의 충만함이 관계적인 관점에서 어떻게 표현되어야 하는지 설명한다. 본문 5:22로부터 시작해서 6장까지 바울은 성령 충만이 어떤 것인지를 인간관계 속에서 매우 구체적인 관계적 개념으로 설명한다. 이번 본문에서 바울은 남편과 아내의 관계 속에서 성령 충만을 이야기한다. 성령 충만한 아내는 어떤 모습이어야 하는가? 성령 충만한 남편은 과연 어떤 모습이어야 하는가? 6장에서는 자녀와 부모의 관계, 종과 상전과의 관계 속에서 성령 충만한 삶을 이야기한다. 바울이 말하는 성령 충만한 모습을 관계 속에서 구현해 내는 것이 곧 이 세상에 대한 승리라는 점을 말하려는 것이다.

해설

22-24절 《아내들이여 자기 남편에게 복종하기를 주께 하듯 하라 이는 남편이 아내의 머리 됨이 그리스도께서 교회의 머리 됨과 같음이니 그가 바로 몸의 구주시니라 그러므로 교회가 그리스도에게 하듯 아내들도 범사에 자기 남편에게 복종할지니라》

본문에서 바울은 부부 관계 속에서 그리스도를 경외함으로 피차 복종하는 삶을 살아가라고 권면한다. 문맥 속에서 바로 그것이 성령 충만한 삶이라는 것을 바울이 이야기하고 싶은 것이다. 바울은 먼저 22절에서 아내는 남편에게 복종해야 한다고 이야기한다. '복종해야 한다'고 했을 때 사용된 단어는 '휘포타소'인데, 이는 포괄적 관점에서 '권위 아래 있다'는 것을 의미한다. 한 가지 주의할 것은 이것이 일반적인 남녀 관계에 적용되는 것이 아니라 부부 사이에 적용된다는 사실이다. 바울이 언급하고 있는 이런 관점은, 남녀 사이의 평등이라는 가치가 매우 중요하게 취급되는 21세기 서구 사회에서는 쉽게 받아들이기 어려운 개념임에 틀림없다. 그러나 그것은 바울이 말하려는 것을 근본적으로 잘못 이해한 것이다. 바울은 단순히 당대 고대 사회에서 쉽게 받아들여지던 개념을 반복적으로 말하고 있는 것이 절대로 아니다. 문맥 속에서 바울은 타락한 세상 속에서 자행되어 왔던 부패한 관계를 그리스도의 복음으로 쇄신하고 갱신하는 것을 말하고 있기 때문이다. 즉, 외형적으로는 비슷한 말(복종하라)을 사용하고 있다 할지라도 알맹이를 살펴보면 급진적으로 다르다. 이러한 사실은 바울의 말을 통해서 증명된다. 바울은 아내는 남편에게 복종하되 마치 주께 복종하는 것과 같이 해야 한다고 이야기한다. 바로 이 지점이 세상의 복종과 근본적으로 다른 지점이다. 바울이 그리스도의 승리의 복음 안에서 대안적으로 제시하는 가정 공동체에서의 남편에 대한 아내의 복종은 당시 그레코로만 사회에서 흔히 볼 수 있었던 굴종이 아니다. 남편에 대한 아내의 복종이 그리스도를 향한 복종에 견주어서 설명되고 있기 때문이다.

　이 같은 사실은 바로 다음 절을 통해서 확인된다. 바울은 아내가 남편에게 그리스도께 하듯 복종해야 하는 그 이유를 23절에서 설명한다. 그것은 마치 그리스도께서 교회의 머리이시듯이 남편이 아내의 머리이기 때문이라는 것이다. 그래서 24절에서 바울은 교회가 그리스도에게 하듯 아내들도 범사에 자기 남편에게 복종하라고 권면하고 있는 것이다. 바울의 권면이 그리스도 중심적인 대안적 세계관에 기초하고 있음을 다시 한번 확인할 수 있다. 그럼에도 이러한 이야기가 오늘날 서구 사회나 한국과 같이 여성의 권리가 신장되어 있는 사회에서는 고리타분한 이야기인 것처럼 들릴 수 있다. 이 본문에서 현대인들이 바울이 아내들에게 하는 권면을 불편하게 생각하는 이유는 복종하라는 권면이 실제로 타락한 세상에서 흔히 볼 수 있는 굴종이라는 것과 매우 유사해 보이기 때문이다. 인간 세상에 죄악이 들어온 이후 타락한 세상에서 남자들은 자신의 아내를 자신의 소유물처럼 생각해 왔다. 즉, 가부장적 사회에서 상대적으로 힘이 약한 여성들은 힘 있는 남성들의 폭압적 통치 속에서 통상적으로 피해자의 자리에 있었다. 그래서 바울이 말하는 이야기를 얼핏 들으면 그러한 피해의식을 부추기는 것 같아서 그다지 달갑지 않게 들릴 수 있다. **그런데 우리가 기억해야 할 것은 바울은 바로 그런 맥락 속에서 타락해 버린 가부장적인 공동체에 대한 대안적인 예수 공동체를 이야기하고 있는 것이고, 그 맥락 속에서 예수 공동체 안의 가정 공동체를 이야기**

하고 있다는 점이다. 보다 정확하게 이야기하면 그런 타락한 세상 속에서 새 창조의 공동체로서 예수 공동체가 어떻게 하나님의 창조 질서를 가정이라는 공동체 속에서 다시금 회복할 수 있는지를 이야기하고 있다는 말이다. 그런 타락한 가부장적인 사회에서 그리스도의 영, 즉 성령으로 충만함이 남편과 아내의 관계에서 어떻게 나타나야 하는가를 이야기하고 있다. 달리 표현하면 그리스도 안에서 새로워진 관계 속에서 그리스도의 승리가 어떻게 가정이라는 공동체 속에서 드러나야 하는가를 바울이 말하고 있다는 말이다. 이게 큰 그림이고 이것이 바울이 말하려는 바다. 그래서 바울은 아내들에게 남편에게 그냥 복종하라고 말하지 않고, 남편에게 복종하되 교회가 그리스도에게 하듯이 복종하라고 이야기한 것이다. 바울이 에베소서에서 언급하고 있는 새 창조의 관점이 분명하게 투영되어 있는 것이 보이는가? 문맥 속에서 바울이 이야기하는 성령의 충만함이란 어떤 모습으로 드러나야 하는가? 교회가 그리스도에게 복종하듯 아내들도 범사에 남편에게 복종하는 것으로 드러나야 한다. 바울은 바로 이 모습이 예수 공동체 아내들이 성령 충만한 모습이라고 말하고 있다.

25-27절《남편들아 아내 사랑하기를 그리스도께서 교회를 사랑하시고 그 교회를 위하여 자신을 주심 같이 하라 이는 곧 물로 씻어 말씀으로 깨끗하게 하사 거룩하게 하시고 자기 앞에 영광스러운 교회로 세우사 티나 주름 잡힌 것이나 이런 것들이 없이 거룩하고 흠이 없게 하려 하심이라》

　동일한 관점에서 바울은 이어 남편들의 성령 충만한 모습이 어떤 것인지를 이야기하기 시작한다. 이 권면이 본래 타락한 가부장적인 사회에서 주어진 일반적 권면이라고 한번 상상해 보라. 당시 아내에게 복종하라고 권면했다면 남편에게는 뭐라고 권면해야 했을까? 아마도 '아내를 다스리라/통치하라' 정도가 되지 않았을까? 왜냐하면 그것이 가부장적 사회의 일반적 가치이기 때문이다. 그런데 바울의 권면은 그런 타락한 가부장적 사회의 가치 체계를 혁명적으로 뒤집는다는 것을 알 수 있다. 바울은 타락한 가부장적 사회에서는 도무지 쉽게 상상할 수 없는 어마어마한 권면을 한다. "남편들아 아내 사랑하기를 그리스도께서 교회를 사랑하시고 그 교회를 위하여 자신을 주심 같이 하라." 앞서 그리스도를 바라보고 있는 아내의 성령 충만한 모습이 남편에 대한 복종으로 드러나야 한다고 하지 않았는가? 그렇다면 그리스도를 바라보고 있는 남편의 성령 충만한 모습은 어떻게 드러나야 하는가? 그리스도께서 교회를 사랑하신 것처럼 아내를 사랑하는 모습을 통해서 드러나야 한다고 바울은 이야기한다. 그런데 그리스도께서 교회를 사랑하셨다고 했을 때, 바울은 그 사랑의 속성을 교회를 사랑하셔서 그 교회를 위하여 자신의 목숨을 내어 주시는 것으로 특정하고 있다. 이런 관점에서 생각해 본다면, 바울이 성령 충만한 아내와 남편을 향해서 하는 권면, 즉 "남편에게 복종하라", "아내를 사랑하라"는 권면에서 복종과 사랑이라는 개념은 우리가 흔히 타락한 세상에서 볼 수 있는 그런 우열의 개념이 아님이 분명하다. 바울이 말하려는 것은 새 창조의 피조물로 예수님 안에서 새로운 인류로 지으심을 받은 회복된 가정의 모습이다. 아내를 위한 권면에서 "교회가 그리스도에게 하듯이"라는 표현에 방점을 찍었던 바울은 마찬가지로 이제 남편들을 위한 권면에서도 마땅히 "그리스도가 교회에 하듯" 아내를 사랑해야 한다고 권면한다. 아내를 위하여 죽을 수 있을 만큼 사랑하라는 권면이다. 필자는 그런 사랑을 받은 아내가 그런 남편의 사랑 앞에서 복종하지 않는 모습을 상상하기 어렵다.

28-33절 《이와 같이 남편들도 자기 아내 사랑하기를 자기 자신과 같이 할지니 자기 아내를 사랑하는 자는 자기를 사랑하는 것이라 누구든지 언제나 자기 육체를 미워하지 않고 오직 양육하여 보호하기를 그리스도께서 교회에게 함과 같이 하나니 우리는 그 몸의 지체임이라 그러므로 사람이 부모를 떠나 그의 아내와 합하여 그 둘이 한 육체가 될지니 이 비밀이 크도다 나는 그리스도와 교회에 대하여 말하노라 그러나 너희도 각각 자기의 아내 사랑하기를 자신같이 하고 아내도 자기 남편을 존경하라》

바울은 계속해서 남편의 아내 사랑에 대한 주제를 이어 가고 있다. 바울은 이 단락에서 남편은 아내가 자신의 몸이란 사실을 인식해야 함을 설명한다. 바울에 따르면 남편과 아내는 더 이상 둘이 아니라 온전한 연합을 이룬 한 육체가 되었다. 그리고 하나의 온전한 연합이라는 것이 그리스도와 교회의 연합이라는 관점에서 서술된다. 바울은 이것을 비밀이라고 말한다. 그리고 이러한 부부 관계에 대한 바울의 설명은 그레코로만 사회에서 유비를 찾을 수 없는 매우 급진적 가르침이다. 당시 그레코로만 사회에서 남편은 정식 아내를 통해 자식을 낳았고 가정을 세워갔다. 그러나 자신들의 성적인 욕망을 위해서 첩을 두고 욕구를 충족시키는 일이 비일비재했다. 사랑이라는 말로 미화하기는 했지만 이것은 자신을 위한 이기적인 욕구 충족일 수는 있어도 절대로 성경이 말하는 사랑일 수는 없다. 바울은 이런 시대에 그리스도 예수의 복음으로 말미암아 새롭게 만들어진 예수 공동체가 추구해야 할 승리의 모습을 복음적/급진적 가정 공동체를 통해 구현하고 싶었던 것이다. 그리스도와 교회와의 연합을 통해서 부부의 연합을 설명하는 바울의 논리를 탐구하면 바울이 말하려는 바가 보다 더 분명해진다. 예수 공동체의 가장 작은 단위인 가정 공동체 또한 세상에 대한 예수 그리스도의 승리가 어떤 것인지를 보여 주어야 한다. 예수 공동체의 승리는 세상과는 다른 모습을 통해서 극명하게 선포된다. 따라서 예수 공동체인 가정 공동체는 그레코로만 사회의 자기중심적/이기적 사랑과 굴종과는 대비되는 극명한 이타적 사랑과 이에 대한 복종을 통해 세상 속에서 예수님의 기념비적 승리를 구현하게 된다.

묵상

필자가 성경을 가르칠 때 여자 성도들이 한 번이 아니라 여러 번이 본문을 묵상하며 불편함을 표했던 기억이 있다. 남편에게 복종하라고 했을 때 불편한 느낌을 가졌던 것이다. 그런데 여성도들의 남편들이 자신들의 아내를 사랑해서 자신의 생명을 내어 줄 정도로 사랑한다고 한번 가정해 보라. 그리스도께서 교회를 사랑하셔서 그 교회를 하나님 앞에 정결하고 거룩한 신부로 세우기 위해 자신의 생명을 아낌없이 주시지 않았는가? 그런 주님의 자기 헌신적 사랑을 우리가 마음 깊은 곳에서 깨달았기 때문에 교회인 우리가 주님의 말씀에 순종하고 복종하는 새 창조의 삶을 살아가게 되는 것 아닌가? 이 원리가 참으로 중요한 것 같다. 예수께서 교회를 위해 자신의 생명을 내어 주실 만큼 사랑하셨기에 교회의 복종이 가능해진 것이다. 아내들에게 주어진 그리스도에게 복종하듯 남편에게 복종하라는 명령, 그리고 남편들에게 주어진 아내를 사랑하되 주님이 교회를 사랑하신 것처럼 사랑하라는 명령, 이 두 명령은 어느 하나도 가볍게 취급할 수 없는 매우 엄중한 명령임에 틀림없다. 아내와 남편은 모두 이 말씀을 매우 무겁게 받아야 한다. 그러나 이 관계에서 더 근원적 책임은 남편에게 있다는 것을 인정하지 않을 수 없다.

교회와 신학교에서 사역하면서 필자는 타락한 가부장적 사회 속에서 폭압적이고 권위적인 남편들로 인해서 신음하고 있는 여자 성도들을 상담했던 적이 있다. 물론 부부 관계란 외부에서 보는 것과 달리 매우 미묘한 부분이 있고 그 관계의 다양한 측면들이 있다는 것을 인정해야 할 것이다. 그리고 여자들 편에서는 아무런 문제가 없다는 이야기를 하려는 것도 아니다. 하지만 이번 본문의 관점에서 생각해 본다면 더 무거운 책임은 남편들에게 있다는 것을 인정하지 않을 수 없다. 남편들이 그리스도의 사랑을 본으로 삼아서 자기희생적 사랑으로 아내를 사랑했다면 우리의 부부 생활 속에 성령 충만한 모습이 더 아름답게 드러나지 않았을까 생각하게 된다. 바울은 에베소서 4-5장에서 예수 공동체인 교회를 통해서 예수님의 승리를 이 땅 가운데 선포하는 데 지대한 관심을 가지고 있다. 이 예수 공동체의 승리는 성령으로 충만하지 않고서는 절대로 이룰 수 없는 것이다. 그런데 그 성령 충만은 아내와 남편의 관계 속에서도 드러나야 한다. 아내의 성령 충만함은 교회가 그리스도께 복종하듯 남편에게 복종하는 것을 통해서 드러나야 한다. 남편의 성령 충만함은 그리스도께서 교회를 위해 자신의 생명을 내어 주셨듯이 아내를 사랑하는 것을 통해서 드러나야 한다. 이러한 관계들 속에서 성령 충만한 모습이 드러날 때 우리는 깨어진 곳에서 회복을 통해 승리를 만들어 내시는 그리스도의 승리를 세상 가운데 보여 주게 될 것이다.

본문 이해와 묵상을 돕는 질문들

(1) 바울은 "성령 충만함"이라는 개념을 관계적으로 설명한다. 먼저 아내들에게 남편에게 "복종하라"('휘포타소)고 권면한다. 이 말은 '권위 아래 있다'는 말이다. 얼핏 보면 당시 그레코로만 사회에서 통용되던 개념과 유사해 보인다. 그러나 그것은 오해다. 어째서 오해인지 23-24절로 설명해 보라.

(2) 바울의 남편에게 복종하라는 권면은 당대 타락한 사회의 모습과 다른 것이 틀림없음에도 현대인들에게는 불편하게 들린다. 타락한 인간 사회에서 여성들이 가지고 있던 피해의식을 부추길 수 있기 때문이다. 그럼에도 이것이 바울이 말하려는 바를 근본적으로 오해한 것이라는 점을 문맥 속에서 설명해 보라.

(3) 이어서 남편들에 대한 권면이 주어진다. 당시 타락한 가부장적 사회에서 일반적으로 아내에게 "복종하라"고 권면했다면 남편에게는 뭐라고 권면해야 했을까?

(4) 남편에 대한 바울의 권면은 가히 혁명적이다. 어째서 이 권면이 당시 그레코로만 사회에서 혁명적인지 말하여 보라.

(5) 만일 남편이 아내 사랑하기를 그리스도께서 교회를 사랑하셔서 자신의 목숨을 내어 주신 것처럼 사랑한다면 그런 사랑을 받은 아내의 입장에서 남편에게 복종하는 것이 어떤 것일지 이야기해 보라.

(6) 성도들은 에베소라는 세속 도시에서 살았다. 당시 에베소의 일반적 성 풍속도와 이와 급진적으로 다른 바울이 제시하는 예수 공동체의 부부 관계를 비교하여 기록하여 보라. 그리고 그것이 얼마나 급진적인지 이야기해 보라.

(7) 바울이 제시하는 예수 공동체의 부부 관계라는 거울 앞에 당신 가정의 모습을 정직하게 비추어 보라. 배우자의 관점이 아닌 당신의 관점에서 먼저 회개해야 할 부분이 있다면 구체적이고 상세하게 기록하여 보라.

(8) 동일하게 예수 공동체의 부부 관계라는 거울 앞에서 당신 가정의 모습을 정직하게 비추어 보고 배우자에게 건강하게 요구할 수 있는 부분을 기록하여 보라. 그리고 겸손하게 상대방을 존중하는 마음으로 함께 나누어 보라.

(9) 이 기록들을 부부가 함께 공유하며 주님 앞에 기도문을 기록하고 함께 기도하여 보라.

기도

하나님, 주님이 이루어 놓으신 영광스러운 승리에 주님의 방식을 통해 동참하는 예수 공동체가 되게 하소서. 특별히 우리의 가정들이 이 패역한 세대의 자기중심적/이기적 사랑을 극복하고 주님이 교회에 보여 주신 사랑을 본받아 남편은 아내를 이타적으로 사랑하고 아내는 그런 남편에게 복종하는 새 창조의 가정의 모습을 회복하게 하소서.

에베소서 6:1-9
예수 공동체 V:
대안적 가정 공동체 II, 대안적 사회 공동체

문맥과 요약

사도 바울이 이야기하는 예수 공동체의 승리의 모습은 타락해 버린 세상과 다른 모습을 통해서 선명하게 부각된다. 예수 공동체의 승리를 이루기 위해서 바울은 성도들이 성령으로 충만해야만 한다고 말했다. 바울이 언급했던 성령 충만한 삶의 모습은 5장 후반부에서 인간관계 가운데 설명되고 있다. 성령 충만한 남편은 그리스도가 교회를 사랑하셔서 자기를 기꺼이 주셨듯이 아내를 사랑한다. 성령 충만한 아내는 교회가 그리스도께 복종하듯이 남편에게 복종한다. 물론 여기서 복종이라는 것은 우리 시대에 흔히 생각할 수 있는 그런 굴종이 아니며 절대로 우열의 개념이 아니다. 여기서 복종은 그리스도를 함께 바라보고 있는 남편과 아내가 그리스도 안에서 새롭게 창조된 피조물로서 동등한 지위를 가지며 서로서로를 존귀하게 여기고 상대방의 유익을 생각하는 거룩한 모습이다. 사도 바울은 본문에서 세상과는 다른 예수 공동체로서의 성령 충만한 모습을 부모와 자녀 또 주인과 종의 관계 속에서도 설명해 간다.

해설

1-4절 《자녀들아 주 안에서 너희 부모에게 순종하라 이것이 옳으니라 네 아버지와 어머니를 공경하라 이것은 약속이 있는 첫 계명이니 이로써 네가 잘되고 땅에서 장수하리라 또 아비들아 너희 자녀를 노엽게 하지 말고 오직 주의 교훈과 훈계로 양육하라》

　　바울은 5:21에서 "그리스도를 경외함으로 피차 복종하라"고 권면한 바 있다. 이 단락을 다루기에 앞서서 무엇보다 논쟁이 있는 한 가지를 이야기해야 할 것 같다. 그것은 21절에서 언급된 그리스도를 경외함으로써 피차 복종하라는 말이 부부 관계에만 적용되는 것인지 아니면 뒤에 등장하는 부모와 자녀, 주인과 종에게도 적용되는지의 문제다.

　　이 문제를 다루는 데 있어서 문맥이 결정적으로 중요하다. 바울은 그리스도의 승리를 구현하기 위해서 성도들이 성령으로 충만해야 한다고 말했다. 그리고 그 성령으로 충만한 모습을 종교적인 영역에서 먼저 설명했다(5:19-20). "시와 찬송과 신령한 노래들로 서로 화답하며 너희의 마음으로 주께 노래하며 찬송하며 범사에 우리 주 예수 그리스도의 이름으로 항상 아버지께 감사하라."

그리고 "그리스도를 경외함으로 피차 복종하라"고 권면했다. 이 권면을 따라 아내와 남편의 관계 안에서 **피차** 복종하는 것이 무엇인지 설명되고 있는 것이다. 이런 문맥 속에서 부모와 자녀, 주인과 종의 관계가 뒤따르고 있는데, 이 관계들이 앞서 언급된 부부 간의 관계와 별개로 독립적으로 존재한다고 생각하는 것은 문맥상 자연스럽지 않다. 그래서 필자는 문맥상 피차 복종하라는 명령은 부부 관계뿐만 아니라 부모와 자녀 그리고 주인과 종의 관계에도 적용되어야 자연스럽다고 생각한다.

한 가지 흥미로운 것은 아리스토텔레스도 자신의 『정치학』이라는 책에서 바울이 사용한 것과 똑같이 부부 관계, 부모와 자녀 관계, 상전과 종의 관계 속에서 자신의 정치적 담론을 설명했다. 그렇기 때문에 아리스토텔레스의 『정치학』은 바울이 말하려는 세계관과 비교해 볼 수 있는 좋은 참고 자료가 될 수 있다. 무엇보다 에베소서의 문맥에서 바울이 말하려는 바를 생각해 볼 때 이러한 비교는 상당히 흥미로우면서도 매우 적실하다. 왜냐하면 바울은 하나님의 새로운 피조물로 새롭게 창조된 예수 공동체가 타락한 세상과 다른 세계관인 성령으로 충만한 모습으로 세상을 이기는 이야기를 우리가 살아가는 여러 관계 속에서 말하고 있기 때문이다. 철학자였던 아리스토텔레스가 『정치학』에서 이야기했던 한 부분이 특별히 우리의 관심을 끈다. "천성적으로 타고난 다양한 계층의 지배자 피지배자가 존재했다. 자유인은 노예를, 남자는 여자를, 가장은 자식들을 다양한 방식으로 다스린다. … 노예들에게는 이성적인 영혼이 전혀 없다. 여자에게는 이성이 존재하지만 충분한 권위는 없으며, 아이들에게도 이성은 있지만 미개발된 형태로 남아 있다"(『정치학』 1260a 9-14). 『정치학』에서 언급된 이야기를 보다 보면 참된 인간으로 간주할 수 있는 유일한 존재는 가장이자 주인인 남편이다. 종이나 여자나 아이들은 합리적인 이성적 능력이 현저하게 결여되기 때문에 주인, 남편, 아버지의 통제를 받아야 한다고 이야기한다. 종, 여자, 아이들은 그레코로만 사회의 실제적인 구성원이 되기에는 부족한 사람들이라는 말이다. 이것이 바울 당대의 철학적 사고방식이었다.

그런데 당대 이런 사고와 비교해 보면 바울이 바라보고 있는 예수 공동체의 현저하고도 급진적인 특징이 보인다. '**그리스도 안에서 새로운 피조물로서 만들어진 새로운 인류는 그 구성원 모두가 하나님의 백성으로서의 동등한 존엄성을 가지고 있다**'는 사실이다. 그리고 그들 모두는 여자건 아이건 종이건 관계없이 하나님이 그리스도 안에서 만들어 가실 새로운 세상의 비전에 함께 동참하도록 동등하게 초청받았다는 사실이다.

바울은 자녀들에게 "주 안에서 부모에게 순종하라"고 권면한다. 동시에 바울은 "부모를 공경하라"고도 권면한다. 아마도 바울이 사용한 단어 "자녀들아"('타 테크나')가 나이 어린 자녀와 성인 자녀 둘 다를 포괄하기 때문인 것으로 보인다. 전자의 권면은 주로 결혼하기 이전의 미성년 자녀를 뜻하는 것 같고, 후자의 권면은 이미 성인이 된 자녀들을 염두에 둔 것으로 보인다. 중요한 것은 바울이 지금 자녀들에게 예수 공동체의 권면을 하고 있다는 사실이다. 비록 어린 자녀들이라고 해서 예수님 안에 있는 새 세상의 비전에서 제외되는 것이 아니라는 말이다. 패역하고 타락한 세대와는 달리 자녀들이 성령으로 충만해서 부모에게 순종하고 부모를 공경하게 될 때 그들도 예수 공동체의 승리에 동참하게 된다.

본문 속에서 두드러지는 예수 공동체의 또 다른 분명한 특징은 **'예수님의 주 되심 아래서 모든 것이 새로운 가치 질서를 가지게 된다'**는 사실이다. 그런데 이 이야기도 이 편지를 받았던 에베소 교인들의 당대 문화 속에서 조명되어야 할 필요가 있다. 당시 로마는 시저(Caesar)를 공동체의 머리로 삼았다. 로마의 정치 체계에 의하면 한 사람의 가치를 결정하는 것은 다름 아닌 그가 가지고 있는 사회적 계급이었다. 독자들도 알다시피 그러한 계급적 체계는 필연적으로 온갖 불의와 학대를 조장할 수밖에 없다. 계급사회에서 높은 지위를 가지고 있는 사람들은 상대적으로 낮은 지위에 있는 사람들을 압박하고 착취한다. 이것이 당대 타락한 세상의 가치 체계였다. 하지만 예수 공동체에서는 머리 되신 그리스도 아래서 이러한 계급적 가치 체계가 자리를 가질 틈이 없다. 바울은 이 이야기를 4절에서 다음과 같이 이야기한다. "아비들아 너희 자녀를 노엽게 하지 말고 오직 주의 교훈과 훈계로 양육하라." 바울은 자녀들을 상대적으로 낮은 지위에 있다고 함부로 취급하여 노엽게 하지 말고 "주의 교훈과 훈계로 양육하라"고 이야기한다. 이것이 육신의 부모가 자녀에게 복종하는 방식이다. 세상적 관점에서는 부모가 자녀에게 복종한다는 개념이 상당히 어색하다. 그러나 바울이 말하는 성경적 권면인 "피차 복종하라"는 피차 서로의 필요를 따라 자신을 희생하고 헌신한다는 의미에서 섬김이라는 말로 치환할 수 있을 것 같다. 이런 의미에서 부모는 타락한 세상의 가치와 교훈이 아니라 주님의 교훈으로 양육함으로써 자녀를 섬길 수 있는 것이다. 예수 공동체의 머리이신 주님이 가르쳐 주신 가치로 자녀들을 가르치고 섬기라는 것이 주님의 교훈과 훈계다. 바울은 지금 예수 공동체의 머리이신 주님의 가치와 교훈 앞에 부모와 자녀가 함께 새로운 창조의 피조물이자 그레코로만 사회와는 대조되는 새로운 인류로서, 피차 복종함으로써 질서 있게 서 있는 모습을 그리고 있다.

5-9절 《종들아 두려워하고 떨며 성실한 마음으로 육체의 상전에게 순종하기를 그리스도께 하듯 하라 눈가림만 하여 사람을 기쁘게 하는 자처럼 하지 말고 그리스도의 종들처럼 마음으로 하나님의 뜻을 행하고 기쁜 마음으로 섬기기를 주께 하듯 하고 사람들에게 하듯 하지 말라 이는 각 사람이 무슨 선을 행하든지 종이나 자유인이나 주께로부터 그대로 받을 줄을 앎이라 상전들아 너희도 그들에게 이와 같이 하고 위협을 그치라 이는 그들과 너희의 상전이 하늘에 계시고 그에게는 사람을 외모로 취하는 일이 없는 줄 너희가 앎이라》

5-8절에서 종들에게 주어진 명령도 앞서 언급된 것과 정확하게 같은 맥락이다. 그레코로만 세계에서 종들은 그 사회의 일원으

로 간주되지 않았다. 그러나 하나님이 만들어 가시는 새로운 인류 속에서는 종들도 엄청난 특권을 가진다. 그들에게도 이 예수 공동체의 당당한 일원으로 예수 공동체의 승리에 동참할 수 있는 권리가 주어져 있기 때문이다. 바로 그러한 이유 때문에 바울은 종들에게도 권면을 하고 있는 것이다. "너희들이 세상에서 타락한 종들이 눈가림만 하고 주인 앞에서 사람을 기쁘게 하는 모습으로 사는 것과 달리 기쁜 마음으로 주를 섬기듯 주인을 섬길 때 종인 너희들도 새로운 사회의 일원으로 예수 공동체의 승리에 동참하게 된다"는 것을 바울이 말하고 싶은 것이다. 예수 공동체 안에서는 종이라고 해서 주인보다 나쁜 대우를 받을 이유가 없다. 또한 주인이라고 해서 종들보다 더 높은 대우를 받을 이유도 없다.

바울은 이와 유사한 이야기를 육신의 상전들에게도 이어 간다. 바울은 노예를 소유한 사람들인 주인들에게도 권면한다. 육신의 상전인 주인들도 그들의 종들과 동일한 상전을 자신들 앞에 모시고 있다는 사실을 기억하라는 것이다. 그러므로 이 사실을 기억하고 종들에게 선을 행하고 위협을 그치라고 권면하고 있다. 이 말속에는 그레코로만 사회에서 자행되고 있었던 종에 대한 주인들의 위협과 협박의 모습이 읽힌다. 바울은 이곳에서 주인 역시 그리스도 앞에서 종의 신분이라는 사실을 주지시킨다. 이 말은 타락한 세상 속에서는 종은 종으로 주인은 주인으로 자리매김할지 모르지만, 예수님이 새롭게 창조하시는 새 창조의 세상에서는 종과 주인 모두 그리스도 예수의 종으로 동등하게 서 있다는 사실을 기억하라는 말이다. 예수 공동체의 머리이신 주님 앞에 주인과 종이 피차 복종함으로써 질서 있게 함께 서 있는 모습을 바울이 그리고 있다. 이렇게 예수 공동체는 예수님의 머리 되심 아래서 모든 관계가 타락한 세상과는 근본적으로 다른 새로운 가치 질서를 가지게 된다.

묵상

본문을 잘 묵상하다 보면 성령으로 충만한 예수 공동체의 승리를 이야기하는 바울의 이야기 속에서 두드러진 영적인 원리 한 가지를 발견할 수 있다. 그것은 예수 공동체의 승리라는 것이 거창한 일들 속에서 일어나는 것이 아니라는 점이다. 이번 본문을 보라. 바울이 이야기하는 성령으로 충만한 예수 공동체의 승리라는 것이 도시를 점령하고 기독교 제국을 세워서 만들어지는 것이 아니지 않는가? 바울은 그의 편지 어디에서도 예수 공동체의 승리를 그렇게 이야기한 적이 없다. 예수 공동체의 승리란 칼과 창으로 위협해서 이교도들을 그리스도인으로 만든다고 이루어지는 것이 아니다. 정확하게 이야기하면 그렇게 해서 참다운 그리스도인이 만들어지지도 않는다. 불교 사찰에서 기타를 치고 복음성가나 찬송가를 목소리 높여 외친다고 예수님의 승리가 이 땅에서 구현되는 것이 아니라는 말이다.

   예수 공동체의 승리는 도리어 우리가 가볍게 취급할 수 있는 매일의 작은 일상 속에서 이루어진다. 자녀들이 성령으로 충만해서 부모에게 순종하고 부모를 공경할 때 우리는 자녀로서 예수 공동체의 승리에 동참하게 된다. 부모가 성령으로 충만해서 주님의 말씀과 훈계로 자녀들을 양육할 때 우리는 부모로서 예수 공동체의 승리를 누리게 된다. 왜냐하면 자녀들이 주의 말씀을 따라 성경의 가치관을 구현하며 살 것이기 때문이다. 종들이 성령으로 충만해서 육신의 상전들을 주를 섬기듯 온전히 기쁜 마음으로 섬길 때 그곳에 바로 예수 공동체의 승리가 구현될 수 있다. 성령으로 충만해서 주인들도 자신들이 주님의 통치 아래 있다는 사실을 깨닫고 자신의 아랫사람에게 선을 베풀려고 하는 겸손한 모습 속에 예수 공동체의 승리가 있다. 지극히 사소해 보이는 일상 속에서 피차 복종하라는 말씀의 원리를 따라 성령의 충만함으로 순종하려는 우리 모두를 통해 예수 그리스도의 복음의 승리는 예외 없이 이 땅에서 구현된다.

　그리스도 안에서 새로운 피조물로 만들어진 새로운 인류는 그 구성원 모두가 하나님의 백성으로서의 동등한 존엄성을 가지고 있다. 예수 공동체는 예수님의 주 되심 아래서 타락한 세상과는 근본적으로 다른 새로운 가치 질서를 가지게 된다. 예수 공동체는 예수님이 새롭게 만드시고 부여하신 가치에 익숙해져야 한다. 그리고 예수 공동체의 승리라는 것은 거창한 일들 속에서 일어나는 것이 아니라 우리가 가볍게 취급할 수 있는 매일의 작은 일상 속에서 성령의 충만함 가운데 피차 복종하는 새로운 삶의 방식을 통해 이루어진다는 것을 깨달아야 한다. 오늘날 왜 한국 교회 이곳

저곳에서 아우성인가? 예수 공동체의 가치, 즉 그리스도의 복음의 진정한 가치가 교회에서마저 생경하기 때문이다. 직분을 계급이라 생각하는 일들이 은연중에 성도들의 머릿속에 가득하다. 주님이 말씀을 통해서 그렇게 명징하게 가르쳐 주셨는데도 말이다. 다시금 말씀의 원리를 숙지하고 말씀으로 돌아가야 한다.

본문 이해와 묵상을 돕는 질문들

(1) 바울은 5:21에서 "그리스도를 경외함으로 피차 복종하라"고 권면한 바 있다. 21절에서 언급된 그리스도를 경외함으로써 피차 복종하라는 말이 부부 관계에만 적용되는 것인지 아니면 뒤에 등장하는 부모와 자녀, 주인과 종에게도 적용되는지를 문맥 속에서 설명하여 보라.

(2) 부부 관계, 부모와 자녀 관계, 주인과 종의 관계에 대한 바울의 서술은 아리스토텔레스의 『정치학』에서도 등장하는데, 그 관계를 비교해 보는 것은 매우 흥미롭다. 타락한 세상의 세계관과 성경의 새 창조의 세계관을 직접적으로 비교해 볼 수 있기 때문이다. 양자를 비교해 보고 기록하여 보라.

(3) 자녀와 부모에게 주어지는 바울의 권면을 관찰하고, 바울의 권면이 당시 타락한 그레코로만 사회의 명령과 어떤 점에서 차이가 나는지 구체적으로 기록하여 보라.

(4) 바울이 말하는 "피차 복종하라"는 권면은 어떤 개념으로 치환
　　될 수 있을까? 그리고 그 개념으로 부모와 자녀에게 주어진
　　권면을 다시 해석해 보라.

(5) 종들에게 주어진 바울의 권면은 당시 타락한 그레코로만 사
　　회의 가치 체계와 어떤 점에서 다르다고 말할 수 있는가?

(6) 상전에게 주어진 바울의 권면은 당시 타락한 그레코로만 사
　　회의 가치 체계와 어떤 점에서 근본적으로 다른가?

(7) 종들과 상전에게 주어진 권면을 고찰할 때, 바울이 그리고 있
　　는 예수 공동체의 모습은 어떤 점에서 급진적인가?

(8) 바울이 말하는 성령 충만함이라는 관점에서 볼 때 부모로서
　　그리고 자녀로서 당신은 어떤 영역에서 구체적으로 회개해야
　　하는지 기록하여 보라.

(9) 비록 고대 사회의 신분으로서 주인과 종의 개념은 현대 사회
　　에 더 이상 존재하지 않지만 바울의 관점에서 당신의 직업 윤
　　리를 구체적으로 점검하여 보라. 그리고 구체적으로 개선해
　　야 할 점이 있다면 정직하게 기록하여 보라.

(10) 바울의 권면을 따라 구체적으로 회개하는 기도문을 작성하여
보고 소그룹원들과 함께 정직하게 나누어 보라.

기도

하나님, 말씀을 묵상하는데 한국 교회의 모습이 겹쳐 보입니다. 우
리는 분명 교회라는 이름으로 모였는데 주님이 말씀에서 가르쳐
주신 원리가 낯설게 느껴집니다. 주님, 다시금 주의 교회가 말씀
앞으로 돌아가는 회개가 일어나게 하소서. 일상 속에서 성령의 충
만함으로 주님의 승리를 우리의 모든 관계 속에서 구현하게 하소
서.

에베소서 6:10-13
전쟁

문맥과 요약

예수 공동체의 승리를 이루기 위해서 사도 바울은 우리가 성령으로 충만해야 한다고 말했다. 바울이 언급했던 성령의 충만한 삶이란 어떤 모습이었는가? 바울은 그것을 종교적 행위들로도 설명했지만 무엇보다 관계 속에서 설명하고 있다. 성령 충만한 남편은 그리스도가 교회를 사랑하셔서 자기를 기꺼이 주셨듯이 아내를 사랑한다. 성령 충만한 아내는 교회가 그리스도께 복종하듯이 남편에게 복종한다. 성령 충만한 자녀들은 부모에게 순종하고 부모를 공경한다. 성령 충만한 부모는 자신의 육적인 가치관과 생각으로 자녀를 가르치지 않고 도리어 주님의 말씀과 훈계로 자녀들을 양육한다. 성령 충만한 종들은 육신의 상전들을 주를 섬기듯 온전히 기쁜 마음으로 섬기게 된다. 성령 충만한 상전들은 자신도 주님의 통치 아래 있다는 사실을 깨닫고 자신의 아랫사람에게 선을 베풀려는 겸손한 모습을 가지게 된다. 바로 이러한 일상의 지극히 평범해 보이는 삶 속에 예수 공동체의 승리가 구현된다는 말이다.

본문에서 바울은 이러한 예수 공동체 성도들의 승리를 전쟁이라는 관점에서 설명한다. 이 승리를 위해서는 싸워야 할 대상이 있다. 그 대상은 마귀이며, 이 마귀의 간계를 효과적으로 대처하기 위해서는 하나님의 전신 갑주를 착용해야 한다고 바울은 권면한다.

해설

10-12절 《끝으로 너희가 주 안에서와 그 힘의 능력으로 강건하여지고 마귀의 간계를 능히 대적하기 위하여 하나님의 전신 갑주를 입으라 우리의 씨름은 혈과 육을 상대하는 것이 아니요 통치자들과 권세들과 이 어둠의 세상 주관자들과 하늘에 있는 악의 영들을 상대함이라》

사도 바울은 앞선 단락에서 성령으로 충만한 성도들을 통해서 이루어지는 예수 공동체의 승리에 대해서 언급했다. 그것은 예수 공동체의 일원들이 자신이 속해 있는 사회 속에서, 하나님이 두신 자리 가운데 새로운 창조의 세계관에 입각하여 합당하게 살아가는 삶을 통해 이루어지는 것이다. 이제 이 예수 공동체의 승리를 위한 바울의 마지막 권면이 이어진다. 그런데 바울은 예수 공동체의 승리가 거저 주어지는 것이 아니라는 사실을 11-12절에서 이야기하고 있다. 먼저 바울이 11절에서 "마귀의 간계"라는 말을 사용하고 있다는 사실을 주목할 필요가 있다. 여기서 "간계"라는 말은 헬라어 '메쏘데이아'를 번역한 것인데 대다수의 영어 번역본은 이를 'scheme'이라는 단어로 번역하고 있다. 즉, 아주 간교한 '술수'라는 말이다. 그렇다면 성도들이 맞서 싸워야 할 마귀의 술수/계략은 어떤 것일까?

바울은 에베소서 안에서 마귀의 계략이 어떤 것인지를 말해왔다. 그것은 예수 공동체가 가진 고유의 정체성을 훼손하도록 유혹하는 마귀의 모든 악한 술책이라고 말할 수 있다. 좀 더 쉽게 이야기하자면 예수 공동체가 교회답지 못하게 만드는 모든 악랄한 방법들이 바로 마귀의 간계다. 바울은 12절에서 이러한 마귀의 간계를 전쟁의 용어를 가지고 설명한다. 개역개정은 이것을 "씨름"('팔레')이라고 번역했지만 필자의 생각으로는 '팔레'를 '전투' 혹은 '싸움'이라고 번역하는 것이 더 좋을 것 같다. 왜냐하면 이후 등장하는 문맥에서 바울은 우리의 싸움을 틀림없이 전쟁 또는 전투라는 관점에서 이해하고 있기 때문이다. 12절에서 바울은 이 '싸움'이 혈과 육에 관련된 것이 아니라는 점을 분명히 한다. 이 싸움은 통치자들과 권세들과 이 어둠의 세상 주관자들과 하늘에 있는 악의 영들에 대한 것이라고 이야기한다. 쉽게 이야기하면 사탄과 마귀의 간계를 대적하는 것이라는 말이다. 이것은 곧 영적 전투를 가리키며 이 싸움과 전투에는 상대가 있다.

앞서 이야기한 대로 여기서 바울이 이야기하는 "마귀의 간계"란 우리가 하나님의 백성다움을 상실하도록 만드는 것과 연관되어 있다. 문맥 속에서 다시 바울의 언어를 떠올려 본다면 마귀의 간계가 보다 선명해질 것 같다. 그것은 아내가 남편에게 복종하지 못하도록 만드는 것이다. 남편이 그리스도가 교회를 사랑해서 자기 자신을 내어 주신 것처럼 사랑하지 못하도록 만드는 것이다. 자녀들이 부모에게 순종하고 공경하지 못하도록 만드는 것이다. 부모가 자녀들을 주의 말씀과 훈계로 양육하지 못하도록 만드는 것이다. 종들이 자신의 주인의 눈만 의식해서 진심으로 섬기지 못하도록 만드는 것이다. 상전들이 자신의 종들을 세상이 하는 것처럼 학대하고 착취하도록 만드는 것이다. 바로 이런 것들이 "마귀의 간계"다.

이러한 사실을 보다 잘 이해하기 위해서 우리는 마귀의 간계가 이스라엘의 역사 가운데 어떻게 나타났는지를 살펴볼 필요가 있다. 이스라엘은 "열방의 빛"으로 부르심을 받았다(사 49:6). 하나님은 이스라엘이 이방인들을 하나님께로 인도하는 제사장 나라가 되기를 기대하셨다. 그러기 위해서 이스라엘은 세상과 구별되는 모습을 가져야 했다. 가난한 사람들과 고아와 과부를 돌아보라는 하나님의 명령은 바로 이러한 관점에서 이해되어야 한다. 하나님이 다스리시는 나라는 연약한 자들도 보호를 받을 수 있는 그런 나라라는 사실을 이스라엘이 이방인 앞에서 잘 보여 주기를 기대하신 것이다. 그런데 이스라엘이 이 소명 앞에서 실패한다. 선지자들이 고발하고 있는 이스라엘의 모습은 무엇이었는가? 그들이 연약한 자들을 보호하고 하나님의 공의와 정의를 드러내기는커녕 도리어 연약한 자들을 압제하는 데 앞장섰다는 것 아닌가? 이스라엘이 토라의 규정들을 지킴으로써 이방인들과 구별되는 믿음의 삶을 살아가게 될 때 그들은 하나님이 그들을 통해서 이루고자 하시는 아름다운 목적을 이룰 수 있었던 것이다. 그러나 안타깝게도 이스라엘은 하나님이 자신들에게 기대하신 세상과 다름, 즉 거룩함을 끝내 훼손하고 말았다. 열방을 하나님 앞으로 인도하기 위해서 세상과 달라야 했지만 그들은 도리어 열방과 똑같은 모습으로 변질되어 갔다. 하나님이 원하시는 정의와 공의에는 관심이 없었다. 가난하고 도움이 필요한 사람들에게 하나님의 사랑과 은혜를 나눈다는 생각은 사라져 버렸다. 이러한 과정에서 이스라엘은 그들 주변의 열방들과 똑같은 모습으로 변질되어 갔다. 하나님만 섬기라는 하나님의 명령을 순종하지 못하고 하나님과 그들이 원하는 것을 함께 섬기는 우상 숭배자로 전락하고 말았던 것이다. 이러한 이스라엘의 변질 뒤에 누가 일하고 있다고 생각하는가? 마귀다. 창세기 3장으로부터 시작해서 마귀는 하나님의 백성들 가운데 일하며 그들로 하여금 하나님의 말씀을 따라 살지 못하도록 간계를 부리고 있는 것이다. 바로 이것이 바울이 이야기하는 마귀의 간계다.

13절 《그러므로 하나님의 전신 갑주를 취하라 이는 악한 날에 너희가 능히 대적하고 모든 일을 행한 후에 서기 위함이라》

13절에서 바울은 이러한 마귀의 간계를 대적하기 위해서 하나님의 전신 갑주를 취하라고 권면한다. 하나님의 전신 갑주가 무엇일까? 바울이 말한 전신 갑주가 구체적으로 무엇을 의미하는지는 다음번 단락에서 보다 더 자세히 설명된다. 그러나 큰 그림에서 하나님의 전신 갑주란 말은 근본적으로 세상과 다른 복음적 세계관, 즉 하나님 나라의 정신으로 무장하는 것과 연관되어 있음이 틀림없다. 하나님께서 그리스도 예수를 통해서 세상에 대해 승리하심으로 만들어 내신 바로 그 하나님 나라라는 가치와 주님의 승리의 방식에 교회가 익숙해지는 것이다. 그것을 바울은 하나님의 전신 갑주를 입는 것이라고 이해한다. 좀 더 쉽게 풀어서 이야기하면 성도들이 주님을 사랑해서 그 주님이 몸소 보여 주신 가치와 삶을 자신들의 삶 속에서 살아 내고 싶은 열망에 붙들리게 되는 것이다. 그 열망에 제대로 붙들리면 성도들은 세상을 따라서 세상과 같아지라는 마귀의 유혹을 이겨낼 수 있다. 바울이 지금 에베소교회 성도들에게 하나님의 전신 갑주를 입으라고 말하지 않았는가? 필자는 바울이 그것을 이미 그의 삶으로 제대로 보여 주었다고 생각한다. 바울은 1차와 2차 전도여행에서 엄청난 박해와 핍박을 이유는 조금씩 다르지만 동료 유대인들과 이방인들로부터 경험했다. 그런데 에베소교회에서 바울은 영적인 부흥을 경험했다. 그 가운데 바울은 그 부흥의 현장 속에서 안주하지 않고 지속적으로 예수 그리스도의 복음의 가치를 붙들고 있었다. 그는 세상의 가치를 붙들지 않고 주님의 복음을 전해야 한다는 열망에 제대로 붙들려 있었다. 그래서 에베소를 떠나며 교회의 장로들을 초청해 다음과 같이 이야기한다. "내가 달려갈 길과 주 예수께 받은 사명 곧 하나님의 은혜의 복음을 증언하는 일을 마치려 함에는 나의 생명조차 조금도 귀한 것으로 여기지 아니하노라"(행 20:24). 바울은 자신에게 주어진 사명을 늘 기억함으로써 "마귀의 간계"를 대적하며 살았다. 자신에게 주어진 소명과 사명에 충실한 모습으로 사는 것이 곧 마귀의 간계를 가장 효과적으로 대적하며 사는 것임을 바울은 잘 알고 있었던 것이다.

묵상

마귀의 간계가 이스라엘 시대에만 작동했을 리 없다. 그랬다면 바울이 성도들에게 그런 권면을 해야 할 이유가 없다. 필자는 이러한 영적인 원리가 오늘날에도 여전히 작동하고 있다고 생각한다. 하나님은 과거 육적인 이스라엘에게만 하나님의 백성답게 거룩하게 구별되기를 원하시는 것이 아니다. 예수 그리스도 안에 있는 새 창조의 백성에게도 동일한 원리가 적용된다.

　모 교회의 목사가 교단법을 어기고 아들 목사에게 담임 목사직을 불법적으로 물려주어 엄청난 사회적 파장을 일으켰다. 마치 재벌 그룹의 총수가 자신의 자녀들에게 재벌 그룹을 물려주듯이 교회의 담임 목사직도 자식에게 물려준 것이다. 말로는 십자가를 지는 길이라고 했지만 세상도 그 길이 십자가의 길이 아니라는 것쯤은 잘 알고 있다. 바로 그러한 행위가 세상과 구별되기 원하시는 하나님의 뜻을 정면으로 거스르는 일이라는 사실을 깨달아야

한다. 한때 모 신학대학교의 총장이자 목사라는 사람이 교단의 총
회장이 되려는 동기를 가지고 직전 총회장에게 2,000만 원이라는
돈을 현금으로 건네주었다가 세상 법정에서 '배임 증재'라는 죄목
으로 법정 구속되는 사태가 일어나기도 했다. 바로 이러한 행위들
이 정확하게 세상과 똑같은 모습으로 살아가는 것이 아니면 무엇
이겠는가? 사탄은 우리를 핍박과 같이 물리적으로만 공격하는 것
이 아니다. 도리어 더 많은 영역에서 세상과 똑같이 행하라고 하
는 은밀한 생각과 탐욕들을 우리의 마음속에 심어준다. 이것이 바
로 마귀의 간계다. 이렇게만 하면 예수 그리스도 안에서 하나님이
거두신 승리가, 예수 공동체를 통해서 하나님이 거두시기를 원하
는 승리가 방해받을 수 있기 때문이다. 물론 궁극적으로 하나님의
승리가 취소되는 일은 결단코 발생하지 않지만 '우리를 통해서 이
루시려는' 하나님의 승리는 효과적으로 방해받을 수 있다. 이러한
악한 마귀의 간계는 목사들과 지도자들에게만 작동하는 것이 아
니다. 하나님의 백성들로 하여금 하나님이 원하시는 하나님의 백
성다운 삶을 살지 못하도록 방해하는 모든 것이 마귀의 간계다.
지금까지 우리가 이야기했던 우리의 문맥 속에서 말한다면 이것
을 어떻게 말할 수 있을까? 성령 충만한 남편이 되지 못하게 하는
것 그것이 마귀의 간계다. 성령 충만한 아내가 되지 못하게 하는
것 그것이 마귀의 간계다. 성령 충만한 자녀, 부모, 종, 상전이 되
지 못하게 하는 것, 그래서 우리로 하여금 세상과 정확하게 똑같
은 방식으로 살아가게 만드는 것, 이 모든 것이 바울이 이야기하

고 있는 마귀의 간계다. 이렇게 묵상하는 순간에도 이에 해당하는 타인들이 떠올랐다면 그것 역시 마귀의 간계다. 다른 사람들을 생각하느라 정작 성령 충만해야 할 자신은 떠올리지 못했으니 말이다. 바로 이러한 것들이 우리가 경계해야 할 마귀의 간계다.

본문 이해와 묵상을 돕는 질문들

⑴ 예수 공동체의 승리를 위한 바울의 마지막 권면들이 이어진다. 기본적으로 바울은 이것을 싸움 혹은 전쟁으로 이해한다. 대적이 있기 때문이다. 성도들의 대적은 누구인가?

⑵ 바울은 "마귀의 간계"가 있다고 말한다. 이것이 무엇을 의미하는 것인지 문맥 속에서 구체적으로 설명하여 보라.

⑶ "마귀의 간계"를 이스라엘 역사를 통해서 설명하여 보라.

⑷ "마귀의 간계"를 대적하기 위해서 바울은 하나님의 전신 갑주를 취하라고 권면한다. 이것이 큰 그림에서 무엇을 의미하는지 말하여 보라.

⑸ 바울은 성도들에게만 전신 갑주를 취하라고 권면한 것이 아니라 자신의 삶으로써 그것이 무엇이었는지를 보여 주었다. 전신 갑주를 취한 바울의 삶은 어떠했는지 에베소교회와 성도들

과의 관계에서 설명하여 보라.

(6) 세상과 같아지라는 마귀의 유혹이 왜 강력한지 이야기해 보라.

(7) 전신 갑주를 취하라는 바울의 권면의 관점에서 당신의 삶을 스스로 점검하여 보라. 당신은 전신 갑주를 잘 취하고 있는가?

기도

하나님, 우리가 싸워야 할 영적인 전투가 있음을 기억하게 하소서. 이 싸움의 대상이 마귀라는 것과 그 마귀의 간계가 있음을 기억하게 하소서. 마귀의 간계는 우리가 새 창조의 백성답지 못하게 사는 것과 연관되어 있음을 기억하게 하소서. 하나님의 전신 갑주, 즉 하나님 나라의 복음적 세계관으로써, 우리를 부르신 소명과 사명을 기억함으로써 이 싸움에서 승리하여 주 앞에 서게 하소서.

하나님의 전신 갑주 I: 진리, 의, 샬롬

문맥과 요약

사도 바울은 예수 공동체의 승리를 위해서는 하나님의 전신 갑주를 취해야 한다고 이야기했다. 바울은 이 대목에서 "마귀의 간계"라는 말을 사용했다. 바울이 이야기하는 "마귀의 간계"란 우리가 하나님의 백성다움을 상실하도록 만드는 것과 연관되어 있다. 그리고 하나님의 전신 갑주를 취해야만 이러한 마귀의 간계를 대적할 수 있다고 이야기했다. 그 하나님의 전신 갑주를 바울은 총 여섯 개로 언급하는데 이번 본문에는 세 가지가 언급된다. 그것은 바로 진리의 허리띠와 의의 호심경과 샬롬의 복음으로 준비된 신이다.

해설

14절《그런즉 서서 진리로 너희 허리띠를 띠고 의의 호심경을 붙이고》

사도 바울은 예수 공동체의 승리가 거저 주어지는 것이 아니라는 사실을 11-12절에서 이야기했다. 바울은 여기서 "마귀의 간계"가 있음을 밝혔다. 이 간계란 성도들이 하나님의 백성다움을 상실하도록 만드는 것과 연관되어 있다. 이러한 사실은 이스라엘의 역사 가운데 잘 나타나 있다. 첫 번째 하나님의 백성 이스라엘은 열방의 빛과 제사장 나라로 부르심을 받았다. 그러기 위해서 이스라엘은 세상과 구별되는 모습을 가져야 했다. 그래서 주신 것이 율법이다. 그러나 마귀의 전략은 이스라엘이 그러한 백성이 되지 못하도록 하는 것에 집중되어 있었다. 이스라엘 역사를 돌이켜 보면 이스라엘은 그 마귀의 전략에 철저하게 당했다. 하나님은 그들이 이방 민족들과 다르기를 기대하셨고 그것을 요구하셨는데 이스라엘은 철저하게 이방 민족들처럼 되었다. 그 극치가 무엇인가? 우상 숭배다. 이스라엘 후기 역사를 보라. 이스라엘과 이방인 사이에 구분이 불가능해진다. 이러한 이스라엘의 변질 뒤에 마귀가 역사하고 있었던 것이다. 그것이 마귀의 간계다. 창세기 3장으로부터 시작해서 마귀는 하나님의 백성들 가운데 일하며 그들로 하여금 하나님의 말씀, 즉 진리를 따라 살지 못하도록 간계를 부리고 있는 것이다.

바울은 이러한 마귀의 간계가 과거 이스라엘에게만 작동했던 것이 아니라 자신의 당대에도 여전히 작동하고 있다고 생각한다.

그래서 바울은 우리가 마귀의 간교한 술책을 이기려면 하나님의 전신 갑주를 취해야 한다고 이야기했던 것이다. 바울이 이야기하는 전신 갑주란 당대 로마 군인이 입었던 전투복을 의미한다. 그러나 필자는 하나님의 전신 갑주를 이야기할 때 바울의 머릿속에 보다 근본적으로 떠올랐던 것은 이사야 59장이 아닐까 생각한다. 물론 바울은 이사야 59장을 있는 그대로 인용하지는 않는다. 필자는 그 본문을 바울이 비교적 자유로운 방식으로 사용하고 있다고 생각한다.

하나님의 전신 갑주 중에 바울이 첫 번째로 이야기하는 것은 바로 진리의 허리띠다. 물론 바울의 강조점은 진리에 있다. 마귀의 간계를 대적하기 위해서 하나님의 전신 갑주를 이야기할 때 바울이 진리를 가장 먼저 언급한 것은 우연일 수 없다. 왜 우연이 아닐까? 예수 공동체를 쓰러뜨리기 위한 마귀의 가장 효과적인 전략이 바로 진리를 애매하게 만들어 버리는 것이라고 생각하기 때문이다. 하나님이 가르쳐 주신 진리를 희미하게 만들어 버리는 것은 매우 효과적인 전술이 될 수 있다.

창세기 3장의 마귀의 전략도 바로 이것이었다. 하나님은 아담에게 선악을 알게 하는 나무의 실과를 먹는 날에는 반드시 죽을 것이라 말씀하셨다. 이것이 진리다. 먹으면 죽는 것이다. 그러나 하와에게 가면 이 진리가 상당히 느슨해져 있음을 발견한다. 마귀는 이 점을 노린다. 하와의 대답에서 진리가 느슨해져 있음을 발견한 뱀은 도발적으로 도전한다. "너희가 결코 죽지 아니하리라."

진리가 느슨해지면 망하는 것이다.

그렇다면 에베소서에서 바울이 이야기하는 "진리"는 무엇인가? 그것은 1장부터 바울이 이야기해 왔던 내용이다. 하나님이 죄의 노예 생활을 하던 우리를 그리스도 안에서 믿음으로 말미암아 구속, 즉 속량하여 주셨다는 것이다. 그래서 그 결과 우리는 고아처럼 비참하게 방패막이 없이 살다가 이제 하나님의 양자가 되어 하나님과 사랑을 누리며 살게 되었다는 것이다. 이것은 예수님이 세상에 대해 승리하신 결과로 가능했다고 이야기한다. 바울은 2장에서 이 승리를 이사야의 개념을 가져와서 '새로운 창조'라는 틀로 이해했다. 하나님은 이제 그 승리를 교회가 머리이신 주님과 함께 누리기를 원하신다. 그것을 바울은 '샬롬'이라는 개념으로 설명한다. 샬롬이 완전히 깨어진 세상 속에서 진정한 '승리의 샬롬'을 경험할 수 있는 유일한 곳이 교회라는 말이다. 주님의 몸 곧 성전인 교회 안에서 하나님과 인류, 사람과 사람 사이의 진정한 샬롬을 누리게 되고 바로 그 '승리의 샬롬'을 전하기 위해 하나님이 성도들을 부르셨다고 이야기한다. 그런데 이러한 예수님의 승리를 세상 속에서 전해야 하는 사명을 부여받은 바울은 역설적으로 3장에서 보았듯 감옥에 있다. 바울이 지금껏 설명한 복음의 진리가 무엇인가? 그것은 세상에 대한 하나님의 영광스러운 승리다. 그 영광스러운 승리를 이 땅 가운데 전하고 구현해 내도록 하나님은 영광스러운 승리의 교회를 이 땅에 세우셨다. 그런데 그 일을 가장 앞서서 감당하고 있는 바울이 지금 로마의 감옥에 갇혀 있다. 역설적이게도 이것이 '승리의 신비'다. 가만히 묵상해 보면 믿음의 주인이신 주님도 죽음을 통해서 사망을 이기셨고 부활하셨다. 이것이 기독교가 세상을 이기는 방식이다. 능력 있고 실력 있는 자들을 통해서 위력적으로 그리스도의 풍성함이 전해지고 하나님의 비밀의 경륜이 무엇인지가 드러나는 것이 아니라는 말이다. 도리어 지극히 작은 자를 통해서 이러한 일들이 일어나고 있다는 것을 바울은 자신의 삶을 통해서 증언하고 있다. 그리고 그렇게 해서 생겨난 교회를 통해 하나님의 풍성한 지혜가 세상 속에 나타나고 있다는 말이다. 바로 이것이 바울이 말하는 진리의 내용이다. 두 번째로 바울이 말하는 전신 갑주란 "의의 호심경"이다. 호심경이란 흉부를 보호하기 위한 흉패다. 그렇다면 바울이 강조하려는 "의"는 무엇을 말하는 것인가? 물론 그리스도의 의를 의미한다고 말할 수 있다. 혹은 문맥상 이러한 복음의 진리를 삶 가운데 살아 내는 것을 바울이 '성도의 의'라는 의미로 표현했을 수도 있다. 그러니까 "진리"가 바울이 설명했던 복음의 원리라면 "의"는 큰 의미에서 그러한 원리에 근거한 실천이라고 부를 수 있을 것 같다.

15절 《평안의 복음이 준비한 것으로 신을 신고》

　　바울이 다음번으로 언급하는 하나님의 전신 갑주는 "평안의 복음으로 예비한 신"을 신는 것이다. 바울이 사용한 단어들을 그대로 직역하면 '샬롬의 복음의 준비'라는 신을 신는 것이라고 번역할 수 있다. 여기서 "평안" 대신 '샬롬'이라는 단어로 번역하는 것이 좋을 것 같다. 왜냐하면 평안이라는 단어는 바울이 생각하고 있는 '샬롬'의 의미를 담아내기에 충분해 보이지 않기 때문이다. '샬롬'이라는 개념은 바울의 복음을 이해하는 데 중요한 개념이다. 바울이 에베소서 1:2에서 무엇이라고 말하며 편지를 시작했는지 기억나는가? "하나님 우리 아버지와 주 예수 그리스도로부터 기원하는 은혜와 샬롬이 너희에게 있을지어다." 복음은 쉽게 이야기하자면 샬롬의 회복이다. 인간이 하나님 앞에서 범죄한 결과가 무엇인가? '샬롬'의 깨어짐이다. 그래서 인간은 더 이상 하나님과 교제하며 살 수 없게 되었고 에덴에서 쫓겨났다. 인간이 에덴에서 쫓겨나자 창세기 4장은 어떤 일이 일어났다고 기록하고 있는가? 하나님과 인간 사이에 깨어진 '샬롬'은 인간과 인간 사이의 깨어진 '샬롬'으로 나타났다. 실락원 이후에 인간 사이에 발생한 가장 첫 번째 사건이 형제 사이의 '샬롬'의 깨어짐이었다. 바울은 이미 2장에서 복음, 즉 그리스도 예수 안에 있는 하나님의 승리가 만들어 낸 사건이 바로 이 깨어졌던 '샬롬'의 회복이라는 것을 분명하게 밝혔다. 하나님과 인간 사이에 깨어진 '샬롬'이 그리스도의 십자가의 죽으심과 부활로 인해서 가능해졌다. 인간과 인간 사이의 깨어진 '샬롬'도 예수님의 십자가의 승리로 인해서 가능해졌다. 이런 관점에서 바울이 2장 가운데 유대인들과 이방인들이 이제는 그리스도의 십자가로 말미암아 한 인류로 새롭게 창조되고 '샬롬'을 이루게 되었다고 이야기하고 있는 것이다. 즉, 바울이 이해한 복음이라는 것은 '화해'(reconciliation)라는 개념을 배제하고는 이해할 수 없다. '샬롬' 할 수 없었던 하나님과 인류가 그리스도로 인해서 화해하게 되고 '샬롬' 할 수 없었던 인류도 그리스도로 말미암아 서로 간에 온전한 화해를 이루게 되었다. 이 '샬롬'의 복음이 전해지는 곳마다 인간적으로는 도저히 상상할 수 없었던 화해가 이루어지는 것을 보게 되는 이유가 여기에 있다. 이것이 복음의 능력이다.

그런데 본문에서 바울이 사용한 단어들을 보면 바울은 단순히 '샬롬의 복음'이라 말하기보다 '샬롬의 복음의 준비'라는 신을 신으라고 말했다. 앞서 설명했던 대로 '샬롬'은 복음의 내용을 말하는 것이다. '샬롬의 복음의 준비라는 신을 신으라'는 바울의 권면은 아마도 이사야 52:7을 염두에 두고 있는 것으로 보인다. 그곳에서 이사야 선지자는 복된 소식을 전하며 산을 넘는 자들의 발에 대해서 언급했는데, 아마도 바울은 '샬롬의 복음을 전할 준비를 하는 자들'의 복음 선포를 염두에 두고 이 표현을 사용하고 있는 것 같다. 바울은 그 '샬롬'의 복음을 언제든지 전할 준비를 하는 것이 마귀의 간계를 무너뜨리는 데 있어서 매우 중요하다고 이야기하고 있는 것이다. 마귀의 간계를 무너뜨리기 위해서 언제든지 '샬롬'의 복음을 전할 준비를 하는 것이 왜 중요할까? 사실 이 이야기는 상식적인 이야기다. '샬롬'의 복음을 전해서 사람들이 그 복음을 받아들이게 되면 무슨 일이 일어나는가? 주님이 원하시는 '샬롬'이 회복된다. 하나님과 인간, 인간과 인간 사이의 '샬롬'이 회복된다. 마귀의 간계는 성도들이 하나님의 백성다움을 상실하게 만드는 것과 연관되어 있다고 말하지 않았는가. 즉, 마귀는 성도들이 하나님의 백성으로서 하나님과 또한 사람들 사이에 누리게 되는 '샬롬'을 누리지 못하기를 원한다. 그러므로 예수님의 제자들이 '샬롬'의 복음을 전할 준비를 하는 것은 마귀의 간계를 무너뜨리는 데 있어서 정말로 중요한 일이 아닐 수 없다.

묵상

⑴ 필자는 오늘날 마귀의 계략이 아주 효과적으로 한국 교회와 이민 교회에서 먹히고 있다고 생각한다. 한국에 있을 때 여러 교회에 초청받아 성경 말씀을 강의했던 적이 있다. 그중 기억나는 한 교회가 있는데, 그 교회에서는 성경 말씀을 대략 넉 달 동안 가르쳤다. 평균적으로 약 50-70명 정도의 성도가 참석해서 말씀을 아주 진지하게 배우는 귀한 시간을 가졌다. 모든 강의를 다 마치고 한 집사 부부와 교제할 수 있는 시간을 가졌는데 그 부부가 다짜고짜 '매우 안타깝다'고 이야기를 꺼냈다. 필자가 무슨 말씀이냐고 질문했더니, 자기 교회는 성도 수가 10,000명에 육박하는 교회라는 것이다. 종종 유명 기독 연예인들이 교회에서 간증 집회를 하는 경우가 있는데 그럴 때면 거의 예외 없이 수천 명의 사람들이 모여들지만 말씀을 공부하는 강좌를 열면 늘 대략 20-30명 정도의 사람들만 모인다는 것이다. 그러면서 이번 강좌에는 두 배에서 세 배의 사람들이 몰렸다고 했다. 물론 그 집사 부부도 기독 연

예인들의 간증이 필요 없다는 이야기를 하려는 것은 아니었다. 상황이 이러하다 보니 교회라는 것이 늘 이벤트 중심으로 돌아간다는 것에 대한 안타까움을 피력한 것이다. 교회의 모임은 많은데 정작 생명수 되시는 주님의 진리의 말씀을 배우는 시간은 너무나 턱없이 부족하다며 안타까움을 표했던 기억이 있다. 깊이 공감할 수 있는 이야기였다. 사정이 이와 같다 보니 한국 교회와 이민 교회 가운데 빈번하게 나타나는 현상이 무엇인지 아는가? 안타깝게도 교회 다니는 신자들에게 있어서도 기독교 복음이 말하는 진리가 선명하게 보이지 않는 경우가 허다하다는 것이다. 주일날 교회에 나와서 예배 한 번 드리는 정도로 신앙생활하는 성도들이 적지 않다. 성도들이 복음이라는 말을 수도 없이 사용하는데 가만히 듣고 있다 보면 그들이 이야기하는 복음과 성경이 이야기하는 복음의 내용 사이에 현저한 차이가 느껴지는 경우도 적지 않다. 많은 한국 교회와 이민 교회에서 복음이라고 하면 흔히들 예수 믿고 죽어서 천국 가는 것이라고 이해한다. 그리고 예수를 조금 더 잘 믿고 목사의 말에 순종을 잘 하면 여러 가지 부가적인 축복들을 이 땅에서 받게 된다고 공공연하게 이야기하는 것을 심심치 않게 들었다. 그게 정말 기독교가 이야기하는 복음인가? 바울이 정말 그렇게 이야기했는가? 에베소서에서 지금까지 이야기했던 진리와는 분명한 차이가 느껴지지 않는가?

　복음의 진리에 잘 붙들려 있지 않기 때문에 엉뚱한 실천들이 나오는 것을 보게 된다. 오늘날 사람들이 우리 시대에도 제2의 종교개혁이 필요하다는 말을 하곤 한다. 16세기의 종교개혁이 주로 구원론에 집중되었다면 21세기의 종교개혁은, 필자의 개인적인 생각으로는, 제자도가 주제가 되어야 할 것 같다. 오늘날 우리가 잃어버린 복음의 중요한 측면은 진정한 제자도이다. 기독교 진리의 복음에 따른 실천이 아니라 내가 원하는 것을 기독교 복음과 적당히 버무려 놓은 가짜들이 판을 치는 세상이 되었다. 성도들은 자신들이 높은 지위에 올라갈 때 하나님이 더 큰 영광을 받으실 것이라고 착각하곤 한다. 큰 교회당을 지으면 하나님이 더 크게 영광받으실 것이라고 착각한다. 아이들이 좋은 대학과 좋은 직장에 들어가면 하나님이 더 큰 영광을 받으실 것이라고 착각한다. 성도들도 착각하고 목사들도 착각한다. 하나님은 내가 높은 지위에 올라갈 때에야 비로소 영광을 받으시는 분이 아니다. 우리가 하나님을 대신해서 뭔가 큰일을 감당해야만 영광을 받으시는 그런 연약한 분도 아니다. 도리어 우리가 연약한 가운데에서도 주어진 본질에 충실할 때, 어떤 지위든 관계없이 그 자리에서 주님이 맡겨 주신 일들을 성실하게 감당할 때, 그것을 통해서 오늘도 '샬롬'의 복음은 전진하며 그런 신실한 자들을 통해서 하나님은 오늘도 영광받으신다. 복음의 진리를 가슴에 새기고 교회를 이 땅에 두신 주님의 뜻을 이루기 위해서 자신을 부인하고 기도하는 백성들을 통해 영광받으신다. 큰 교회를 이루기보다 연약한 자들과 함께하기를 즐거워하는 교회를 통해서 주님은 영광받으신다. 연약함 속에서도 주님의 복음을 전하기 위해서 우리 주변과 땅끝에서 애쓰고 있는 선한 무명의 성도들을 통해서 주님은 오늘도 한없는 영광을 받으신다.

(2) 필자는 성도들과 함께하는 튀르키예 선교 여행 가운데 '반'(Van)이라는 도시를 방문했던 적이 있다. 그때 튀르키예 교회에서 사역하는 사역자들의 간증을 듣는데 한 형제가 이런 간증을 했다. 그는 아르메니아 사람인데 하나님의 역사로 예수님을 영접하게 되었고 그의 인생을 주님께 드렸다고 고백했다. 그런데 하나님께서 그에게 튀르키예에 들어가서 사역을 하라는 마음을 주셨다는 것이다. 하지만 그는 도저히 그 명령에 순종할 수 없었다. 왜냐하면 아르메니아 사람들에게 튀르키예는 철천지원수의 나라였기 때문이다. 지금으로부터 100여 년 전 제1차 세계대전 당시 튀르키예는 아르메니아 사람들 150만 명을 무참히 학살했다. 그래서 아르메니아 사람들은 지금도 튀르키예 사람들이라고 하면 이를 간다. 그렇기에 튀르키예에 들어가서 사역하라는 주님의 명령에 순종하는 것이 정말 쉽지 않았다는 그의 고백이 충분히 이해됐다. 그런데 그가 이 쉽지 않은 주님의 명령에 순종해서 튀르키예 땅에 들어가 그리스도인 형제들과 용서와 화합을 이루며 아름답게 복음 사역을 감당하고 있다고 간증을 한 것이다. 필자는 그 간증을 들으며 하나님이 그리스도 안에서 이루어 내신 '샬롬'의 승리라는 것이 과연 강력한 것이구나 하는 사실을 새삼 묵상하지 않을 수 없었다. '샬롬'의 복음은 인간들이 불가능할 것이라고 생각하는 바로 그것을 극복하게 만드는 능력이 있다. 목사로서 필자는 우리

가정 공동체, 교회 공동체, 지역 공동체 안에서도 이와 같은 '샬롬'의 능력이 나타나기를 간절히 기도한다.

본문 이해와 묵상을 돕는 질문들

⑴ 전신 갑주는 로마 군인의 복장을 말하는 것이다. 가장 먼저 바울이 강조하는 것은 "진리"다. 진리가 마귀의 간계를 대적하는데 왜 중요한지 설명하여 보라. 창세기 3장에 등장하는 뱀의 이야기를 통해서도 설명하여 보라.

⑵ 에베소서에서 바울이 말하는 진리가 무엇인지 상세하게 설명하여 보라.

⑶ 두 번째로 바울이 말하는 전신 갑주란 "의의 호심경"이다. 호심경이란 흉부를 보호하기 위한 흉패다. 그렇다면 바울이 강조하려는 "의"는 무엇을 말하는 것인가?

⑷ 바울은 15절에서 "샬롬(평안)의 복음"이라는 말을 사용한다. 이는 바울이 복음의 내용을 샬롬으로 이해했다고 말할 수 있다. 왜 그런지 설명하여 보라.

⑸ 바울은 '샬롬'의 복음을 언제든지 전할 준비를 하는 것이 마귀의 간계를 무너뜨리는 데 있어서 매우 중요하다고 이야기하고

있다. 마귀의 간계를 무너뜨리기 위해서 언제든지 '샬롬'의 복음을 전할 준비를 하는 것이 왜 중요할까?

(6) 바울이 말하는 말씀의 거울 앞에 한국 교회를 정직하게 비춰보자. 진리의 말씀, 의의 실천, 샬롬의 복음 증거라는 관점에서 우리는 어떤 모습으로 서 있는지 정직하고 허심탄회하게 이야기해 보라.

(7) 당신은 복음 증거의 결과가 '샬롬'이라는 것을 경험한 일이 있는가? 있다면 소그룹원들과 함께 나누어 보라.

기도

하나님, 이러한 복음의 진리와 진리에 근거한 실천을 통해 의를 이루어 가는 우리가 될 수 있기를 간절히 소망합니다. 진리의 복음이 증거되는 곳마다 '샬롬'의 은혜가 회복되게 하소서. 하나님과 깨어졌던 우리의 '샬롬'이 회복되게 하소서. 가정 공동체 가운데 깨어졌던 부부의 관계, 부모와 자녀들의 관계가 회복되게 하소서. 교회 공동체와 지역사회 공동체 가운데 깨어졌던 관계들이 회복되는 은혜를 더하여 주소서.

에베소서 6:16-17
하나님의 전신 갑주 II: 믿음, 구원, 말씀

문맥과 요약

사도 바울은 '예수 공동체의 승리를 위해서 하나님의 전신 갑주를 취하는 것이 왜 중요한가', 그리고 그것이 '구체적으로 어떠한 방식으로 작용하고 있는가'에 대해서 이야기한다. "마귀의 간계", 즉 우리가 하나님의 백성다움을 상실하도록 만드는 마귀의 술책을 이기려면 하나님의 전신 갑주를 취해야 한다. 하나님의 전신 갑주 중에 먼저 바울은 진리와 의와 샬롬의 복음에 대해서 이야기했다. 바울이 에베소서에서 지금까지 언급했던 내용인 예수 안에서 하나님이 이루신 샬롬의 승리를 바로 알고 그 진리 위에 올바로 서는 것과 그것을 삶 속에서 실천하는 의가 매우 중요한 것이라고 바울은 주장했다. 그다음으로 바울은 평안의 복음으로 예비한 신을 신는 것에 대해서 이야기했다. 바울이 이해한 복음이라는 것은 화해라는 개념을 배제하고는 이해할 수 없다. 즉, 하나님과 인간 그리고 인간과 인간 사이의 샬롬을 말하는 것이다. 마귀는 우리가 하나님의 백성으로서 하나님과 또한 사람들 사이에서 누리게 되는 샬롬을 누리지 못하기를 원한다. 그러니 예수의 제자들이 샬롬의 복음을 전하는 것은 마귀의 간계를 무너뜨리는 데 있어서 정말로 중요한 일이 아닐 수 없다. 이번 본문에서 바울은 나머지 세 개의 전신 갑주에 대해서 이야기하는데, 믿음과 구원과 말씀이 그것이다.

해설

16절 《모든 것 위에 믿음의 방패를 가지고 이로써 능히 악한 자의 모든 불화살을 소멸하고》

16절에서 바울은 또 다른 하나님의 전신 갑주에 대해서 이야기하기 시작한다. 16절은 "모든 것 위에"('엔 파신')라는 어구로 시작한다. 여기서 "모든 것"이란 무엇을 말하는 것일까? 진리와 의 그리고 샬롬의 복음을 전할 준비를 하는 것을 말한다. 바로 그러한 것들 위에 믿음의 방패를 가지라고 권면한다. 바울은 이 믿음의 방패의 용도를 악한 자의 불화살을 소멸하는 것으로 설명한다. 여기서 "악한 자"('투 포네루')란 마귀를 의미할 것이다. 왜냐하면 바울이 이미 "마귀의 간계"를 대적하기 위해서 하나님의 전신 갑주를 취하라고 언급한 바 있기 때문이다. 그리고 "불화살"('타 벨레')이란 마귀가 간계를 부려 우리로 하여금 하나님의 백성다움을 상실하도록 만드는 일련의 공격을 비유적으로 일컫는 말임에 틀림없다.

그렇다면 구체적으로 어떤 공격을 바울이 생각하는 것일까? 아마도 그 당시 하나님의 백성들을 향한 지속적인 핍박을 염두에 두고 있는 표현인 것 같다. 핍박을 통해서 하나님의 백성 됨을 스스로 포기하게 만드는 술책이다. 또한 핍박을 넘어서서 성도들을 유혹하고 현혹해 세상을 더 사랑하게 만드는 기만전술도 언급하는 것으로 보인다. 전술은 다를 수 있지만 목표는 동일하다. 성도들로 하여금 하나님의 백성다움을 상실하도록 만드는 것이다. 이렇게 마귀가 뒤에서 작용하고 있는 핍박과 유혹 등의 술책을 이길 수 있는 하나님의 전신 갑주가 무엇인가? 바울에 따르면 믿음이다. 믿음이 있으면 핍박을 이길 수 있는 힘도 나오고 세상의 유혹을 견딜 수 있는 힘도 나오기 때문이다.

　　그렇다면 도대체 믿음이라는 것이 무엇이기에 핍박도 이기고 유혹도 견딜 수 있는 힘이 그것으로부터 나오는 것일까? 에베소서에서 믿음이 어떤 기능을 한다고 바울이 언급했었는지 다시 생각해 볼 필요가 있다. 먼저 2:8-9에 따르면 바울은 성도들이 믿음으로 말미암아 구원을 받게 되었다고 말한다. 3:12에서는 성도들이 믿음으로 말미암아 담대함과 확신을 가지고 하나님께 나아감을 얻는다고 이야기한다. 3:17에서는 믿음으로 말미암아 그리스도께서 성도들의 마음에 거하신다고 이야기한다. 그러니까 에베소서에서 바울은 믿음으로 말미암아 우리가 구원을 받았고, 그 믿음으로 확신과 담대함 가운데 하나님 앞에 나아가 그리스도와 함께하는 풍성한 교제를 누리게 된다고 이야기하고 있다. 정리하자면,

악한 마귀의 궤계, 즉 핍박이나 유혹을 물리칠 수 있는 확실한 방법이 무엇이라고 바울이 이야기하고 있는가? 믿음이다. 그 믿음으로 구원함을 얻어서 하나님 앞에 믿음으로 담대히 나아가 믿음으로 그리스도 예수와 함께 풍성한 교제 가운데 거하는 것, 그 믿음으로 주님과 누리는 풍성한 교제 속에서 우러나오는 힘이 있어야만 성도는 핍박 앞에서도 굴하지 않을 수 있고 세상 유혹 속에서도 세상과 달리 정결한 그리스도의 신부로 세워질 수 있다는 말이다.

17절 《구원의 투구와 성령의 검 곧 하나님의 말씀을 가지라》

마귀의 불화살로부터 성도들을 지켜 주는 믿음의 방패에 대해서 언급했던 바울은 비슷한 유의 개념을 구원의 투구라는 말로도 표현하고 있다. 믿음과 구원을 통해서 주님과 나누는 풍성한 교제가 구체적으로 어떻게 일어날 수 있는가? 17절이 그것을 설명한다. 악한 마귀의 공격을 막아 내고 싸울 수 있게 하는 것이 무엇인가? 바울에 따르면 "하나님의 말씀"이다. 16절과의 연관성 속에서 17절을 읽으면 이렇게 읽을 수 있다. 악한 마귀가 성도들을 불화살로 공격할 때, 즉 핍박하고 유혹하면서 하나님의 백성다운 모습을 상실하게 만들 때 성도들을 지켜 주는 것이 무엇일까? 믿음이다. 그렇다면 그 구원의 믿음이 생성되게 하고 악한 마귀와 더불어 영적으로 싸울 수 있게 만들어 주는 구체적인 방법이 무엇인가? 하나님의 말씀을 통해서다. 성도들은 다른 수단이 아닌 하나님의 말씀을 통해서만 마귀의 궤계와 대적해서 싸울 수 있다.

묵상

(1) 필자는 하나님께서 다양한 방법으로 그의 백성 가운데 일하시고 그들과 교제하신다고 생각한다. 선교지 같은 곳에 가면 새롭게 태동된 예수 공동체들을 보게 될 기회가 있다. 이런 상황에서는 여러 면에서 미숙한 하나님의 백성들에게 초자연적인 방식으로 말씀하시고 그들과 교제하시는 하나님에 관한 이야기를 종종 듣게 된다. 사도행전에 등장할 법한 이야기들이 새로운 신자들과 미숙한 공동체 가운데 일어나고 있음을 보고 듣게 된다. 필자도 생각해 보면 지금보다 더 많이 영적으로 미숙했을 때 하나님께서 미숙한 필자를 그와 같이 영적으로 유아적인 방식으로 대하셨던 것이 기억난다. 그러나 시간이 지나 하나님의 말씀 안에서 성숙해져 가고 성장해 가면서 그와 같은 방식의 교제가 훨씬 눈에 띄게 감소했다는 것을 경험한다. 왜 그럴까? 말씀으로 인한 교제가 더 성숙한 교제이며 이를 통해 주님과 영적으로 더 깊은 교제 가운데 들어갈 수 있기 때문에 그렇다. 그런데도 예수 공동체 안에 여전히 주로 그와 같은 방식으로만 하나님과 교제하려는 성도들에 관해 듣게 되거나 보게 될 때가 있다. 자꾸 무엇을 보아야 하고 음성으로 들어야 하며 마치 그렇게 신앙생활하는 것이 더 영적으로 신령한 것인 양 은근히 이야기하는 사람들의 이야기를 들을 때가 있다. 그러나 안타깝게도 그와 같은 신앙은 그들의 바람과는 달리 더 성숙한 것이 아니라 도리어 더 영적으로 미숙한 형태인 경우가 허다하다. 필자는 그런 특별한 능력이 있다고 주장하는 사람들이

더 탐욕적이고 더 이기적인 것을 여러 차례 보았던 기억이 있다.

(2) 본문에서 바울은 우리에게 그와 같은 소위 특별한 방식으로 하나님과 교제하라고 하지 않았다. 도리어 하나님의 말씀이라는 매개를 통해서 우리 주님과 누리는 풍성한 교제 안으로 들어오라고 이야기하고 있다. 그래야 악한 마귀의 불화살을 막아 내고 영적인 싸움에서 승리할 수 있기 때문이다. 이러한 영적인 불화살은 우리의 일상의 삶 가운데서도 어렵지 않게 목격하는 것들이다. 안타깝게도 우리가 영적으로 깨어 있지 않아서 그것이 불화살인지도 자각하지 못하는 경우가 적지 않지만 말이다.

필자가 목회하면서 겪은 일 하나를 이야기해 볼까 한다. 처음에 교회에 부임해서 여러 가지 산적한 문제들로 인해 고민하고 또 주님께 지혜를 구하고 있을 때였다. 새벽 기도회 시간은 그런 문제와 고민들을 주님 앞에 내려놓고 기도할 수 있는 더 없이 좋은 시간이었다. 너무 마음이 힘들어서 기도도 잘 되지 않고 끙끙거리며 정말 힘든 시간을 보내고 있는데 갑자기 마음속에 주님의 말씀이 한 구절 떠올랐다. "아무것도 염려하지 말고 다만 모든 일에 기도와 간구로 너희 구할 것을 감사함으로 하나님께 아뢰라 그리하면 모든 지각에 뛰어난 하나님의 평강이 그리스도 예수 안에서 너희 마음과 생각을 지키시리라"(빌 4:6-7). 그 말씀을 수차례 되뇌며 묵상을 하는데 주님이 내 마음속에 말씀하시기 시작했다. "자, 이제 그만 걱정하고 기도를 통해서 네가 걱정하고 너를 억누르고 있는 것을 나의 전능한 손에 맡겨 보지 않겠니?" 순간 주님의 말씀에 순종해서 즉각적으로 주님께 이렇게 말씀드렸다. "염려와 걱정을 아버지 손에 다 올려 드립니다. 주님이 이 모든 상황을 다스려 주세요." 그런데 갑자기 마음속에 형용할 수 없는 샬롬이 몰려오는 것이다. 조금 전까지 걱정과 근심이 마음을 무거운 바윗돌처럼 짓누르고 있었는데 정말로 갑작스레 샬롬이 마음을 휘감아 오기 시작하는 것이었다. 그러고서 입에서는 자연스럽게 찬송이 터져 나오기 시작했다.

본문 이해와 묵상을 돕는 질문들

(1) 16절은 "모든 것 위에"('엔 파신')라는 어구로 시작한다. 여기서 "모든 것"이란 무엇을 말하는 것인가?

(2) "악한 자"는 누구이며 "불화살"이란 무엇을 의미하는 것인가? 구체적으로 말하여 보라.

(3) 믿음이라는 것이 무엇이기에 핍박도 이기고 유혹도 견딜 수 있는 힘이 그것으로부터 나오는 것일까? 에베소서에서 바울이 언급했던 믿음을 구체적으로 묵상하고 설명하여 보라.

(4) 성도로 살면서 당신이 경험하는 마귀의 불화살은 어떤 것이 있는지 정직하게 기록하고 나누어 보라.

(5) 마귀가 성도들을 불화살로 공격할 때, 즉 핍박하고 유혹하면서 하나님의 백성다운 모습을 상실하게 만들 때 성도들을 지켜 주는 것은 믿음이다. 그렇다면 그 구원의 믿음이 생성되게 하고 악한 마귀와 더불어 영적으로 싸울 수 있게 만들어 주는 구체적인 방법은 무엇인가?

(6) 본문에서 바울은 주님과 교제하는 구체적인 방법이 말씀이라고 이야기한다. 말씀을 통해서 주님과 누리는 풍성한 교제가 있어야 마귀의 불화살을 막아 내고 영적인 싸움에서 승리할 수 있다. 말씀의 교제를 통해서 승리했거나 혹은 그 반대의 경우를 경험한 일이 있다면 정직하게 기록하고 소그룹원들과 나누어 보라.

기도

하나님, 악한 마귀는 때로는 우리를 핍박하고 때로는 회유하고 유혹하여 우리가 하나님의 백성답지 못하게 만듭니다. 그 과정에서 어떻게 해서라도 우리를 무기력하게 만듭니다. 바울은 이것을 이길 수 있는 힘이 주님과 믿음으로 나누는 교제라고 이야기합니다. 특별히 하나님의 말씀을 통해서 나누는 주님과의 믿음의 교제로 말미암아 우리가 사단의 불화살을 넉넉히 막아 내고 승리하게 되는 줄로 믿습니다. 하나님의 말씀을 통해 주님이 우리에게 주시는 승리를 만끽하는 이 땅의 주의 백성들이 되게 하소서.

문맥과 요약

바울 사도는 성도들의 삶을 전투에 비유했다. 그리스도께서 이미 악한 마귀에게 승리하셨지만 성도들은 여전히 예수 공동체의 승리를 위해서 하나님의 전신 갑주를 취해야 한다고 이야기했다. 그래야 성도들을 위해 남겨진 전투에서 승리할 수 있기 때문이다. 이 전투에서 마귀의 간계는 하나님의 백성이 하나님의 백성다움을 상실하도록 만드는 것이다. 바로 이것을 대적하기 위해서 성도들은 하나님의 전신 갑주를 취해야만 한다고 바울은 이야기한다. 바울은 성도들이 취해야 할 하나님의 전신 갑주를 각각 진리, 의, 샬롬의 복음, 믿음, 구원, 말씀이라고 말한다. 아울러 바울은 하나님의 전신 갑주를 취하라는 권면에 이어서 기도에 대해서 이야기한다.

해설

18절 《모든 기도와 간구를 하되 항상 성령 안에서 기도하고 이를 위하여 깨어 구하기를 항상 힘쓰며 여러 성도를 위하여 구하라》

　　본문에서 주목할 만한 것은 바울은 마귀와의 전투에서 하나님의 전신 갑주를 입으라는 권면을 마치고 난 후에 18절에서 바로 기도에 대한 권면을 이어 가고 있다는 점이다. 바울은 성도들이 매 순간 성령 안에서 "기도"('프로슈케')와 "간구"('데에시스')로 하나님께 기도하라고 권면한다. 여기서 기도라는 것은 일반적으로 우리가 하는 기도를 말하는 것이고 간구라는 것은 그 기도 가운데 하나님께 무엇을 요청하거나 탄원하는 것을 의미한다. 그리고 바울은 그렇게 기도하기 위해서 깨어 있으라고 권면하고 있다. 18절이 다소 애매하게 번역됐지만 큰 그림에서 바울의 권면은 두 가지다. 먼저는 기도하라는 권면이고 두 번째는 기도하기 위해서 깨어 있으라는 권면이다. 이해하기에 따라서 기도하기 위해서 깨어 있는 것이 중요하다는 것으로 해석될 수도 있을 것 같다. 실제로 예수님은 십자가를 지시기 전날 겟세마네에서 기도하시면서 베드로, 야고보, 요한과 같은 제자들에게 기도하기 위하여 깨어 있음에 대해 말씀하신 일이 있다(마 26:40-41). 경험적으로 볼 때도 바울이 권면하는 대로 기도하기 위해서는 깨어 있는 것이 중요하다. 잘 깨어 있지 못하면 잘 기도할 수 없기 때문이다.

　　여기서 한 가지 중요한 질문이 발생한다. 그렇다면 문맥 속에서 바울은 하나님의 전신 갑주를 입는 것과는 별도로 기도하는 것의 중요성을 이야기하고 있는 것일까? 만일 이런 이해를 따른다면 전신 갑주를 입는 것과 기도하는 것은 두 가지 서로 다른 것을 의미하는 것으로 이해될 수 있다. 필자는 바울이 하나님의 전신 갑주를 입는 것과는 별개로 기도에 대한 중요성을 이야기하고 있다고 생각하지 않는다. 적어도 문맥 속에서는 바울이 그것을 말하려는 것 같아 보이지 않기 때문이다. 도리어 바울이 기도에 대해서 말하려는 핵심이 무엇인지 제대로 이해하려면 두 가지를 생각해 봐야 할 것 같다.

무엇보다 먼저 문맥을 고려해야 한다. 바울은 지금 악한 마귀와 예수 공동체인 교회의 싸움을 전투라는 그림언어를 통해서 설명해 가고 있다. 그래서 이 전투에서 잘 싸워 패하지 않고 서 있기 위해 하나님의 전신 갑주를 취하라고 이야기하지 않았는가? 이런 전투라는 큰 그림에서 기도도 이해해야 한다. 전투를 수행하는 전방의 부대는 본부와 본국으로부터 지속적인 지원을 받는 것이 매우 중요하다. 이러한 지원 없이 전투에서 승리할 수 있는 군대는 없기 때문이다. 수많은 역사 속에서 우리는 이 같은 예를 참 많이 목격하게 된다. 여기서의 기도를 그와 같은 그림에서 이해할 수 있을 것 같다. 이 전투는 이미 하나님이 궁극적으로 승리하신 전투다. 이 싸움은 하나님께 속한 싸움이라는 말이다. 바울은 앞서 에베소서 1-2장에서 하나님께서 이 영적인 전투 가운데 그리스도를 통하여 승리하셨다고 이야기했다. 그리고 그 승리의 싸움에 교회가 그리스도의 몸으로 참여한다는 사실을 언급했다. 이런 맥락에서 보면 이 싸움에서 승리하기 위해 성도들은 끊임없이 하나님으로부터 그 승리를 위한 힘을 공급받아야 한다. 바울은 바로 그것을 기도라고 생각하고 있는 것이다. 기도란 이 싸움을 이미 승리하신 채 통제하고 계시는 하나님으로부터 전투를 위한 힘을 공급받는 것이다.

이러한 이해는 두 번째 핵심으로 연결된다. 이런 전투라는 그림언어 속에서 기도는 전신 갑주를 입고 이에 더해서 무엇인가를 추가로 더하는 것이 아니다. 정확히 표현하면 기도를 통해서 성도들은 하나님께 힘을 공급받아 전신 갑주를 제대로 취하게 되는 것이다. 달리 표현하면 제대로 된 기도의 결과가 바로 전신 갑주를 입게 되는 것이란 말이다. 이 이야기를 조금 생각해 볼 필요가 있다. 바울이 에베소교회 성도들에게 전신 갑주를 취하라고 권면하는 이유가 무엇인가? 마귀와의 영적인 전투를 잘 싸우고 마침내 서기 위함이다. 그런데 이 싸움의 실제적인 핵심이 무엇인가? 달리 표현하면 이 싸움을 위한 마귀의 핵심 전술이 무엇인가? 하나님의 백성으로 하여금 하나님의 백성 됨이라는 정체성을 상실하게 만드는 것이다. 실제로 바울의 또 다른 편지인 고린도전서에 등장하는 고린도교회의 문제가 바로 이것이다. 고린도교회는 고린도라는 도시에서 하나님의 구별된 백성으로서의 정체성을 상실하고 고린도화되었다. 그것이 고린도교회가 세상 가운데 능력을 상실하게 된 핵심 이유 중 하나였다. 이런 맥락 가운데 에베소서에서 바울이 권면하는 대로 하나님의 전신 갑주를 잘 입게 되면 어떤 결과가 나오게 되는가? 성도들이 하나님의 백성다움을 지킬 수 있게 된다. 성도들이 날마다 기도를 통해서 하나님의 전신 갑주를 잘 취하면 성도다운 성도로 세워지게 되는 것이다. 그러므로 기도는 전신 갑주를 입은 후에 우리가 수행해야 할 또 다른 무엇인가가 아니다.

19-20절 《또 나를 위하여 구할 것은 내게 말씀을 주사 나로 입을 열어 복음의 비밀을 담대히 알리게 하옵소서 할 것이니 이 일을 위하여 내가 쇠사슬에 매인 사신이 된 것은 나로 이 일에 당연히 할 말을 담대히 하게 하려 하심이라》

　　보다 정확하게 이야기해서 기도를 통해 성도들은 하나님의 전신 갑주를 취하게 된다. 즉, 기도를 통해 하나님의 백성다움을 유지할 수 있게 된다는 말이다. 필자는 바울이 이 단락에서 정확하게 이런 이야기를 하고 있다고 생각한다. 필자의 논의가 성립되려면 기도의 내용이 하나님의 백성다움을 유지하는 것에 대한 이야기로 귀결되어야 마땅하다. 19-20절에서 바울 사도가 바로 그 이야기를 하고 있다. 19절에서 바울 사도는 에베소교회 성도들에게 자신을 위한 기도를 부탁하고 있다. 그렇다면 바울이 에베소교회에게 부탁하고 있는 중보기도의 내용은 무엇인가? 바울은 자신에게 말씀을 주시고 바울로 하여금 입을 열어 복음의 비밀을 담대히 알릴 수 있게 해 달라고 기도를 부탁한다. 20절에는 자신이 바로 이 일을 위해서 사도로서 갇힌 자가 되었다고 이야기한다. 무슨 말인가? 풀어서 이야기하면 이런 말이 될 것이다. 즉, 바울은 자신이 사도의 직분을 복음 증거를 통해서 잘 감당할 수 있도록 에베소교회 성도들에게 기도를 부탁하고 있다. 기도의 궁극적인 목표는 하나님과의 교제를 통해서 하나님의 백성다움을 드러내는 것이다. 그러므로 기도란 하나님의 전신 갑주를 취하고 난 후 우리가 또 행해야 하는 부가적인 어떤 것이 아니다. 정확하게 이야기하면 기도를 통해서 우리는 하나님의 전신 갑주를 제대로 입게 되는 것이다.

묵상

이런 관점에서 우리의 기도와 간구를 돌아볼 수 있었으면 한다. 하나님의 전신 갑주를 이야기하고 난 후에 기도를 이야기하는 바울 사도의 논리의 핵심은 무엇인가? 기도와 간구는 필연적으로 그 내용이 하나님의 백성다움을 드러내는 모습이어야 하고 그러한 모습으로 열매를 맺어야 한다는 말이다. 우리의 기도와 간구가 여전히 세상적인 것만을 향하고 있다면, 그리고 우리의 관심이 여전히 세상적인 것으로만 제한된다면, 그것은 우리가 마귀의 간계에 빠져 있다는 결정적인 증거일 수 있다. 바로 마귀의 간계가 성도들을 현혹시켜서 그런 것에만 온통 마음을 빼앗기게 하기 때문이다. 성경이 말하는 성경적인 기도를 통해서 마땅히 나타나야 하는 것은 하나님의 백성다운 모습이다.

오늘날 성도들은 어느 때보다도 영적인 싸움이라는 말을 많이 사용하는 것 같다. 그런데 바울이 말하는 영적인 싸움과 성도들이 말하는 영적인 싸움 사이에는 어느 정도의 온도 차가 느껴지는 것이 사실이다. 바울 사도가 이야기하는 진정한 영적인 전투라는 말의 핵심은 우리로 하여금 하나님의 백성답지 못하게 만드는 것과 연관되어 있다는 사실을 기억할 수 있어야 한다. 이런 의미에서 기도의 골방을 통과하는 우리의 삶의 열매는 무엇으로 나타나야 할까? 하나님의 백성다움으로의 변화다. 이것이야말로 오늘날 교회가 세상 가운데서 보여 주어야 할 모습이 아닐까? 이 변화는 필연적으로 가치의 변화와 행동의 변화를 수반한다. '어떻게 하면 내 것을 더 많이 모을까' 하는 관심에서 '어떻게 하면 내 것을 더 많이 나눌 수 있을까' 하는 '관심의 변화'와 '가치의 변화'가 수반되어야 한다는 말이다. 바로 이것이 하나님의 백성다움이다. '어떻게 하면 예수 믿고 잘 먹고 잘살 수 있을까'가 마치 복음인 것인 양 이야기하는 가짜 복음이 판치는 세상 속에서, '어떻게 예수님 안에서 하나님이 이루신 새 창조의 승리를 교회로서 세상 속에서 구현할 수 있을까'를 고민하는 것이 바로 진정한 성도의 모습이다. 이러한 변화들이 기도와 간구의 골방을 통과한 성도들의 삶에 열매로 나타나는 것이다.

본문 이해와 묵상을 돕는 질문들

(1) 바울은 마귀와의 전투에서 하나님의 전신 갑주를 입으라는 권면을 마치고 난 후에 18절에서 바로 기도에 대한 권면을 이어

가고 있다. 구체적 권면을 두 가지로 요약해 보라. 그리고 양자 사이의 관계에 대해서 묵상해 보라.

(2) 예수님도 이런 권면을 겟세마네에서 제자들에게 하신 적이 있다. 마태복음 26:40-41을 관찰하고 주님이 뭐라고 말씀하셨는지 말해 보라.

(3) 바울이 하나님의 전신 갑주를 취하라고 권면한 후에 이어서 기도를 권면하고 있는데, 에베소서에서 이야기하고 있는 전투의 관점에서 이것을 어떻게 이해할 수 있을까?

(4) 기도를 통해서 성도들은 하나님의 전신 갑주를 취하게 된다. 즉, 기도를 통해서 하나님의 백성다움을 유지할 수 있게 된다는 말이다. 19-20절에서 바울은 중보기도를 요청하는 자신을 위해서 무엇을 기도해 달라고 부탁하는가? 바울의 중보기도 요청을 통해서 기도가 결국 하나님의 백성다움을 유지하는 것이라는 명제를 구체적으로 설명하여 보라.

(5) 우리의 기도와 간구가 여전히 세상적인 것만을 향하고 있다면, 그리고 우리의 관심이 여전히 세상적인 것으로만 제한된다면, 그것은 우리가 마귀의 간계에 빠져 있다는 결정적인 증거일 수 있다. 당신이 하고 있는 기도의 내용을 본문의 빛 아래

서 정직하게 점검하여 보라. 당신의 기도에 하나님의 백성다
움의 내용은 얼마나 포함되어 있는가?

(6) 바울의 중보기도 요청의 내용을 묵상하며 기도와 간구의 골방
을 통과한 성도들의 삶의 열매가 어떠해야 하는지를 기록해
보라.

(7) 당신의 삶은 바울처럼 하나님이 이루실 새 창조의 구원에 맞
추어져 있는가? 아니면 하나님을 통해서 당신이 이루려고 하
는 것에 초점이 맞추어져 있는가? 정직하게 묵상하고 말하여
보라.

(8) 회개가 필요하다면 정직하게 회개의 기도문을 작성하여 보라.

기도

하나님, 마귀의 간계의 핵심은 성도를 세상과 같아지도록 만드는
데 있습니다. 에베소서에서 바울의 외침을 한마디로 요약한다면
'우리는 새 창조의 백성이고 세상과 다르다'는 것입니다. 그러나
세상과 달라지는 것은 우리가 경험한 대로 절대로 쉬운 일이 아닙
니다. 우리의 죄악 된 본성을 거스르는 일입니다. 이 유혹을 견뎌
내려면 우리는 하나님의 전신 갑주를 취해야 합니다. 이것을 취할
수 있는 길은 말씀과 기도를 통해서 나누는 주님과의 믿음의 교제

뿐입니다. 말씀과 기도의 자리를 회복해서 전신 갑주로 무장하고 세상 속에서 예수 공동체의 승리를 함께 선포하고 증거하는 지상의 교회들이 되게 하소서.

─────────구약성경─────────

창세기
1-3장 39, 103
3장 107, 245, 252-253, 262
3-4장 114
3:17-18 31
4장 107, 256
12장 107, 114

출애굽기
6장 27
6:6 27
6:6-8 27, 38
6:8 28

신명기
28-30장 108
30장 108, 114

사사기
6-7장 123
7:2 123

사무엘상
17장 122-123

시편
68:5 57
68:18 152

110편 63-65, 69, 71, 76, 95
110:1 63, 69

이사야
2장 110, 115
11장 41
11:6-9 33, 39
42장 107, 114
42:6 97
49장 107, 114
49:6 97, 244
52:7 257
59장 253

에스겔
10장 108
43장 110, 115

요엘
2장 44

미가
4장 110, 115

─────────신약성경─────────

마태복음
5:34 179
5:37 179
16:24 66, 70

26:40-41   274, 280

마가복음
3:5   167
4:11   31
8:34   162
10:45   135, 137

누가복음
3:19   195
20장   64

요한복음
2장   111, 116
3:20   195, 201
8:46   195
16:8   195

사도행전
2장   64
15장   142, 147
16장   53, 58
18:14   144, 148
20:24   247

로마서
3:21-26   26
11:25   167
16장   14

고린도후서
5장   51
5:17   32, 85, 91

6장   53, 58

갈라디아서
3장   206
3:13   206
4장   206
4:5   206
6장   51
6:9   206
6:15   32

에베소서
1장   52, 71, 83, 85, 91, 95, 101, 106,
      110, 190-191, 200, 254
1-2장   106, 117-119, 127, 141, 147, 275
1-3장   139-140
1:1   13-14, 22
1:1-6   13
1:2   256
1:3   15-16, 19, 23
1:3-14   13, 15, 22, 41, 52
1:4   18-19, 23
1:4 이하   16
1:4-5   16, 23
1:5   17, 19
1:6   20, 23
1:7   26-27, 38
1:7-10   25
1:8-10   30
1:8 하반절-12   30
1:10   31
1:11-13   42
1:11-14   41

1:13　43, 48
1:13-16　53
1:14　44-45, 49
1:15　53, 58
1:15-16　52-53
1:15-19　51
1:15-23　52, 58
1:17　58
1:17 이하　54
1:17-19　54, 58
1:18-19　54
1:20　69, 75, 80, 91
1:20-22　64, 69
1:20-22 상반절　62
1:20-23　61
1:20 하반절-22 상반절　63
1:21-22 상반절　69
1:22　66, 70
1:22 하반절　66
1:22 하반절-23　65
1:23　112, 209
2장　72, 80, 83, 95, 101, 141, 254, 256
2:1　72-73, 79
2:1-6　78
2:1-7　71
2:1-10　83, 88
2:2　72, 74, 88, 92
2:2-3　73-74, 79
2:3　72, 74
2:4　72, 75, 79
2:4-6　75
2:5　72-73, 79, 84-85, 91
2:5-6　75-76, 85, 91

2:6　72
2:7　72, 77-78
2:8　84-85, 91-92
2:8-9　84, 267
2:8-10　83
2:10　87-88, 92
2:11　96
2:11-12　96
2:11-18　95, 182
2:12　97
2:13　98
2:13-15　98
2:14-15　98
2:16-18　100, 103
2:17　100
2:18　100
2:19　110
2:19-22　105-106, 110, 113, 115
2:20　110
2:20-22　115
2:21　111
2:21-22　110-111
2:22　111
3장　118, 126-127, 139, 254
3:1　118, 121, 140
3:1-5　118
3:1-12　117
3:2　119
3:6　120, 127
3:6-7　120
3:7　121
3:8　124, 127
3:8-10　123

3:12 267

3:13 53, 121, 127, 130

3:13-15 130

3:13-21 129

3:14-15 130

3:16 131

3:16-17 131, 136

3:17 131, 267

3:17 하반절 132

3:18 132, 136

3:18-19 132

3:19 132

4장 145, 156, 170, 207

4-5장 212, 226

4-6장 139-140

4:1 140

4:1-3 147

4:1-6 139

4:2 144, 147-148

4:2-3 142

4:3 142, 147

4:4-6 144-145, 148

4:7-10 152

4:7-16 151

4:8-10 152

4:11 153, 162

4:11-13 152

4:12 154, 156, 162

4:13 153-154

4:14-15 155, 163

4:15 155, 158

4:16 156-157, 163, 168-169

4:17 167, 174

4:17-19 166

4:17-24 165

4:18-19 167, 174

4:19 167

4:20-21 168

4:21 169

4:22 179

4:22-24 169

4:25 178-179, 182

4:25 하반절 180, 187

4:25-29 178

4:25-5:2 177

4:26 187

4:26-27 181

4:26-31 181

4:28 183-184, 187

4:28-5:2 183

4:29 179

4:31 181, 187

4:32 183-184, 187

5장 196, 207, 229

5:1-2 184, 188

5:3 191

5:3-5 190

5:3-14 189

5:4 191

5:5 192, 200

5:6-7 193

5:8-9 194

5:8-14 194, 201

5:11 195-196, 201, 207

5:13 195, 201

5:15 204

5:15-16　206, 214
5:15-17　204
5:15-21　203
5:16　205-206, 213-214
5:17　206-207, 214
5:18　208, 214
5:18-21　208
5:19　210
5:19-20　230
5:19-21　209-210, 214-215
5:20　210
5:21　230, 238
5:22　219
5:22-24　218
5:22-33　217
5:22-6장　218
5:23　220
5:23-24　226
5:24　220
5:25-27　221
5:28-33　223
6장　56, 59, 218
6:1-4　230
6:1-9　229
6:5-8　234
6:5-9　234
6:10-12　242
6:10-13　241
6:11　242
6:11-12　242, 252
6:12　243
6:13　245
6:14　252

6:14-15　251
6:15　255, 262
6:16　266, 268, 271
6:16-17　265
6:17　268
6:18　274, 279
6:18-20　273
6:19　78, 80, 277
6:19-20　277, 280
6:20　277
6:22　15

빌립보서
4:6-7　270

골로새서
4:5　206

디모데후서
4:3　144, 148

디도서
2:15　195, 201

히브리서
1장　64
1:1-2　120
10장　64
13:22　144, 148

베드로전서
2:10-11　34